圖解

政治學

王保鍵 著

推薦序

　　我是周欣宜，就讀中央大學企業管理學系。父母親都在私人企業上班，但是看到母親就職的企業一直被併購，意識到私部門因應經濟環境會有被裁員的危機，所以毅然決然投入國家考試，期盼自己命運能掌握在自己手中，不會面臨中年失業的風險。大學三年級與四年級準備國考，大四11月推甄錄取台灣大學公共事務所，12月開始依舊持續準備高普考，堅持到7月，終於在109年錄取高考三級一般行政。

　　放榜的那一刻，十分慶幸自己能夠在大四那年去客家學院修到王老師一整年的課程，在課堂上聽著老師的講解，再搭上《圖解政治學》與《圖解行政法》一起參照，讓我可以快速了解並複習國考考點。

　　王老師上課強調過，務必要了解題意，釐清題目的作答方向，不能只寫自己把握的答案而因此離題，如果真的考科讀不完或是沒有信心，一定要多寫考古題，從年度考古題的作答情形可以知道自己還有哪個觀念不夠熟悉。

　　政治學對於很多考生是致命傷，對於我也是，王老師的《圖解政治學》讓考生能釐清概念背景脈絡、理論架構，老師上課也會教同學以邏輯推演的方式去寫申論題，《圖解政治學》一書的主題式複習，讓考生不會遺漏任何一個觀念，若是多加練習寫申論題，基本上真正上戰場時，能在兩小時內整整寫滿作答紙（8頁）沒有問題。

　　感謝王老師在大四上學期對於我在推甄研究所期間的支持，也因有幸推甄有上榜，讓我在國考準備路途中沒有任何後顧之憂，相較於其他全職考生，心態上可以較輕鬆的應對。

　　雖然自己是國立大學的學生，儘管非本科系，但在接觸國考考科的時候，發現自己其實跟別人一樣是零基礎開始，上榜無關於智商高低與學歷好壞，關鍵在於自己有沒有找到讀書方式，有沒有堅持到最後一刻。除非自己有志同道合的讀書夥伴，否則國考生是注定孤單的，當時在學校身邊的同學不是有了工作、實習機會，就是有研究所可以唸，大家基本上是不碰書的，所以看他們開心的娛樂、慶祝時，心態很容易崩掉，好險在王老師的課堂上仍有些國考的學生們，彼此良性競爭讓我更有動力可以繼續邁進。

　　感謝父母、老師與曾經跟我一起備考的夥伴們，你們的支持與鼓勵，是我這段期間成長的養分，如果沒有你們，我的上榜之路會更加艱辛。

　　最後，再次鼓勵所有在苦海中的國考生，上榜之日離你們其實不遠，只要相信自己，找到適合自己的讀書方法，並堅持到最後一刻，放榜時就可以解脫了。

周欣宜

2020 年 10 月

推薦序

工欲善其事，必先利其器

我準備國考多年，因家中無法給予經濟的支持，所以一直需要工作，無法當全職考生。101 年參加地方特考四等——臺北市，錄取分數 73 分，錄取名額 29 名，我的分數 72.67 分，名次 31 名，當接到成績單時，很錯愕、懊惱，因為只差一題 2 分選擇題，就能上榜，心裡覺得非常懊惱、可惜，微分之差，就與錄取失之交臂了，走過低潮、接受事實後，我改報名參加離島考區，當年錄取 3 名，我很幸運以第 3 名錄取，也到離島工作歷練一年，取得正式公務人員任用資格，後來又參加 104 年地方特考四等——新北考區，以第 8 名錄取。

出社會工作多年後，才報考大學的公共行政學系就讀，接受四年大學本科系教育，這四年來，也認真聽講、買了許多上課用書，但後來發現，王老師的《圖解政治學》這一本書，對準備國考，才是最佳用書，孔子說：「工欲善其事，必先利其器」，這一本書就是「利器」，因為這一本書有以下特點：

一、涵蓋國考所有主題

考選部會公布每一考科的命題大綱，是考生準備的方向，知道主題，但如何準備，卻要煞費苦心，也是一大考驗，因為市面上，有太多政治學專書，需要有專人針對國考性質來整理、歸納，這是一個浩大工程，王老師從年輕時就是補習班政治學的老師，所學、所研究又是這一領域，深具權威，由他所著《圖解政治學》，每一章節內容的解說編排都有他的智慧、經驗，每一主題都用最簡潔扼要、深中肯綮的文字闡述，讓人容易閱讀、吸收、掌握重點。

二、輔以表格圖示

社會科學很複雜，尤其是政治學，每人從不同角度、立場解釋，就有不同觀點提出。而且政治學是社會科學的始祖，理論內容非常龐大，但是很多理論彼此是相通、前後連貫的，王老師的書，每一主題有 2 頁，內容是 1 頁，表格圖示是 1 頁，在表格圖示裡，將抽象的理論，用社會上實例闡述；將重要觀念，用圖解釋、用表格整理，不斷旁徵博引，讓人對該理論有一目了然、整體的認識。

三、專有名詞、重要觀念或容易混淆觀念解說

政治學有太多理論、專有名詞，一般書籍不能提綱挈領論述，但王老師這本書，對專有名詞、重要觀念都會著重於觀念理解，用最精簡扼要文字解說，讓人容易掌握重點，或是對容易混淆的觀念，加以澄清比較。

有老師曾說，準備國考的決勝點不是誰記得比較多，而是在考場上，誰忘得比較少，王老師的書的特點就是幫助考生「忘得最少」，因為這本書讓人能夠輕易理解政治學相關理論、用簡潔的說明方式快速記憶重點，而且用圖表方式來加深記憶，是準備國考的最佳「利器」。

黃佳雯
2016 年 4 月

推薦序

　　身障特考放榜當天早上，我守在網路前面等待考選部公布榜單，卻早先一步收到去年考上的身障同學的恭賀簡訊。確認榜單後，我回簡訊時的手都在發抖，很感謝上天終於讓我考上了，成為今（2015）年身心障礙特考三等一般行政榜首。我非常感謝王老師很細心很耐心的指導，讓原本唸商科的我也能考上法政研究所，進而考上國考。

　　我準備國考很多年了，這當中還回到學校唸研究所，畢業後再度準備，考了一段時間，中間還去工作兩個月。我距離上榜常常都只差一點點，而且非常多次。別的同學差一點點，很快就會有好消息，為什麼我總是在上榜邊緣打轉？上榜就像田徑比賽終點的那條線，那條線前前後後，而我就是怎麼都碰不到，心裡一直非常沮喪。不久我生了一場大病受傷，在醫院住了將近3個月。我告訴自己再也不考國考，再也不要過考生的生活，做什麼工作都好，就是不要再考試了。回到家養病一段時間，我真的是放下了考試，等身體狀況好轉也開始上網找工作。我想身心障礙者有就業服務與保障，應該不難找，但實際情況不如我想的容易。後來一位久未連絡的身心障礙同學與我分享他考上的喜訊，我才想到或許我也可以考考看，畢竟考試科目差不多，以前也準備很久了，不如就再試試看吧！準備期間我沒有再去補習，就把以前的書拿出來看，不足的部分就自己去重慶南路買書參考。我不再依賴補習班的老師，書本就是我的老師，有問題就自己查書找答案。我只讀重要的內容，不是很重要的我就大膽地忽略它，集中火力在重點而且是自己不熟的部分。我也不去圖書館讀書，不用扛書奔波，老老實實待在家裡準備，時間完全自己掌控。當然我也沒放棄既有的娛樂，依然上網、看影片、研究做菜、每天煮飯，假日去河濱公園散步，盡量不給自己壓力。考試當天只帶法典和筆記，放鬆心情應考，就算遇到不會的題目也絕不留白。雖然身障特考不考英文，但是申論題寫到專有名詞或學者名字，只要是我知道的我還是會寫出英文，提高與其他考生的鑑別度。

　　事實上，王老師一系列的圖解書對我幫助很大，尤其老師強調跨越章節主題式的理解方式，讓考生能全面的了解政治學的內涵。平時練就主題式跨章節的理解，遇到考古題也能寫得和別人不一樣，遇到沒看過的題目也比較能思考發揮，不會一個字都寫不出來。政治學要背誦的不多，主要靠理解，然後用自己的話寫出來。有時候老師書上只寫一段文字，若有融會貫通的話，自己可以聯想寫出更多內容，甚至融合其他科目的概念。這就是王老師一再強調的不要死背，理解最重要，理解了要背的就很少了。

　　其實每一位願意參加國考，重新拾起課本讀書考試，憑藉自己努力改變命運的考生都是很棒的人。用功讀書當然是必要，但也不要給自己太大的壓力。國考不是生命的全部，沒考上當不了公務人員，天也不會塌下來，人生也不會就此完蛋。保持愉快的心情、健康的心態，其實比考上更重要。如同聖嚴法師所云，「擁有身心的健康，才是生命中最大的財富」、「活在當下，不悔惱過去，不擔心未來」。祝福每一位考生心想事成，走出屬於自己的路。

林艾喜

2015 年身心障礙特考三等一般行政榜首

 **推薦序**

用《圖解政治學》跨過國家考試的門檻

「政治學」這門學科是國家考試一般行政、民政考試所有科目中的基礎學，因此通過國家考試的關鍵在於將政治學研讀到融會貫通。

在我大學畢業後即面臨到人生當中最重要的就業問題，由於在先天上有不良於行的情形，就業問題對我個人是個重大的挑戰，做過各種評估後認為報考公職國家考試是突破就業困境的最佳途徑。

由於我大學並非讀公共行政相關科系，所以一開始準備國家考試時對「政治學」這門學科感到很陌生，不知如何讀起。後來認識保鍵老師，經過他的教學指導後才逐漸對「政治學」有基本的認識。要考上國家考試，最重要的是以「理解」的方法取代傳統「死記」，如此才能在作答時寫出有系統、有邏輯的答案，進而取得高分達到上榜的目標。

雖然自己對「政治學」已有基本的認識，但要達到寫出有系統、有邏輯的答案還有一段路要走，所以也去找一些相關書籍輔助。某日我在書店中發現這本由保鍵老師所著《圖解政治學》一書後，對於這本書起了好奇心。我好奇的原因在於這是我第一次看到政治學能以圖解的方式呈現，翻開書本後發現此書果然與一般的政治學教科書不同，除了以文字敘述理論內容外，另外還以圖解來呈現理論內容。

透過圖解的方式呈現各種政治學理論是本書最大的特色，它將原本不易理解的學科理論概念以圖解的方式呈現出來，對我準備政治學有很大幫助，原先準備政治學時在理解的過程中僅限於各單元的各個概念，不過自從看過保鍵老師所著《圖解政治學》一書後，終於讓我瞭解到政治學理論中各種概念彼此之間的關係，理解到如何在作答時將各種概念彼此連接起來。藉此，在每一次參加國家考試的過程中就比較瞭解如何融合各種概念寫出有系統、有邏輯的答案，申論題的分數逐漸提高，讓我以一年的時間考上「公務人員特種身心障礙四等考試」，接著又以兩年的時間考上 2013 年的「公務人員特種身心障礙三等考試」，成功脫離失業的困境，並得以追求人生的夢想。

能在短時間內連續考上兩項考試即因為「政治學」這一科拿分數較高，將整體分數拉上來進而順利金榜題名。在此除了要感謝保鍵老師的教學指導及批改我的擬答外，也要向有意報考國家考試的考生推薦這本好書，藉由此書的輔助可快速理解「政治學」理論內容，讓自己快速實現考上國家考試的目標。

回想準備國考這段時間，不管是上課、唸書、寫擬答，要比一般人更專注，要比一般人耗費更多的時間，要比一般人克服更多的挫折。在此過程中，母親的鼓勵與支持下，是我感念在心的，我想藉此表達我對母親的感謝，並祝福正在準備國家考試的考生們，順利金榜題名。

潘玉安
2013 年 9 月

 **推薦序**

一個國考考生築夢的故事

　　我是薛雅文，一個專科畢業生、一個家庭與工作兩頭忙的媽媽、一個經歷數次落榜低潮的國考考生。但在今（2013）年3月地方政府公務員特考放榜，我順利考取竹苗區一般民政四等（准考證號：HH40200181）。在三月春天溫暖的陽光映照下，喜極而泣的我，覺得人生已經昇華到無比美好的境界。

　　拿到成績單後，看到分數，政治學申論題共兩題，每題配分25分（總分50分），我兩題分別各拿了24分（總分為48分），當下除了喜悅，還有更多的自我肯定與成就感。這個榮耀是來自於王老師的支持與鼓勵，隨即上網留言給遠在英國的王老師，跟王老師分享這個喜悅，並跟老師預約等老師回國時，要當面跟老師致謝並拿課本請老師簽名。哪知道王老師邀請我替《圖解政治學》寫個推薦序，我當下覺得，雖然我確實是藉這本書拿到好成績，但我又不是名人，寫推薦序好像有點怪怪的。但王老師告訴我，我的故事說明了每個人一定要有夢想，並積極地為了這個夢想努力，遭遇再多挫折，也要堅持下去，夢想終會實現的。

　　自己回頭看看一路走來的準備國考歷程，心中真是百感交集，一則欣喜、一則心酸。想起國考這幾年時間，每次考完都落榜，考到心灰意冷，曾經以為當公務人員對是一個遙不可及的夢想。加上看到愈來愈多年輕、優秀大學生投入國家考試，成為我的競爭者，心中更是有著莫名的恐慌。但我真的很想要當公務員，我想要有穩定的公職可以照顧我的孩子，我相信國家考試是唯一能讓我向上提升的機會，看看孩子可愛的臉龐，我擦擦眼淚，繼續埋頭於《圖解政治學》，繼續研究抽象的政治意識型態、人權保障理論等議題。

　　或許每位國考考生基於不同的動機參加國家考試，但我相信每位考生都有共同的夢想：榜單上可以看見自己的名字。在追尋這個夢想的過程中，一定會有很多的挫折，諸如假日時仍須死守書桌前的無奈、朋友慢慢地變少、經濟的壓力、情緒的低潮等等。但當榜單有自己的名字，夢想實現時，那種雀躍之情，絕不是筆墨可以形容的；正是所謂的「過程愈辛苦、結果愈甘甜。」

　　在此，非常感謝王老師的《圖解政治學》一書，這本政治學寶典，利用圖解的方式把艱澀的理論，深入淺出的解說，並搭配老師獨特的教學方法，讓整個政治學的演進、理論、核心思想像聽故事般的流暢，讓我從一開始完全不懂到融會貫通。謝謝老師要求我們做筆記，耐心的教導與不厭其煩的幫我解惑，幫助我建立自己的知識體系架構。謝謝老師持續不斷地從解構題意、答題架構、邏輯論述等面向指導我撰寫申論題，讓我這個非政治本科的專科生，可以拿下接近滿分的好成績。

　　同時，希望透過我的故事，可以為正在準備國考的戰友們帶來正面的力量。與目前仍在國考路途上奮鬥的好朋友共勉，相信你自己，因為我考得上，你們也一定考得上，一定要一本初衷地為實現夢想而努力，加油哦！

2013 年 3 月

 **推薦序**

人生大夢・以書致之

　　走在細雨紛紛的孟夏街道上，心裡感覺份外踏實。

　　回顧這十年來的人生發展，從流浪教師的失業谷底，到高考和國立研究所的紛紛進榜，有著戲劇般的轉變。這期間除了必要的自身努力外，更有不少雙扶持的溫暖雙手，相伴左右。

　　其中最重要的一號人物，莫過於外號「嚕嚕米」的王老師。他總能以身作則，孜孜不倦地學習：從基層三等特考、高考，到地方政府至中央政府要職，乃至於最後考取榜首的公費留學，不斷地提升人生的高度，引領後學們標竿學習。而他，更是我的良師益友，以及生命中的貴人，帶我走進政治學及地方政府與自治的知識殿堂，並體會到學習的樂趣。

　　回想起 3 年多前應考高考時，商學背景的我對政治學的認知是「零」！透過老師富涵趣味的教學及考試技巧的分享，讓我對政治學逐漸產生了濃厚的興趣，並在政治學的考試展現佳績。俗話說：「工欲善其事，必先利其器」，透過《圖解政治學》此書的熟記，得以省卻相當多的摸索時間，並獲取高分：

一、以「主題式複習」的方式，破除工作無暇讀書的藉口

　　「工作，不能是你沒有考上的藉口！」猶記王老師分享道，當初他運用主題式複習及邏輯推演的方式，快速地以一年的時間高考榜示錄取！此一《圖解政治學》便是他多年的教學經驗匯集而成的一本書，它是一帖「以簡馭繁」的良藥，平時它是一本輕鬆易讀的好書，在餘暇時分可再三翻閱參讀；但在考前，它又是一個救生圈，透過計畫性地、主題性的複習，讓邊工作邊唸書的考生，能效率且紮實地做好複習的工作，並感到安心踏實。

　　舉例而言，臺灣大學國家發展研究所必考題──政治發展，在《圖解政治學》中，具有一系列可供論述之重點，包括：

（一）它是一種「宏（鉅）觀政治學」（macro politics）的研究途徑（S. P. Huntington 所提出），研究面向涵蓋：現代化理論、依賴理論、世界體系理論。

（二）它是一種「民主政治實踐成功條件」，內涵為一國具有制度化的憲法、參與式的政治文化及文人治軍。另學者李普塞認為，民主政治實行得較成功的國家，猶仍考慮另外兩個面向：一是「經濟發展」（國民所得高、經濟生產方式較現代化）愈好，另一是「社會條件」（即社會和諧度）較佳。

　　此外，因政治學是一門形而上的學科，於當代制度研究主要方向中，亦涵蓋了公共行政研究及新制度主義，細而論之如：公共行政研究的組織激勵理論及公共政策的理性選擇理論／不可能定理／博弈理論／寇斯的交易成本等，若能以三科知識共同科際整合，運用多元角度於考試議題分析中將無往不利！而近年來屢見在各科之「新興議題」較「傳統考題」優先命題，故複習順序應由新興議題，回溯傳統考題，並配合考選部公布之「考試大綱」掌握住考前一個月的複習節奏。

二、以精要的「筆記」代替厚重的課本，讓考試腦海中不再一片空白

多數考生連同我在內，也許都曾經經歷過一種考試經驗——明明我有唸過，為什麼在考試的時候，一緊張全部忘記了，連一個字都寫不出來（或者漫無章法地亂寫）？其實，厚重的課本是平日應研讀的，到了考場，建議還是帶著簡要的筆記，較能消化及吸收；此外，以大腦的長期記憶而言，圖像較表格為優，表格又較文字為優，《圖解政治學》的版面精心策劃，一個主題伴隨一面文字解說、一面表格及圖像呈現，使讀者方便閱讀之餘，又富涵興味。

三、書中的小博士解說案例分析、實例說明，更是釐清考試迷思的利器

考生若思考出題老師背後的思維可知，綜觀歷年考題落點經常係目前爭議的社會問題本質、學科出現爭點、法規出現問題及漏洞等，《圖解政治學》中剖析諸多國考及研究所的爭論考題思考點，例如：電視台之即時民調是否可信？第三波民主化浪潮如何影響各國政府體制運作？憲政慣例意涵及我國實務操作？臺灣政體轉型過程？……等等，讓考生學思並用，對政治學的理解更進階。

四、熟背好用套稿

考試，從來就不是「Input」（考試前讀進了多少的書）的問題，而是「Output」（考試時寫出了多少珍貴的見解）的問題！所以，一些跨學科的流行議題，最好考前整理熟背，方得以不變應萬變，例如：審議式民主、民主原則、杜瓦傑定理、政治文化、公聽會、民意、政治經濟學、全球化等重點，在考前須一一理解、吸收及內化為自己的腹中知識，不但可增加考題理論基礎，亦可使論述言之有物。

考試過程中，考生的心情常是五味雜陳的，如人飲水，冷暖自知。但若能汲取過來人的成功經驗，大多可少走一大段摸索的冤枉路。很感謝《圖解政治學》一書的出版，此書匯集老師多年的教學經驗而成，不容錯過，本人在此向各位亟力推薦閱讀之！

前臺北市信義公民會館館長

自序

　　首先，亦是最重要的是感謝讀者們對本書的喜愛與支持，讓本書在短短的3年就再版3次、再刷4次，若依「自由主義」系絡下的市場供需法則，顯然本書是受到肯定的，謝謝大家。

　　圖解系列的書，以圖解方式及通俗文字來說明深奧的政治學，原規劃是作為大專院校通識課程教材，但意外地成為一般大學畢業生在準備國家考試重要的讀物。基於十餘年的教學經驗，並應出版社要求為再版序之際，簡要說明如何在國家考試之《政治學》一科取得高分。

　　準備政治學的國考，最重要者當是詳讀且理解考選部公布的命題大綱。以普考中的測驗題型（選擇題）來說，許多考生都會有一個共同經驗，一個選擇題中的四個選項，以「刪除法」去除了兩個選項，剩兩個選項供抉擇，機率有50％，應該很容易得分，但90％的考生卻往往選了錯的那一個而失分，為什麼？這顯然就對政治學相關基本概念不夠清晰。改善之道，就必須理解掌握命題大綱中第一部分「政治的意涵與基本概念」所指涉的各個概念；例如，權力與權威有何差異。

　　如同本書撰寫架構是從宏觀（總體）到微觀（個體），而命題大綱也是從第二部分「政治意識形態與政治理論」（總體）到第四部分「政治行為與互動」（個體）。吾人建議，對於政治學相關理論與命題大綱之理解，應採「核心概念貫穿式」途徑，而非「標題記憶式」之途徑，始能讀通政治學。

　　舉例言之，如以「人權」來核心概念貫穿，係從民主政體的統治者之民意正當性基礎（第一部分），體現在自由主義之意識形態（第二部分），以憲法及憲政體制落實人權保障，並循權力分立途徑限制政府權來保障人權（第三部分），復以選舉及政治參與實踐民主政治之人權保障精神（第四部分）。

　　事實上，命題大綱富含理論性及邏輯性；例如，「憲政體制」與「政府體制」有何差別？為何稱「政黨體系」，而非「政黨體制」？為何政黨體系放在命題大綱的第四部分？是以，如能將命題大綱詳加理解內化，自能順利金榜題名。而本書就是作者在精心研讀命題大綱，並灌注多年教學經驗後撰寫而成；今能獲得讀者肯定，特表謝忱。

王保鍵

2011年6月26日於南京大學中美文化研究中心

本書目錄

 第**1**章 政治及政治意識型態

本書目錄

第 2 章 政治學分析途徑（方法論）

第 3 章　國家論

本書目錄

第5章 憲法與人權

本書目錄

第 **7** 章 選舉制度

本書目錄

第 8 章　政黨的意義與功能

第 **9** 章 民意、政治參與、利益團體、政治文化
與政治社會化

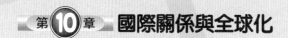

第10章 國際關係與全球化

第 **1** 章

政治 及政治意識型態

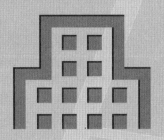

●●●●●●●●●●●●●●●●●●●●●●●●●● 章節體系架構 ▼

UNIT *1-1*
政治、權威、權力

圖解政治學

（一）政治與經濟、國際政治與國內政治之交互影響

❶政治安定有助於經濟發展

　　一個國家經濟是否能發展，實有賴政治的安定及清廉；一旦國家政治動亂，人心浮動，致貨幣失去其流通性，經濟市場恐將回到以物易物之原始狀態，故政治安定性恆為經濟發展之基礎。

❷經濟成長有助於政治發展

　　檢視臺灣的民主化歷程，伴隨臺灣的經濟發展，中產階級興起、社會結構功能分化、利益團體陸續成立，促使 80 年代社會力解放及社會運動興盛，讓臺灣民主轉型、政治發展。

❸國內政治與國際政治交互影響

　　在全球化的今日，國際規範、國際建制對國內政治常有深刻的影響，從政治領域之聯合國（UN）到經濟領域之世界貿易組織（WTO），不但制約著國家，也規制著企業體或一般人民。相對地，一國（特別是強國）內之政權更迭或政治衝突也會影響著國際政治，甚至產生感染效果之風潮，這可由 2010 年底從突尼西亞開始，蔓延到埃及、利比亞、敘利亞之北非民主化浪潮（似有第四波民主化之可能），加以論證。

（二）主要政治學者對政治之界定

❶鄂蘭（Hannah Arendt）將政治權力界定為：「同心協力的行動」（acting in concert）。

❷海伍德（Andrew Heywood）對政治的定義如下：「人們制定、維繫和修正其生活一般規則的活動。」

❸伊斯頓（David Easton）將政治界定為：「價值的權威性分配」（authoritative allocation of values）。

❹柯利克（Bernard Crick）《政治的辯護》（*In Defence of Politics*）一書中定義：「政治是在特定規則之下各種利益相互折衝的活動，並依其對整個社群生存與福祉重要性的比重，來分配權力的大小。」

❺烈夫特維屈（Adrian Leftwich）在其《政治是何物：政治的活動及其研究》（*What is Politics? The Activity and Its Study*）書中所指出的：「政治是所有集體性社會活動的核心，不論是正式的或非正式的、公共的和私人的，政治存在於所有人類的團體、機構和社群中。」

❻拉斯威爾（Lasswell）在其《政治：誰得到什麼，何時得到，如何得到？》（*Politics: Who Gets What, When, How?*）書中指出，政治就是權力：有能力透過任何手段以達成預期的結果。

❼馬克思（Karl Marx）在《共產黨宣言》（*Communist Manifesto*）指出政治權力指涉「僅是某個階級的組織化權力，它是用來壓迫另一個階級的工具」。對馬克思來說，政治和法律、文化一樣，皆是「上層建築」（superstructure）的一部分，而有別於經濟的「下層建築」（base），後者是社會生活的真正基礎。

政治之定義

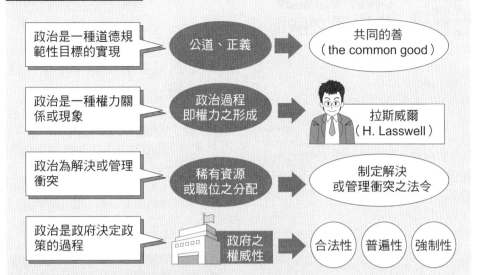

政治是一種道德規範性目標的實現 → 公道、正義 → 共同的善（the common good）

政治是一種權力關係或現象 → 政治過程即權力之形成 → 拉斯威爾（H. Lasswell）

政治為解決或管理衝突 → 稀有資源或職位之分配 → 制定解決或管理衝突之法令

政治是政府決定政策的過程 → 政府之權威性 → 合法性　普遍性　強制性

伊斯頓對政治的定義

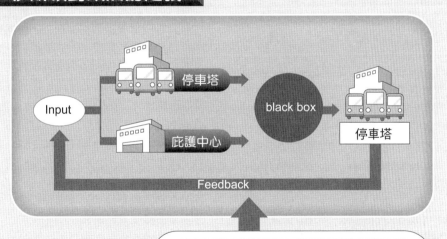

Input → 停車塔　庇護中心 → black box → 停車塔

Feedback

個人偏好以伊斯頓的「價值的權威性分配」來界定政治

筆　者

　　這個定義不但可用於政治學上，亦可用於行政學或公共政策上來界定公共政策之意涵。
　　例如，假設若一塊站前精華地有兩種input需求，一為有利於商家的停車塔、一為有利於遊民的庇護中心，經過守門人，進入black box後，output為停車塔。停車塔之產出即是「公共政策」之制定（產出），而停車塔與庇護中心在政治系統之角力，便是「政治」。

UNIT **1-2**
政治學之演進（一）

西方思想可從三種不同的角度來看待人和宇宙間的關係：

❶第一種角度是超越自然的，焦點在上帝，人是上帝創造的一部分。

❷第二種角度是自然的，焦點集中於自然，即科學的模式，人是自然秩序的一部分。

❸第三種角度是人文主義的模式，焦點是人，以人的經驗作為人對自己、對上帝、對自然瞭解的出發點。

政治學就像社會學一樣，是在 19 世紀中葉，從哲學發展出來的。及至 19 世紀末，20 世紀初，政治制度的分析又逐漸脫離政治哲學而獨立，成為政治學研究的「顯學」。然而，不旋踵間，制度分析被另一研究定向所取代，這就是主導 20 世紀英美政治研究的主流——行為主義（Behavioralism）運動。此波瀾壯闊的研究取向萌芽於本世紀初，奠基於 1930 年代，大興於 1960 年代，迄今仍是當代政治學門的主流之一。雖然，在 1970 年代初期又出現「後行為主義」（Post-behavioralism），但這新的研究定向或許不是取代行為主義，只不過是修改行為主義者某些研究定向的偏差。惟在 1980 年代歐洲政治思想再度為美國學者重視，進而影響政治學者不再獨尊以實證主義為基礎的行為主義或後行為主義，能夠以更寬廣的視野觀點來看政治世界，所以到 21 世紀，政治學已有全球化的風貌。以下借用彭懷恩教授的觀點，簡單介紹政治學的發展。

（一）傳統主義時期：規範性理論

❶**傳統主義時期主要是以「政治哲學」與「法制研究」為主**

所謂「政治哲學」：傾向以規範性（normative）為主題，以演繹為方法，是先驗的（無需經驗或先於經驗獲得的知識）。他們絕大多數只關心評價政治的標準之探討。而「法制研究」：係指主要是描述當時的政治制度與過程，以法律文件與憲法規約為主要的資料基礎，焦點集中於法律及政治制度。

❷**研究方法：演繹法**

演繹法，就是用邏輯來推理，即指由已知的一項定理接著推導出下一項的定理，如此層層的推導下去，來得到一些東西。是從一般性知識引出個別性知識的過程，係由通則性的陳述開始，根據邏輯推論獲得個別的陳述。

❸**面向**

①政治哲學，如柏拉圖（Plato）所著的《理想國》。基於一個「先驗」的前提，來展開其政治理論與設計。例如，我國之儒家思想是基於「先驗」之「性善論」（無法去經驗感受的）；從性善論出發建構其政治理論與制度設計。

②法律與制度，如憲法條文。主要在對政治制度進行描述或以歷史之角度來研究。此時，較偏重於「國家學」之討論。

政治學是否為科學

政治學不是科學		政治學是科學	
真正的科學	概念清晰明確	可運用「科學方法」	具有經驗性的觀察或測量
	理論之解釋力與預測力皆強		具有可驗證性
政治學不易獲得普遍性通則			具有定律或通則
政治研究無法「客觀」			具有累積性

傳統主義的研究類型

規範性為主題

政治哲學

以演繹為方法

是先驗的（無需經驗或先於經驗獲得的知識）

描述當時的政治制度與過程

法制研究

焦點集中於法律及政治制度

以法律文件與憲法規約為主要的資料基礎

演繹法與歸納法

演繹法 ➤ 藉由已知部分，運用邏輯推演的方式，來推知未知部分 → 理性主義

歸納法 ➤ 透過感官經驗所累積的知識，由部分累積到整體之通則或理論 → 實證主義

古希臘三大思想家

約公元前469年－前399年
蘇格拉底（Socrates）

約公元前427年－前347年
柏拉圖（Plato）

約公元前384年－前322年
亞里斯多德（Aristotle）

UNIT 1-3
政治學之演進（二）

圖解政治學

（二）行為主義時期：經驗性理論

行為主義運動的特徵是，政治研究倚重於人類行為的變項，強調個人行為是政治研究的分析單位，採用實證的測量方法來探討政治活動，並追求普遍性的經驗性理論（empirical theory）。

❶開創

由芝加哥學派（Chicago School）開創。

❷精義

①借用自然科學之方法來研究社會科學，以科學的方法來研究政治現象。

②重視個人行為，而非制度。分析應以個人或團體行為為焦點，而非僅以政治制度為焦點。同時，在分析時，應該區分事實問題與價值問題。

③研究方法為：實證方法。即觀察、分類、量化、驗證，強調精確性之指標；是具可驗證性的、經驗的；在建立通則性之經驗性理論。

④政治學之科學化。

❸面向

①選舉研究，如選民投票行為、民意調查。

②政治人格研究，如蔣介石總統的人格個性（漢賊不兩立），導致退出聯合國。

③政治過程研究，如美國學者班特來（Authur F. Bentley）所著《政府的過程》一書。

（三）後行為主義時期

❶因部分政治學者察覺到許多行為主義者為了追求技術的精確，而忽視到政治問題必須與目標價值有所關聯（relevance）。基於政治之研究不可能不帶有研究者的主觀價值，乃要求政治學者必須擴大研究視野，關心社會中的政治、經濟等議題，並提供政策建言。應注意的是，後行為主義者並不排斥科學方法或行為時期的成就，而是補充行為主義在發展過程中出現的偏差。

❷基本上，制度在政治學研究中扮演重要角色，一開始政治學重心就是在探討制度，縱使因行為主義（以自然科學方法來研究社會科學）介入而遭受打擊，但在將國家機制帶回來研究（bring the state back in）風潮下，制度研究又回來了。

❸政治學大師伊斯頓（D. Easton）於1969 年就任「美國政治學會」主席時，發表了一篇著名的演講 ——「後行為主義的革命」（The New Revolution in Political Science）要求政治學者必須擴大研究視野，重視與人類社會息息相關的公共議題，並提供政策方案或解決之道。依伊斯頓觀點，可歸結主要特徵為：

①實質重於技術：對於當前迫切的社會問題之關切應優先於調查方法工具的考慮。

②政治學無法價值中立。

③知識分子應該關懷社會，以知識作為解決社會問題的基礎。

行為主義的研究類型

政治學之科學化

科學
基於客觀事實而獲得之有系統、有組織之知識

自然科學方法之借用
以科學的方法來研究政治現象

重視個人行為，而非制度
分析應以個人或團體行為為焦點，而非僅以政治制度為焦點

實證方法
區分事實問題與價值問題
追求普遍之經驗性理論

後行為主義的研究類型

後行為主義研究

不排斥行為時期的成就，而是補充行為主義在發展過程中出現的偏差

實質重於技術
政治學無法價值中立
知識分子應該關懷社會

政治學者必須擴大研究視野，重視與人類社會息息相關的公共議題

政治學內涵是什麼？

依美國政治學會（American Political Science Association）網站上的定義。

主要研究面向	次領域（分支學科）
governments	political theory
public policies	political philosophy
political processes	political ideology
systems	political economy
political behavior	policy studies and analysis
	comparative politics
	international relations

註：美國政治學會（APSA）創立於1903年，目前有包含八十幾個國家的15,000個會員。

UNIT *1-4*
意識型態

圖解政治學

意識型態（ideology）是指一種觀念的集合。英文 ideology 這個詞是法國哲學家特拉西（Count Destutt de Tracy）在 18 世紀末的時候所創造，用來界定一種「觀念的科學」。在社會研究中，政治意識型態是一組用來解釋社會應當如何運作的觀念與原則，並且提供了某些社會秩序的藍圖以及理想政體之願景。政治意識型態大量關注如何劃分權力，以及這些權力應該被運用在哪些目的上。政治意識型態是指提出某種政治與文化計畫作為參考的社會運動、機構、階級或大團體，他們的整體觀念、原則、教條、迷思或符號。它也可以是通常用來界定某個政黨及其政策的一整個政治思想結構（維基百科）。蘭尼（A. Ranney）指出完整的意識型態具有五種要素（作者增添第六項）：

❶價值觀

例如，在過去兩極（美國與蘇聯）對立下之資本主義與共產主義，一個是重視個體之價值，一個是重視集體之價值。

❷理想政體的願景

例如，我國《禮運·大同篇》之夜不閉戶；或馬克思主義之國家消亡論。

❸人性的概念

例如，我國孟子之「性善說」、荀子之「性惡說」；或馬克思主義認為資本家基於獲利最大化，必然剝削工人。

❹行動策略

例如，馬克思之被剝削工人，最後會透過階級革命之方式來改變翻轉與資本家間之階級關係。

❺政治戰術

例如，為實現馬克思主義之終極目標，蘇聯與中國大陸就採取不同的途徑（政治戰術）。

❻吸引群眾之追隨

一個意識型態能激起追隨者之熱情，而加以信仰追隨。例如，台獨之意識型態讓深綠的群眾毫無保留地支持。

😃實例說明

在國內每逢選舉必產生激烈爭執的統獨議題，如果依我國現行憲法之意識型態，則係採取統一或獨立之政治意識型態？

依《中華民國憲法增修條文》前言之規定：「為因應國家統一前之需要，依照憲法第二十七條第一項第三款及第一百七十四條第一款之規定，增修本憲法條文。」故依我國現行憲法，對於統獨議題之政治意識型態係採取「統一」之立場。另依《中華民國憲法》前言之規定：「中華民國國民大會受全體國民之付託，依據孫中山先生創立中華民國之遺教，為鞏固國權，保障民權，奠定社會安寧，增進人民福利，制定本憲法，頒行全國，永矢咸遵。」故我國憲法所設定之意識型態便是孫中山先生之思想（三民主義），而整部中華民國憲法都可以看見孫中山先生思想的影子；如「權能區分」之國民大會或平均地權、節制資本的民生主義思想投射在憲法第 142 條（國民經濟應以民生主義為基本原則，實施平均地權，節制資本，以謀國計民生之均足），而立法院更據以制定了《平均地權條例》。

意識型態的概念

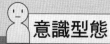

意識型態
- 提供了某些社會秩序的藍圖
- 社會應當如何運作的觀念與原則

要素

| 價值觀 | 理想政體的願景 | 人性的概念 | 行動策略 | 政治戰術 | 吸引群眾之追隨 |

我國憲法所設定之國家意識型態

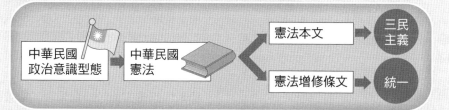

中華民國政治意識型態 → 中華民國憲法

憲法本文 → 三民主義

憲法增修條文 → 統一

政治與公共政策

公共政策	國家政治治理（political governance）的體現		
國家可運用之政策機制	法律之制定	社會服務之機制	
	經費之補助	稅賦之課徵	
政策制定	理性決策途徑	精密理性模型（strict rationality model）	
		有限理性模型（bounded rationality model）	
		警戒資訊過程模型（vigilant information processing model）	
	非理性決策途徑	官僚議價模型（bureaucratic bargaining model）	
		垃圾桶模型（garbage can model）	
		行政常規模型（administrative routine model）	
政策執行	程序正義之重視與政策目標之達成		
政策評估	評估分析（evaluability assessment）		影響分析（impact analysis）
	過程評估（process evaluation）		成本效益評估（cost-benefit analysis）

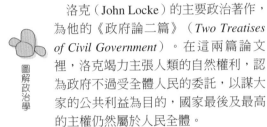

UNIT **1-5**
當代各種意識型態（一）：自由主義

❶溯源自洛克思想

洛克（John Locke）的主要政治著作，為他的《政府論二篇》（*Two Treatises of Civil Government*）。在這兩篇論文裡，洛克竭力主張人類的自然權利，認為政府不過受全體人民的委託，以謀大家的公共利益為目的，國家最後及最高的主權仍然屬於人民全體。

在洛克的思想中，他認為原始的自然狀態是美好安樂的，因為人是有理性的（互相善待），因缺乏公正裁判者，乃交出自己執行正義之部分自然權利，訂立社會契約（由社會全體力量謀求公共利益），進而委託政府擔任公正裁判者。所以政府存在目的在於保障民權，憲法在限制政府權力。

❷以個人主義為基礎：現代人權之濫觴

基於洛克的思想，讓個體的重視成為西方最主要的政治哲學；個人主義成為現代民主政治的重要基石。亦即，個人主義最關注的是保護個人免受國家的侵犯。

想像這樣一個畫面：一間風雨飄搖的小茅屋，屋裡坐著一個自得其樂的老者，屋外站著一個一籌莫展的國王。這是一幅發軔自英國的經典圖畫，而最終演化成了憲政史上一個經典的理念：「我的寒舍，風能進，雨能進，英王不能進」，這就是個人主義下財產權的重要性和神聖性（BBC, 2007/3/9）。

如此個人便可自由地發展其潛能，讓個人發揮其創造力，來帶動整個社會的經濟與文化進步。

❸投射於政治層面上為民主主義

依《美國獨立宣言》中前言部分所載：凡人生而平等，皆受造物者之賜，擁諸無可轉讓之權力，包含生命權、自由權與追尋幸福之權。茲確保如此權力，立政府於人民之間，經受統治者之同意取得應有之權力；特此，無論何種政體於何時破壞此標的，則人民有權改組或棄絕之，並另立新政府，本諸此原則，組織此形式之政權，因其對人民之安全與幸福影響最鉅。故個人主義投射於政治層面上為民主主義。

❹投射於經濟層面上為資本主義

依《韋氏辭典》（*Merriam-Webster*）對資本主義的定義是：「一個由私人或公司擁有資本財的經濟系統，經由私人的決定進行投資而非經由國家的控制，以及價格、生產、銷售產品主要都由自由市場所決定。」故國家不要介入自由經濟市場，讓市場機制（供給與需求）自然運作產生最適價格，即政治不介入經濟領域。

❺現代自由主義——羅爾斯的機會選擇上自由平等

羅爾斯（John Rawls）在其著作《*A Theory of Justice*》提出「兩個正義原則」，一為平等自由原則（the principle of equal liberty），另一為公平之機會平等原則（the principle of fair equality of opportunity）。即國家應提供個人能公平發展其潛能的機會，如我國憲法第 159 條至第 161 條之規範。

自由主義的概念

自由主義
- 洛克思想
- 個人主義為基礎
  - 政治—民主主義
  - 經濟—資本主義
- 現代自由主義—羅爾斯的機會選擇上自由平等
- 夜警國家（watch-dog state）

美國獨立戰爭

時間	1775-1883年	
參戰方	英國 ⟷	北美十三州
		法國
		荷蘭
		西班牙
結果	1783年9月簽訂巴黎和約	正式承認美國獨立

自由主義概念下的國家角色

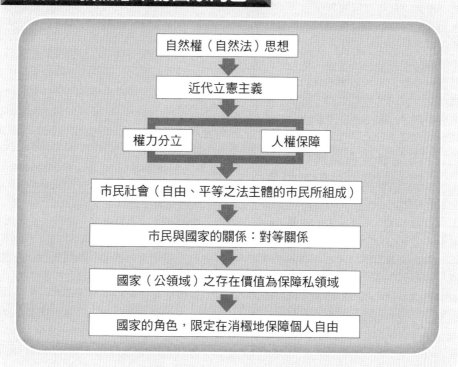

自然權（自然法）思想
↓
近代立憲主義
↓
權力分立　　人權保障
↓
市民社會（自由、平等之法主體的市民所組成）
↓
市民與國家的關係：對等關係
↓
國家（公領域）之存在價值為保障私領域
↓
國家的角色，限定在消極地保障個人自由

UNIT 1-6 當代各種意識型態（二）：保守主義與新右派

圖解政治學

　　保守主義（conservatism）與自由主義（liberalism）是存有分歧性，但卻不是極端對立性，二者間是相互影響的；亦即二者間是源於歷史傳統，也有基於對政治、經濟、社會變革的不同角度所產生對於某些政治主張，有不同的立場或觀點。保守主義者，認為人類因其個人天賦差異所產生的不平等，或因後天所努力所造成不同等；因為天賦或後天努力不平等所造成的社會階層之高低，是理所當然。對財富的分配不均，在自由競爭的前提下，認為是自然而然的。有關保守主義的核心概念略為：

（一）反對激進變革，採穩定改革

　　最早的保守主義產生於英國革命和法國大革命。那些反對激烈變革，反對革命的人，被稱為保守分子。由於當時的革命對象是君主和貴族，所以保守分子又被稱為王權分子或者保皇黨人（即英國保守黨的前身托利黨，Tory）。故所謂保守主義可以說是採取「反對激進變革，採穩定改革」的政治理念。

（二）因為尊重自由競爭機制，認為財富的分配不均是合理的

　　在美國，比較支持變革的政黨，為民主黨；比較反對變革的政黨，即共和黨。故一般認為共和黨是保守傾向之政黨，也是所謂白領階級或中上階級之政黨。但讀者們必須注意的一個重要的前提，美國是一個最徹底的資本主義社會，任何人只要有能力，就可以在這個資本主義國家中快速、大量的累積財富。同時，也要理解到自由主義與保守主義不是截然對立或對抗的。

（三）新右派

　　根據 Dunleavy 和 O'Leary 的看法，若要瞭解新右派（New Right）的內涵，應該從傳統右派的思想中找出脈絡；而新右派之概念略為：

❶在政治面向，新右派對於「國家」仍持抗拒的態度，對「市場」則有其明確之偏好。

❷在經濟面向，新右派採取「不干預主義」（non-interventionism），反對政府在經濟管制及社會福利上扮演過於積極的角色，主張回歸市場供需法則運作機制。

❸在社會面向，則改採「干預主義」之立場，主張政府責無旁貸應積極介入法律、秩序、國防和維護傳統價值。而新右派又可分為兩大系絡：

　①新自由主義

　🇦基於政府不應介入經濟與社會領域之自由放任思想，即自由主義的思想。

　🇧目的在支持財產權之取得；意即，運用自由主義來賦予財富分配不均之正當性。

　🇨代表學者如海耶克（F. A. Hayek）、諾錫克（R. Nozick）、佛列曼（M. Friedman）等。

　②新保守主義

　🇦因為美國羅斯福之「新政」與詹森總統之「大社會」讓傳統的自由主義與保守主義間混淆不清，為釐清保守主義之內涵，乃有新保守主義之出現。

　🇧相信社會的秩序與階級是自然的產物，在面對社會傳統，改革與變遷不應太快。

　🇨代表學者如寇克（Rusell Kirk）與李普曼（Walter Lippmann）等。

保守主義的概念

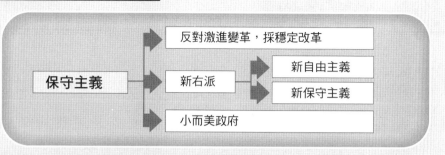

保守主義	反對激進變革，採穩定改革	
	新右派	新自由主義
		新保守主義
	小而美政府	

紀登斯（Anthony Giddens）的「第三條路」

紀登斯	1938年1月18日出生於英國愛德蒙頓的北倫敦（North London in Edmonton）
對政治影響	擔任布萊爾的顧問，幫助工黨調整路線，所謂「新工黨」（New Labour）
	前總統陳水扁之「新中間路線」
1998年出版《第三條路》一書	試圖在老左派和新右派之間，找到一條出路

老左派：老工黨、古典的社會民主主義（social democracy）	新右派：新自由主義，自由市場哲學，如柴契爾主義或雷根主義

新右派的基本假定與主要政治訴求

基本假定	認為政治生活如同經濟生活一樣，應該容許個人擁有最大的自由度或創造空間以發展自我		
	最小政府	自由市場（不受國家干預）	完全自主的市民社會
主要政治訴求	市場競爭的觀念應該儘量擴充至人類生活的各個面向		
	國家盡可能降低對社會運作的干預		
	不管在經濟或是政治的領域，都應該增加人的選擇機會		
	減稅、去除管制、民營化		
政治實例	英國柴契爾政府		
	美國雷根政府		

政治經濟學

研究重心 市場失靈 ➡ 創造市場

主要理論	自由經濟學派	放任式政府（Laissez faire government）	
		凱因斯主義（Keynesian）	
		貨幣學派（Monetary School）	
	現代化理論	政治、經濟、社會、教育、文化整體發展	
		才有持續和穩定之經濟成長	
	馬克思主義	唯物觀之經濟決定論	階級革命
	發展國家論	政治自主性（political autonomy）	經濟政策之決定不受制於立法部門與利益團體
		國家能力（state capacity）	國家領袖致力於經濟發展，並有專業官僚之配合
	統和主義	層峰組織（主要利益團體）與國家間之合作關係	
與民主價值	Giddens的第三條路	政府與市民團體共同制定與執行國家政策	
		經濟效率與民主價值相輔相成	

UNIT 1-7
當代各種意識型態（三）：馬克思主義

圖解政治學

（一）經濟決定論——階級衝突：無產階級革命

馬克思認為一個社會的社會生活的各方面（如政治、法律、風俗、道德、宗教以及藝術科學等）都受其社會的經濟生產狀況所決定。馬克思主義的原理，完全根據於馬克思對於資本主義制度的分析，馬克思認為商品的價值完全生於勞力，而資本家所支付的工資常少於勞動者所生產的價值數量，這就叫做資本家榨取工人的「剩餘價值」。因為資本家可以榨取工人的「剩餘價值」，所以資本家的資本就愈積累愈雄厚，結果在自由競爭的市場上就發生大資本家「獨占」（monopoly）的現象，小資產階級就漸被淘汰而淪為無產階級的工人。所以馬克思認為，順著資本主義的自然發展，將來的社會上一定逐漸形成兩大陣營：一為愈來愈占少數的資本家，一為愈來愈多占多數的工資勞動者。社會上的大多數人絕對不甘於永久被少數人所壓迫，而且資本主義發展到極端之後就會妨害生產的進步，所以工人遲早要發起革命，以推翻資本主義制度，而實行社會主義（國立編譯館，1988）。最後，將不再有階級上的差異，也不再有資本家剝削勞工，自然也不再需要國家及政府了。

（二）馬克思主義於政治上之實踐：共產主義革命

馬克思預言會發生階級革命者，應為工業化的國家，惟歷史上的印證，階級革命卻發生在當時仍屬農業國家的蘇聯、中國，其理由何在？實仍是馬克思所言之「剝削關係」，於工業國家因漸有保護勞工之社會性立法而減緩剝削關係，於農業國家因地主剝削佃農情況嚴重而成為無產階級革命之溫床。

（三）對馬克思主義的修正：透過議會政治途徑

❶激進的馬克思主義者，認為只有透過革命的方式方能實現社會主義的終極目標。

❷惟在西歐，社會主義政黨雖仍遵循馬克思的經濟學說，但並不採用馬克思所倡議的革命手段，修正以漸進改革之方式，依憲政程序循議會政治之途徑，來追求民主平等的社會。

（四）新馬克思主義

❶法蘭克福學派

法蘭克福學派是以德國法蘭克福大學「社會研究中心」的一群社會科學學者所組成的學術社群。如阿多諾（Theodor Ludwig Wiesengrund Adorno）、馬庫色（Herbert Marcuse）、霍克海默（Max Horkheimer）、弗洛姆（Erich Fromm）、柏格（Peter Burger）、哈伯瑪斯（Jurgen Habermas）等人。法蘭克福學派者，主張再重新思考及發掘馬克思之「人本」精神，並加以賦予時代新義而加以重新的詮釋。

❷批判理論

批判理論某種程度上，可以說是源於法蘭克福學派的。批判理論這個名詞通常用來指稱各個領域裡的新興理論，其中有結構主義、後結構主義、解構主義……等。批判理論最主要的價值在於提供學界「再思考社會結構」。

馬克思主義的經濟決定論

法蘭克福學派與批判理論

主　題	法蘭克福學派批判理論以批判與重建為主題
核　心	以啟蒙精神、工具理性、科學技術、大眾文化、工業文明批判為核心
目　標	以非壓抑性文明和交往合理性重建為目標
	對啟蒙精神的批判貫穿其中

結構主義

結構主義是一種用來分析語言、文化與社會的研究方法

李維史陀
（Claude Levi-Strauss）

- 結構與功能間存在有密切之關係，結構是功能的基礎，功能使結構變成具體的存在
- 結構主義者反對實證主義之經驗性理論；企圖用結構來揭示社會本身的內在關係，並闡明特定之普遍性的社會現象

皮亞傑
（Jean Piaget）

- **知識具有內在的可理解性**
  亦即一個結構是本身自足的，若要理解一個結構，不需要藉助於跟其本性無關的任何因素

以經濟學方法研究政治議題

計量模型	以政治學理論為基礎，設計一個計量程式，如選民投票行為研究	
經濟學模型	使用座標圖和相關曲線，來描述政治現象	
	公共財　無排他性（non-exclusive）	無分割性（non-divisible）
賽局理論	囚犯困境（prisoner's dilemma）	雞戲（chicken game）
	男女戰爭（battle of sexes）	獵鹿（stag hunt）

UNIT 1-8
當代各種意識型態（四）：社會主義

要對「社會主義」（Socialism）下一個精確的定義是不容易的，最廣義的看法，是指基於讓社會財富趨於平等，國家應該掌控生產體系與分配工具之政治經濟理論。社會主義觀點下之理想經濟體系，是將生產工具國有化，以求得經濟平等、充分就業、生產水準的普遍提高，目的在消弭社會階級與經濟不均的現象。

（一）透過國家機制，使社會財富平等

18 世紀中葉，英國人瓦特（James Watt）改良蒸汽機之後，由一系列技術革命引起了從手工勞動向動力機器生產轉變之工業革命。在工業革命發生後，因為當時的工廠簡陋不堪，而政府又無勞工立法，所以產生了些人間的痛苦。如無限制的工作時間、醃齪黑暗的工廠與工人住處、榨取婦女童工等。馬克思看到勞工階級的困苦，認為勞工們將會因被剝削而產生階級意識，進而產生階級革命，最後國家或政府會消亡。

但有些學者持與馬克思相反的觀點，認為可以透過國家機制或政府機器的作用，運用法律規範及公權力來調和社會階級間之落差，降低貧富差距，使社會財富更趨於平等，此即社會主義思想。

而國家之具體作為手段有二：一為「稅收再分配」，如臺灣 2011 年 5 月制定《特種貨物及勞務稅條例》開始針對富人開徵奢侈稅；二為「補助」，如低收入津貼、身心障礙津貼等。

（二）發展系絡

今日西方社會主義意識型態主要有三種，茲分述如下：

❶ 民主社會主義（Democratic Socialism）：是一種主張循民主的手段，在憲政之體制架構中進行的社會主義運動。即政府在經濟領域中擔負之角色與職能，是基於公平自由競爭選舉中取得多數民意支持而來的，而不是來自於教條之意識型態。而另一相類似的則為社會民主主義（Social Democracy），所謂的「社會民主主義」，係強調對社會下層人民、弱勢者的關注，在福利主義、重分配與社會正義等原則之基礎；透過立法過程以改革資本主義體制，使其更公平和人性化，逐漸演變成一種「福利社會主義」。

❷ 基督教社會主義（Christian Socialism）：是嘗試把基督教的社會原則，如基督之合作、互助、友愛的精神，投射於社會結構之改造上，保障社會弱勢及勞工。

❸ 費邊社會主義(Fabian Socialism)：可說是發軔於英國費邊社（Fabian Society），重要成員為蕭伯納（George Bernard Shaw）、韋伯（Sydney Webb）；費邊社不但協助英國工黨（Labour Party）的成立，有不少社員擔任工黨的議員。費邊社會主義主張以「民主途徑、和平手段、漸進改革」的方式來實現社會主義的理想。

（三）福利國家已為不可逆轉之趨勢：選舉權普及化

伴隨選舉權之普及化，社會上的弱勢或勞工階級也能積極透過政治過程爭取其權利，政治人物與政黨競相提出社會福利政見，福利國家已為不可逆轉之發展趨勢。

社會主義的概念

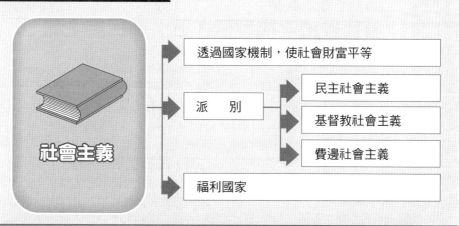

社會主義

- 透過國家機制，使社會財富平等
- 派　別
  - 民主社會主義
  - 基督教社會主義
  - 費邊社會主義
- 福利國家

俾斯麥的國家社會主義（Staatssozialismus）

德國鐵血宰相
俾斯麥

國家社會主義

- 特徵：由上而下的社會主義
- 因為工業興盛發展，勞工階級將日益擴張，與其等待勞工抗爭而處於被動的地位，不如主動從事社會立法
- 創建強制勞工保險制度，成為現代國家實施社會安全措施的起源

費邊社（Fabian Society）

創　建	於1884年由英國中產階級知識分子所組成的社團，以文武雙全的古羅馬各將——費邊（Fabius Cunctator）作為效法標的
重要成員	如蕭伯納（George Bernard Shaw）、韋伯（Sidney Webb）
政治主張	溫和的社會主義
	計畫以漸進的方式在英國建立民主的社會主義國家，並鼓勵成員積極參政或競選公職
	透過言論鼓吹與身體力行的方式，來逐步改造英國政治與社會

UNIT *1-9*
當代各種意識型態（五）：民族主義

圖解政治學

民族主義概念下的民族（英、法文nation，德文Volk），通常是認為具有相同的血緣、文化、語言、宗教的集合體，投射於政治層面上就是「國家」。倫敦政經學院的史密斯（Anthony D. Smith）教授，強調民族主義透過完成民族的自主、民族的團結與民族的認同，來增進國族的福祉。

受到民族主義的影響，各個民族國家逐漸建立（如英、法），在這些早期民族國家強大後，開始擴張海外市場和勢力範圍，變成了殖民主義與帝國主義。另一方面，這些被殖民的國家或地區，受到民族主義所產生之「民族自決」、「民族解放」，影響了二次世界大戰後許多新興民族國家之出現。

（一）民族之意涵

❶傳統對民族的界定，是一群具有可以觀察到的特色，如相同血統、語言、宗教、風俗習慣的群體；即所謂的「原生論」（primordialism）或「本質論」（essentialism）。例如，中華民族、日爾曼民族、盎格魯薩克遜民族等。惟在民族國家（一個民族組成一個國家，nation-state）概念下，傳統的民族定義似乎無法解釋民族國家的產生；例如中華民族分別有中華民國、中華人民共和國、新加坡三個國家。

❷新近的觀點，是建立在主觀上的集體認同，所謂「建構論」（constructuralism）。依安德森（Benedict R. Anderson）觀點，民族是經過想像而來的共同體（imagined community），即民族的認同是可以經過選擇而取得。例如，美國的黑人、白人等基於對「美國」的想像共同體之認同，而融合成為同一個美國人的民族。❸另常與民族混淆的是「族群」，何謂族群？族群之英文用語為「ethnic」，有別於「Race」（種族）。

（二）民族主義的系絡

民族主義是伴隨著西方資本主義經濟活動方式和民族國家的建立而逐漸形成的一種普遍的思想情結或政治理念。其可再細分為：

❶西方民族主義

在歐洲工業革命後，西方科技、文明快速精進，船堅炮利，開始向外擴張殖民地，讓其民族信心大振，產生了民族優越感，乃出現了西方民族主義。而這種西方民族主義於正面的角度，在教化或解放落後民族；但於負面的角度，則形成了帝國主義。

❷東方民族主義

為擺脫西方殖民母國的剝削、爭取成為獨立自主的民族國家，強烈的民族主義意識在東方（亞洲、非洲、拉美）生成了。東方民族主義意味著被授予權力、自由和主張民族尊嚴。這種追求民族自由和尊嚴、建立自己的民族國家、國際地位平等，就是所謂的東方民族主義。

民族（族群）之客觀特質論與主觀認同論

	客觀特質論（本質論）	主觀認同論（建構論）
意　涵	一群具有可以客觀觀察到的特色	建立在主觀上的集體認同（想像共同體）
特　徵	如相同血統、語言、宗教、風俗習慣的群體	如「美國人」或「臺灣人」的集體認同
客家族群之界定	羅香林教授《客家研究導論》	行政院客委會《全國客家人口基礎資料調查研究》

民族自決的概念

美國總統威爾遜（Woodrow Wilson）於1918年1月提出	十四點和平原則之一：民族自決原則	奧匈帝國、土耳其帝國統治下的民族應予自治或獨立後若干有爭議的領土歸屬問題，有些則用當地公民投票（plebiscite）來決定
《聯合國憲章》	第1條	發展國際間以尊重人民平等權利及自決原則為根據之友好關係，並採取其他適當辦法，以增強普遍和平
《公民權利和政治權利國際公約》	第1條	❶ 所有人民都有自決權。他們憑這種權利自由決定他們的政治地位，並自由謀求他們的經濟、社會和文化的發展
《經濟、社會、文化權利國際公約》	第1條	❷ 所有人民得為他們自己的目的自由處置他們的天然財富和資源，而不損害根據基於互利原則的國際經濟合作和國際法而產生的任何義務。在任何情況下不得剝奪一個人民自己的生存手段 ❸ 本公約締約各國，包括那些負責管理非自治領土和託管領土的國家，應在符合聯合國憲章規定的條件下，促進自決權的實現，並尊重這種權利

UNIT *1-10*
族群理論

圖解政治學

（一）族群理論

依 Robertson 於《Sociology》一書中觀點，一群擁有共同祖先、語言、宗教或文化的人，而這群人自覺他們是與他人不同之獨特群體。依王甫昌於《當代臺灣社會的族群想像》一書中觀點，族群是指一群因為擁有共同的來源、共同的祖先、共同的文化或語言，而自認為，或者是被其他的人認為，構成一個獨特社群的一群人。社會學者 Melvin Tumin 對族群之定義為：族群團體是指在一個主流的文化與社會系統中，因其所特徵呈現的或被其他群體認定的組合特色，而占有或被賦予某一特殊地位或認同之群體。

對於民族或族群的界說，較為人所熟知者為「原生論」（primordialism）及「工具論」（instrumentalism）兩種論述。王甫昌及施正鋒指出，前者是基於共同之血統、語言、文化之「外觀」上的「與生俱來」特徵，又被稱之為本質論；後者則基於共同歷史、經驗、記憶之「主觀」上的「自我認同」，而此種主觀自我認同是可以後天「社會建構」，又被稱之為建構論。學界常引用 Benedict R. Anderson 之想像的共同體（imagined community）之觀點，可歸類為「建構論」的系絡。

如以客家族群為例，依《客家基本法》第 2 條第 1 款，「客家人：指具有客家血緣或客家淵源，且自我認同為客家人者」，就此定義來看，客家人可從「客家血緣」、「客家淵源」、「客家自我認同」等三個面向加以認定。也就是說，《客家基本法》對客家人的認定是兼採「原生論」及「工具論」。

此外，王甫昌教授進一步說明，「族群」通常是弱勢者的人群分類想像，即族群意識。而「族群意識」又可分為三個層次：

❶差異認知
自己與別的群體在文化、祖先來源或歷史經驗上有差異。

❷不平等認知
指成員意識到自己群體受到不平等待遇（關鍵元素）。

❸集體行動必要性認知
因受到不公平待遇而採取集體行動來改變不公平的狀態。

（二）集體記憶與族群認同

而在形成族群認同的元素上，集體記憶（collective memory）是重要的成分。Takei（1998）認為集體記憶是形成族群認同的重要成分（Collective memory as the key to national and ethnic identity）。王明珂（1997）從「族群邊緣」的角度，認為族群是一種集體記憶（collective memory）。Bikmen（2013）指出，集體記憶是群體對過去歷史的共同理解，集體記憶是形成族群認同的元素之一。劉阿榮（2007）指出，人們可因其喜好或懷念，藉由各種政治儀式或教育來強化渠等之集體記憶，並讓一群人建構為一個族群，而各類型的歷史事件紀念館均表現出歷史記憶的作用。Maurice Halbwachs 對集體記憶之研究指出，「共同歷史」對族群的凝聚非常重要，而歷史起源不侷限於客觀事實，亦可是主觀上重建的過程。

《客家基本法》第 20 條第 2 項規定，國家之各種紀念日、地點、地景及其他文化象徵，應納入客家族群之文化與記憶，藉以形塑客家集體記憶。

族群意識的內涵

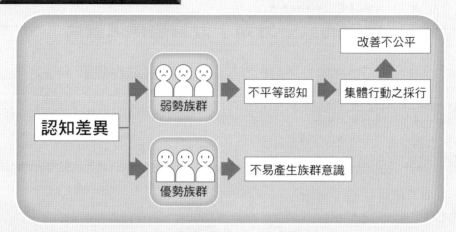

國家制度化的族群

	臺灣的族群類屬，受到統治者所施行的人群分類，及因族群身分所衍生的國家制度安排的「優惠性差別待遇」（affirmative action）之形塑，而可演繹出「國家制度化的族群」的概念
國家制度化的族群	國家法律可以「形塑」新的族群類屬，如舊戶籍法的省籍登記、新住民基本法
	國家法律可以「肯認」在國家統治權前即已存在的族群，渠等的真實存在，如客家基本法第 2 條
	國家法律可以再「重新定義」族群的範圍或次類型，如憲法法庭 2022 年憲判字第 17 號判決，要求 3 年內修正原住民身分法，賦予平埔族具有原住民法定身分

新住民基本法

	為落實憲法保障多元文化精神，保障新住民基本權益，協助其融入我國社會，建立共存共榮之族群關係，特制定本法（第 1 條）
新住民是否為族群	關於「建立共存共榮的族群關係」規定，似將「新住民」視為「族群」，但新住民「非」屬《國家語言發展法》第 3 條所規範的「臺灣各固有族群」
代表性官僚 （representative bureaucracy）	內政部應設置新住民事務專責中央三級行政機關，以統籌規劃、研究、諮詢、協調、推動、促進新住民就學、就業、培力、關懷協助及多元服務之相關事宜（第 4 條）
	政府應於國家考試設立新住民事務相關類科，以因應新住民公務之需求（第 9 條）

UNIT *1-11*
臺灣的族群分類：分類指標之釐清

在臺灣我們一般都將族群分為原住民、客家人、福佬人及外省人等四大類；新近則將新住民（大陸港澳及外籍配偶）納入，而有五大族群之說。事實上，此種論述，並未清楚區分「民族」與「族群」之差別性。

（一）「民族」與「族群」

❶臺灣住民以漢民族為最多，約占總人口97%，其他2%為16族的臺灣原住民，另外1%包括來自中國大陸的少數民族、大陸港澳配偶及外籍配偶。

❷臺灣原住民共有泰雅族、賽夏族、布農族、鄒族、邵族、排灣族、魯凱族、卑南族、阿美族、雅美族、噶瑪蘭族、太魯閣族、撒奇萊雅族、賽德克族、拉阿魯哇族及卡那卡那富族等16族。原住民人口數以阿美族人數最多，排灣族次之，泰雅族第三。

（二）臺灣之族群

❶本省人與外省人之區分，是根據「來臺先後」作為族群之區分指標。1945年臺灣治權從日本移轉至國民政府後，大批軍、公、教人員及少數民間人士隨著政府遷臺，這批戰後移民及其後代多被稱為「外省人」，有別於明末清初至日治時期從中國大陸過來臺灣之「本省人」。

❷同屬本省人之客家人與閩南人，則係以「語言」作為族群之區分指標。使用的母語為客家語的稱為「客家人」，使用的母語為閩南語的稱為「閩南人」（以泉州人及漳州人為主）。臺灣客家族群使用的客家語言腔調，以四縣腔、海陸腔、大埔腔、饒平腔與詔安腔（四海大平安）等五大腔調為主（客家基本法第2條第3款）。

（三）我國法制規範

❶語言使用

為維護國內各族群地位之實質對等，促進多元文化之發展，政府於2000年制定《大眾運輸工具播音語言平等保障法》，該法所稱語言者，係指國內各不同族群所慣用之語言。而大眾運輸工具除國語外，另應以閩南語、客家語播音。其他原住民語言之播音，由主管機關視當地原住民族族群背景及地方特性酌予增加。但馬祖地區應加播閩北（福州）語。2019年制定《國家語言發展法》第3條規定，本法所稱國家語言，指臺灣各固有族群使用之自然語言。

❷血緣關係

為認定原住民身分，政府於2001年制定《原住民身分法》，該法所稱原住民，包括山地原住民及平地原住民，其身分之認定為：

①山地原住民：臺灣光復前原籍在山地行政區域內，且戶口調查簿登記其本人或直系血親尊親屬屬於原住民者。

②平地原住民：臺灣光復前原籍在平地行政區域內，且戶口調查簿登記其本人或直系血親尊親屬屬於原住民，並申請戶籍所在地鄉（鎮、市、區）公所登記為平地原住民有案者。

❸兼採自我認同與血緣關係

2010年制定的《客家基本法》第2條第1款，「客家人：指具有客家血緣或客家淵源，且自我認同為客家人者」，就此定義來看，客家人可從「客家血緣」、「客家淵源」、「客家自我認同」等三個面向加以認定。

客家委員會之客家人認定方式

客家委員會之客家人認定方式

- 客家血緣 → 客家血緣以「親生」之父親、母親、祖父、祖母、外祖父、外祖母或祖先中，任一個對象為客家人者

- 客家淵源 → 客家淵源以「配偶是客家人」、「其他家人是客家人」（如養父母等）、「住在客家庄且會說客家話」或「職場或工作關係會說客語」，只要具有上述任何一項即認定為具有「客家淵源」

- 客家自我認同 → 包括單一自我認定及多重自我認定中，受訪者自我認定為客家人者，即具有「客家自我認同」

族群認同與集體記憶（collective memory）

族群認同與集體記憶

- 理論概念 → ❶Milton Takei認為集體記憶是形成族群認同的重要成分
❷王明珂從「族群邊緣」的角度，認為族群是一種集體記憶
❸Nida Bikmen指出，集體記憶是群體對過去歷史的共同理解，集體記憶是形成族群認同的元素之一
❹劉阿榮指出，人們可因其喜好或懷念，藉由各種政治儀式或教育來強化渠等之集體記憶，並讓一群人建構為一個族群，而各類型的歷史事件紀念館均表現出歷史記憶的作用

- 法制實踐 → 《客家基本法》第20條規定，政府應訂定全國客家日，以促進各族群認識與共享客家文化價值，彰顯客家族群對臺灣多元文化之貢獻。國家之各種紀念日、地點、地景及其他文化象徵，應納入客家族群之文化與記憶

新住民定義

新住民基本法所稱新住民	經許可在臺灣地區居留、依親居留、長期居留或永久居留之外國人、無國籍人民、大陸地區人民、香港或澳門居民，其配偶為居住臺灣地區設有戶籍國民	❶ 外國人或無國籍人民，經歸化取得我國國籍，以臺灣地區無戶籍國民身分在臺灣地區居留
	依入出國及移民法第23條第1項第1款至第7款、第9款、第10款、第2項或第3項，經許可在臺灣地區居留，或依該法第25條經許可永久居留，或從事外國專業人才延攬及僱用法第4條第4款第4目、第5目、第8條、第10條之專業工作，或依該法第15條第1項取得工作許可，並經許可在臺灣地區居留或永久居留	❷ 經許可居留之外國人，以未兼具我國國籍者為限
	依臺灣地區與大陸地區人民關係條例第17條第4項規定，經專案許可在臺灣地區長期居留；或依香港澳門關係條例經許可在臺灣地區居留，且其居留事由於符合法定條件後，依法得申請在臺灣地區定居	
	本法保障對象及於新住民子女	

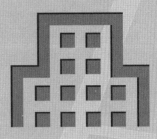

第 **2** 章

政治學分析途徑（方法論）

●●●●●●●●●●●●●●●●●●●●●●● 章節體系架構 ▼

UNIT 2-1
典範的概念

（一）近代科學哲學

❶維也納大學教授席立克（M. Schlick）等人於 1920 年代末期組成維也納學圈（Vienna Circle），視形而上學無從證實或是為無意義說詞，成立邏輯實證論（logical positivism）。所謂「邏輯實證論」，又稱實證主義，或稱可證實的理論。其主要信條有：①接受可證實性原則（verifiability）；②數學和邏輯學的所有陳述都是分析的；③科學方法是關於實在正確知識的唯一源泉；④哲學是運用邏輯和科學方法對意義的分析和證明；⑤語言在本質上是一種計算；⑥形上學陳述是無意義的；⑦在實證主義的一種極端形式中，關於不依賴於我們自己心靈的外在世界及外在心靈存在的陳述被看作是無意義的，這是因無任何經驗方法能證實；⑧在價值論中，接受一種情感理論（Angeles, 2004: 340）。

❷維也納學圈因納粹迫害乃於 1930 年代遷徙美國，配合實用主義、實驗主義將邏輯實證論更加精緻化，而發展出邏輯經驗論（logical empiricism）。

（二）典範的意涵

依《哲學辭典》（*The Harper-Collins Dictionary of Philosophy*）一書，「典範」字源自希臘詞 paradeigms（模型、例證、原型、理想）；由 para+dekynai 組成；係為看事物的一種方式。在科學中，指一種模式、模型或理性理論，以這種觀點解釋現象。

在 1962 年孔恩（Thomas Kuhn）於《科學革命的結構》（*The Structure of Scientific Revolution*）一書中建構出「典範理論」的概念，不但在自然科學界造成極大的震撼，也對人文社會學科形成深遠的影響。

（三）孔恩的典範論

❶孔恩在其經典著作《科學革命的結構》提出了典範（Paradigm）、常態科學（Normal Science）和不可共量性（incommensurability）等觀念。

❷依 Jary 的觀點，常態科學基本上就是一種「解謎活動」（Normal Science as Puzzle-solving）。不可共量性：又可稱不可通約性、不可公比性，意指：①指各種科學理論之間命題與全部內容不能直接比較；②一種科學理論概念，認為一切觀察都是與理論相關的，並認為不存在與理論無涉的資料語言，如歸納、邏輯實證論或者證偽主義的科學概念所假定。

❸孔恩的科學革命或典範移轉，係指舊典範原本就是一個常態科學，但因為這個舊典範不能解釋之異例（anomalies）愈來愈多，讓這個舊典範的常態科學產生了危機，最後發生了科學革命，進而產生了新典範。科學革命是一個新典範取代舊典範的過程；正因為典範是由哲學思想、理論體系、研究方法所建構的，典範之變革也會造成認識論與方法論上之變革。

典範的移轉

社會科學之科學化

社會科學在探討國家制度或政治人物、政黨之動機與行為，是否有可能像自然科學一樣，採取科學化的研究途徑？

李帕特（Arend Lijphart）在1988年所撰寫《比較方法：比較研究中的可比較策略個案》（*The Comparative Method: The Comparable Case Strategy in Comparative Research*）一文中，提出科學的研究方法有二：	實驗法（experimental method）	
	非實驗法（nonexperimental method）	個案研究法（case study method）
		比較方法（comparative method）
		統計法（statistical method）
非實驗性質的科學方法	指依所設定之關鍵變數指標來找出可比較的策略個案，並減少這些個案間的共通特質範圍，然後將可比較之個案予以極大化（擴大個案樣本數），再以統計方法，建立規則性及預測性	

科學的研究方法

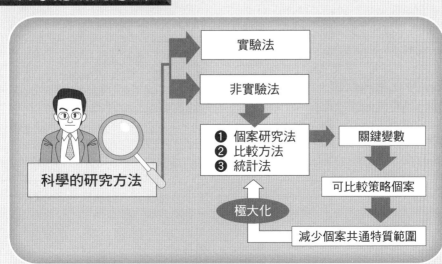

UNIT **2-2**
政治體系理論與結構功能理論

（一）政治體系理論

❶主要論述者為伊斯頓

David Easton 其著作《政治體系》（*The Political System*）一書中，認為政治生活構成人類社會體系的一個部分，即政治體系，而政治體系的基本特徵為「為某一社會進行的權威性的價值分配」。

❷政治體系的模型，伊斯頓的政治系統模型略述如下：

①投入項（input）：包含Ａ需求（demands）：期待政治系統之作為或不作為能合於標的群體之期待；Ｂ支持（supports）：對政治系統之政策產出是否認同與支持；②轉化（conversion）：政治系統如何整合各方需求，做出權威性的價值分配。這個過程基本上是外界無法檢視的，故稱為黑盒子；惟在日趨民主化的今日，透過《行政程序法》與《政府資訊公開法》，盡量讓政府決策過程公開於大眾；③產出（outputs）：政治系統基於公權力而來的權威性輸出，而成為具有執行力的公共政策；④反饋（feedback）：政治系統產出之公共政策是否獲得標的群體之支持，或是再產生新的需求。

（二）修正後系統論

Michael Roskin 於《政治學導論》（*Political Science: An Introduction*）一書指出，修正後的系統論重視政府機制在決策過程中扮演的主導性及關鍵性角色。伊斯頓的系統論強調政治系統如何整合各方需求（投入），將之轉換為產出（公共政策）。修正後系統論則認為政府內部的機構或政治菁英，基於為實現特定的政治理念或政策綱領，主動發動政策制定程序，並邀請相關利益團體提供意見（如召開公聽會），以形成公共政策。公共政策產出後，受政策影響之相關標的團體等會表達渠需求或支持。如政府為調整貧富差距而開徵奢侈稅，主動制定《特種貨物及勞務稅條例》。

（三）結構功能論

❶**概念**：結構功能論者將政治系統視為一個有機體（如人類），而政治系統的各個部分則可看作人體的各個部分（器官），這些部分對政治系統（人體）整體的生存、整合都是「有其特定功能、有其特定作用」的，且各部分是和諧、調和的，整體是整合的。當「整體結構的某些部分」無法發揮「預期、理想的特定功能」時，稱為「結構的緊張」，那就必須要修改結構，使成為有功能的結構，方能使政治體系長存。

❷**模型**：①派森斯（T. Parson）：以結構功能來探討政治體各部門間的關係與運作，認為政治系統及其次體系均有其結構，透過功能的運作使得體系得以維持穩定；所以功能是動態的，是維持組織均衡之適當活動。而其功能略有四種：適應（adaptation）、設定目標（goal attainment）、整合（integration）、模式維持（latent pattern maintenance）。②艾爾蒙（G. A. Almond）、鮑威爾（B. Powell）：艾爾蒙與鮑威爾在《當代比較政治：全球鳥瞰》中，提出政治體系應具有三個功能，分別為：Ａ體系功能，即要維持政治體系的運作就必須履行之必要功能（政治甄補、政治社會化、政治溝通）；Ｂ過程功能，政治體系將各種需求、利益整合成具體的方案（利益表達、利益匯集、政策做成、政策執行）；Ｃ公共政策，政治體系基於其權威性而產出公共政策（汲取的、分配的、規約的、符號的）。

伊斯頓的政治體系模型

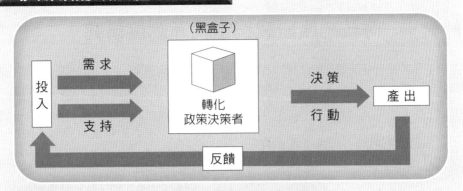

修正後系統論（Michael Roskin）

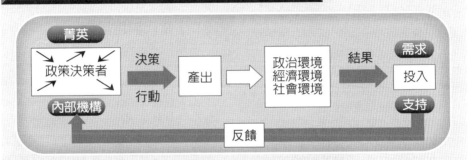

艾爾蒙與鮑威爾的結構——功能模式

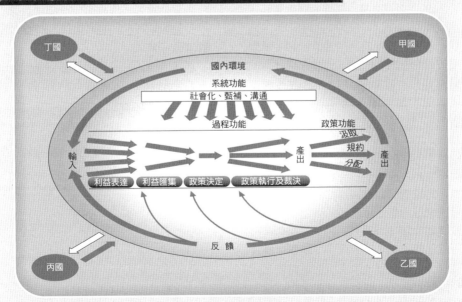

（艾爾蒙與鮑威爾的結構——功能模式，G. A. Almond and B. Powell, Jr., 2002《Comparative Politics Today》，引自彭懷恩，2003：25）

UNIT **2-3**
傳統制度研究與當代新制度研究

傳統制度研究受到歷史與法律等研究方法的影響，而使具權威性的正式體制受到重視，故當時對憲政體制的研究，就法學上所強調者，乃是針對公法及所衍生法條的析論。此牽涉到兩個需要加以強調的面向：一是公法研究，故稱為「法制的」（legal），另一則涉及正式政府組織，所以是「正式的」（formal）。而後，行為科學研究途徑興起，而制度研究者於其間亦逐漸受到行為主義之影響，開始關注「制度環境」，而非僅限過去靜態的描述，開始對制度和社會的互動有了進一步的動態觀察。新制度主義經歷了行為科學的洗禮，並受到實證主義所影響，而在分析層次、途徑乃至關注的焦點等面向上，和傳統制度研究有所差異。新制度主義者在制度的分析上較具科學精神，強調資料的蒐集與解析，並以更宏觀（macro）之視野關注制度的應用層面，重視外在環境對制度的制約和作用，而以動態視角捕捉制度的基本意涵，從制度的社會互動以瞭解其對個人或社群的實質作用。凡此種種，皆為傳統制度研究者未曾碰觸（徐正戎、張峻豪，2004：143-145）。

（一）早期制度研究

早期制度研究主要係側重於「制度本身」之研究，如憲法條文規範上，數種爭議學說之釐清與確認。例如，我國總統在憲法第 52 條之規範下，檢察官是否可以啟動司法偵查程序（陳瑞仁檢察官是否可以詢問、偵查陳水扁總統之國務機要費案），有著不同之學說見解。而早期制度研究主要方向為：

❶描述性研究

例如，針對特定政治制度史之研究。

❷法制性研究

例如，針對美國憲法條文之演繹研究。

❸比較性研究

例如，中華民國、法國憲政體制之比較。

（二）當代制度研究

當代制度研究者隨行為主義之發展，將相關的社會科學理論引入制度議題之探討，透過自然科學學科之借用，力求擴大制度研究深度及廣度；主要係側重於「制度如何產生」（制度之設計或選擇）之研究。例如，從拋棄共產主義的東歐、俄羅斯等國家為何多採用雙首長制之制度設計？為何在總統制、內閣制、雙首長制、委員制中，選擇了雙首長制？而當代制度研究主要方向為：

❶憲政研究

例如，現代意義的憲法必須具備憲政主義（constitutionalism）。

❷公共行政研究

例如，針對組織中之成員其工作效率提升之組織激勵理論。

❸新制度主義

例如，理性選擇理論（rational choice approaches）。

制度研究的面向

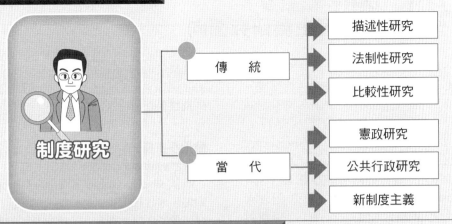

制度研究

傳　統
- 描述性研究
- 法制性研究
- 比較性研究

當　代
- 憲政研究
- 公共行政研究
- 新制度主義

公共行政研究的組織激勵理論

早期激勵理論	當代激勵理論
需要層級理論	E.R.G理論
	三需求理論
X.Y理論	認知評價理論
二因素理論（激勵保健理論）	目標設定理論
	增強理論
	公平理論
	期望理論

理性選擇理論（Rational choice）

微觀論觀點，探討個人之行為	
假設人們的行為都是出自從有限的可用手段裡挑選達成目標的途徑	
基本假定	人的任何行為都有其目的或想獲得的目標
	達成這個目的或目標的方法有很多種
	人們在各種不同方法做選擇時，會優先選擇自己偏好的手段
	而在這數種偏好的手段中，人會以成本效益之方式精確計算
	最後才做出符合其目的性或目標性之決定

UNIT **2-4**
新制度主義研究面向

新制度主義主要是探討「制度如何產生」、「制度之設計或選擇」之研究。依 Arend Lijphart 與 Carlos Waisman 於《新興民主國家的憲政選擇》（*Institution Design in New Democracies: Eastern Europe And Latin America*, 1996）一書中，對新制度主義（New Institutionalism）之界定係指：①強調歷史、結構對制度形成的制約；②重視選擇「制度」的政治人物，其動機與利益。新制度主義研究的主要面向略為：

❶結構制度論
（structural institutionalism）

側重於不同制度結構間的比較分析，例如，總統制與內閣制哪一種政制設計較適合於我國？

❷社會制度論
（social institutionalism）

主要在於國家機器與社會機制間之關係，例如，統合主義（Korporatismus, Corporatism）下的社會團體參與國家政治形成的政治形式。

❸歷史制度論
（historical institutionalism）

根據 Peter A. Hall 與 Rosemary C. R. Taylor 於《*Political Science and the Three New Institutionalism*》一文的觀點，歷史制度主義有四個重要的特徵：①以宏觀的觀點，來定義制度與行動者行為的關係；②權力的運作在制度中有著不對稱關係；③路徑相依與結果的不確定性；及④制度具有準決定論的性質。

❹規則制度論
（normative institutionalism）

依 James G. March 與 Johan P. Olsen 在《*New Institutionalism: Organizational Factors in Political life*》一文的觀點，規則制度係指合理運行之制度的特徵及其作用，是與組織理論議題相關的。

❺理性抉擇研究
（rational choice approach）

①依 Vincent Ostrom 和 Elinor Ostrom 觀點，理性抉擇模式是從個人的角度出發，認為人是一個自利（非自私）的理性人，會以成本與效益（benefit / cost）的衡量來決定其行動或不行動。而決定其行動或不行動時，會受到交易成本、談判成本、資訊不對稱等變項之影響。

②依盛治仁教授觀點，理性抉擇模式之條件：

Ⓐ行動者所面臨問題的可能選項有限：當行動者的選項極多或是能夠隨意地創造出新做法時，理性抉擇模型的預測解釋力就會下降。

Ⓑ行動者很清楚其選擇所帶來的成本和利益，而且最好成本和利益的代價都很高，如此行動者會較重視其選擇所帶來的後果。

Ⓒ當行動者要達到的目的及其偏好是很清楚時：如果行動者同時有多重目的或偏好順序不明，則理性抉擇模型較難預測其行為。

Ⓓ當行動者對相關資訊愈清楚時：如果行動者對環境整體的資訊瞭解愈多，例如客觀的環境變化和對手的策略及偏好等，其行為愈可能符合理性抉擇模型的預測。

Ⓔ行動者能夠從結果中學習經驗並改正錯誤，而且整個競爭的環境並沒有複雜到超過行動者的認知能力範圍之外。

新制度主義研究的主要面向

新制度主義
研究主要面向

- **結構制度論**
  如：總統制 v.s 內閣制

- **社會制度論**
  如：統合主義

- **歷史制度論**
  如：Peter A. Hall與Rosemary C. R. Taylo的觀點

- **規則制度論**
  如：James G. March與Johan P. Olsen的觀點

- **理性抉擇研究**
  如：Vincent Ostrom和Glinor Ostrom的觀點

制度研究之發展的發展脈絡

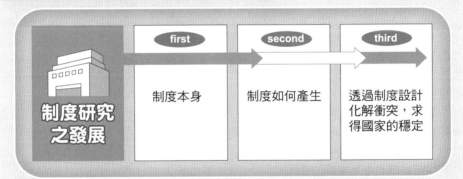

制度研究之發展	first	second	third
	制度本身	制度如何產生	透過制度設計化解衝突，求得國家的穩定

統合主義

類　型	意　涵	利益匯集方式	國家或社會統合主義
傳統之統合主義	強調政策取決於國家的偏好與能力，團體的參與代表乃是由上而下地被管制動員	由上而下	國家統合主義（威權統合主義）
新統合主義	先由社會的主要團體自行組織，整合意見與利益，再由國家與其透過制度性協商共同制定政策，這些團體並協助政府執行政策	由下而上	社會統合主義（自由統合主義）

UNIT 2-5 新制度主義核心思想：「制度」與「行為」兩變項間關係

圖解政治學

　　在政治學的發展從傳統主義時期走向行為主義時期，政治學之研究從「規範性理論」走向「經驗性理論」。

　　因為行為主義者認為要解釋各種政治現象，最好的方法就是從個人的行為中，尋找原因和結果，並透過這些個人行為之總合，歸納推論出政治理論。在行為主義之影響下，介於「總體理論」與「個體理論」之新制度主義（中層理論）漸為學者所使用。

　　新制度主義認為人們的行為，不管政治、經濟或其他社會行為，都是受到身處之制度環境的制約。

　　新制度主義在經濟學之影響，一般都以寇斯的交易成本（transaction cost）來說明。透過良好的徵信制度與裁判制度，可以解決交易成本所產生問題，而讓雙方進行交易。

　　依盛治仁教授說法，新制度主義在政治學上之主要影響可說是「理性抉擇理論」（rational choice model）。理性抉擇指當一個決策者在其所擁有的資訊下，去選擇達到其目的的最有效方法，是為「理性」行為的定義。而對這個最有效率的方法，在選擇時也涉及極大化（maximization）的過程，亦即決策者會在可能的選項中，選擇使自己得到最大預期效用（expected utility）的途徑。在不確定性的環境下，行動者無法確知其行為的必然結果，因此必須對未來做一些假設，並在這些假設之下去估算各項可能選項的預期效用，並選擇能夠極大化其預期效用的選項。理性的內涵通常也包含一致性（consistency），表示決策者在相同的情況下，會做出同樣的決定，否則無法建構出可推論的結論。一致性還包含遞移性（transitivity），

意味如果行動者在偏好順序上喜好甲多於乙，又喜好乙多於丙，則必定喜好甲多於丙。而「個人」則是理性抉擇分析時的單位，集體行為只是個人極大化自己預期效用時的結果。

　　另依郭承天教授觀點，早期理性抉擇論假設人有充分之理性，在一定之結構限制下，根據自己的偏好順序，會選擇最佳策略，達到目的。新制度主義對於「充分理性」和「理性選擇」的假設並無影響。新制度主義對理性抉擇論之影響在於「結構限制」和「偏好順序」的假設。現在的理性抉擇論者致力於探討在不同之政治系統中，如何產生不同的結構限制與偏好順序，以至於影響個人之理性選擇；以及根據這些分析，如何設計不同的制度結構，來鼓勵合作行為及懲罰欺騙行為。

　　根據以上的討論，我們可以得到兩個觀點：

❶制度影響行為，即制度本身及其歷史、結構因素會影響個人（或政黨）之理性自利選擇。

❷個人（或政黨）經過理性自利計算成本與利益後，會設計一套最有利於其自身利益之制度。如此，我們可以得到另一個觀點：個人自利行為影響制度。

　　是以，針對本段落主題（制度與行為兩變項間關係），吾人認為兩者間是「互為影響」之關係。

寇斯的交易成本

市場中的交易

需要成本：談判、蒐集資訊、簽約等

廠商為了降低交易成本

將生產活動組織起來——以減低這部分的成本來增加效率

交易成本小於或等於零時，廠商即不存在

新制度主義之價值展望：共識型民主

早期的「制度本身」之傳統制度主義 ⇒ 「制度如何產生」之新制度主義

進一步思考是否可透過制度設計化解衝突，求得國家的穩定

透過制度設計讓政治動盪之國家（或即將分裂國家），
能異中求同地整合，逐漸凝聚共識，而維持國家之統一

＋

思考如何透過制度設計來化解衝突，在不同制度的選擇上，
選擇一個適合該國政治文化之制度，促進深化民主及鞏固民主

李帕特共識模型（consensual model）的概念

透過「比例代表制」讓各特定政治團體皆能在國會中取得代表席次
（多黨制），透過這種「權力分享」之「制度設計」，透過讓持分離主
義立場之政治團體參與國家公共政策之決定，可以調和衝突、促進整合

UNIT **2-6**
微觀政治學與宏觀政治學之研究（一）

微觀政治學（micro politics）研究係指在探討政治系統時，從個體出發，以個別政治行動者（political actor）為基礎，從事實證性之分析研究。其研究途徑分述如下：

❶社會心理研究途徑
（Social-psychological approach）

這個途徑是以密西根學派（Michigan School）為代表，透過社會心理學途徑，以個體分析（Micro-analysis）模式來發掘個人的心理特質及政治態度。如 Augus Campbell 等所著的《美國選民》一書；以漏斗狀的分析架構，來探討選民的投票行為（政黨、選舉議題、候選人三因素）。

❷菁英研究途徑（Elite approach）

認為在政治體系中存在著少數的統治菁英與多數的被治者（人民），強調法律的制定或政策的產出是少數統治菁英的價值偏好，人民只能透過選舉制度在不同的政治菁英間做選擇。例如，2006 年直轄市長選舉，臺北市長從馬英九交棒給郝龍斌，這兩位前後任市長都是臺大畢業後赴美留學取得博士，都為社會上的菁英分子。

❸權力研究途徑
（The Power approach）

將權力視為政治學中重要的概念之一。例如，曼恩（Michael Mann）在《社會權力的來源》（*The sources of social power*）一書中提出社會的歷史即權力的歷史，而權力則來自於意識型態、經濟、軍事和政治等四方面的權力。

❹角色理論（Role theory）

係指在探討社會關係對人的行為之重要影響，分析人們在特定類型的關係中應當如何行動的一套規則，個人會按照團體或他人的期望採取相對應的作為。例如，同一個政治人物擔任民意代表與行政首長（特別是國家元首），因社會與選民對其角色的要求與期望不同，所以其政治作為也有不同（民眾常說的換了屁股換了腦袋）。

❺博弈理論（Game theory）

又稱賽局理論，依吳定《公共政策辭典》：博弈理論是指決策者在對某件事做決定，而面對一個或一個以上競爭對手時，如何做合理決定的一項理論。此理論於 1928 年由 J. Van Neumann 所倡用，但一直到 1944 年，由他和 O. Mongenstern 合著《博弈理論與經濟行為》（*Theory of Games and Economic Behavior*）一書，才廣受重視與應用。

❻公共選擇（Public choice）

公共選擇可說是以經濟學方法來研究政治科學的一門科學，基本假設認為人是理性自利（rational self-interest）；其核心概念基於人的行為是基於自利動機，追求其個人利益及效益的最大化。例如，Duncan Black 的「中位數選民定理」（median voter theorem）或 Kenneth Arrow 的「不可能定理」（impossibility theorem）。

微觀政治學研究途徑

微觀政治學

- 社會心理研究途徑　如：密西根學派
- 菁英研究途徑　如：前後任臺北市長，皆屬菁英
- 權力研究途徑　如：社會權力的來源
- 角色理論　如：換了職位換了想法
- 博弈理論　如：博弈理論與經濟行為
- 公共選擇　如：中位數選民定理

公共選擇理論與唐斯之《民主政治的經濟理論》

基本假設	人是理性自利（rational self-interest）	自利：個人在做決策時，會優先考慮自己的利益
		理性：個人在面臨各種方案選擇時，可以經過充分的比較，做優先順序的排列，而選擇最佳的方案
Anthony Downs	《An Economic Theory of Democracy》	選民在政治上之行為，與其經濟上行為類似，是理性自利的（擴大其效用所得）
		在民主政治運作中，政黨主要目標在於提高其選票之得票率

中位數選民定理

研究系絡	公共選擇	將政治領域比喻為市場機制
意　涵	將政黨視為生產者	若所有人的偏好皆為單峰（single-peaked），則多數決之最後結果為中位數選民的偏好
	將選民視為消費者	

不可能定理

源　自	Condorcet paradox	以簡單多數決加總個人偏好成為社會偏好存在矛盾性
提出者	Arrow	1951年《Social Choice and Individual Values》
民主社會的集體決策必須滿足的基本標準	允許社會成員有各式各樣的不同偏好	
	如果社會每個成員都一致認為A案比B案好，則社會偏好即應是A案	
	社會成員有人認為C案比D案好，有人認為D案比C案好，如果社會對C和D兩案得到某一偏好排序，則此一社會偏好排序不會因為另一E案的出現或社會成員對E案評價的改變而改變	
	社會偏好排序不能以某一社會成員的偏好為偏好	
沒有任何一種社會選擇制度能同時符合四個民主的基本條件，包括排除獨裁的可能性		

UNIT 2-7
微觀政治學與宏觀政治學之研究（二）

圖解政治學

宏觀（鉅觀）政治學（macro politics）研究之焦點在於整體的結構，注重觀察和理解政治權力的配置；主要研究政治生活的秩序與整合、政治資源的動員與分配、政治制度的創新與演變等問題。其研究途徑分述如下：

❶團體研究途徑（Group approach）

團體理論以多元主義為基礎，將團體看作是政治活動中的主要分析元素，探討不同團體間之競爭、合作，以及團體如何達成其政治目標，並嘗試藉由研究團體（特別是利益團體）來釐清政治的本質和規律。本特利（Arthur Bentley）於 1908 年出版的《政府的過程》（*The Process of Government*）一書中，建構了政治學團體分析的概念，開始了團體論研究之先河；本特利認為團體是政治的「基本元素」，社會是團體複雜的組合，政府行為是團體與團體間作用的結果，排除了團體現象便無所謂政治現象。

❷系統理論功能分析（System theory and functional analysis）

系統理論是藉由系統之觀念來觀察與分析政治現象。其主要探討元素略有：系統（system）、整體性（wholeness）、次系統（subsystem）、關係（relations）、規範（rules）、邊界（boundaries）；分析其各部分間之相互關係與其功能。

❸政治文化研究途徑（Political cultural approach）

政治學對政治文化的研究落實在理論和應用兩個面向。在理論面，焦點在說明政治文化與政治體系、政治行為和政治決策之間的互動關係，分析各種不同政治文化之形成過程，並歸納政治文化的不同類型；在應用面，則藉由民意調查、數據分析等科學方法，來預測民眾之政治態度或立場。

❹溝通理論（Communications theory）

溝通理論在探討人類應用符號產生個人與社會結果的過程。溝通基本上有①發訊者；②訊息；③接受者；政治系統中的通道交織成溝通網為政府的神經，政府決策必須依賴健全的神經。例如，杜意契（Karl Deutsch）於 1963 年在其著作《政府的神經：政治溝通與控制的模式》（*The Nerves of Government-Models of Political Communication and Control*）中，借用「操控學」（cybernetics）的觀念來說明政治體系如何操縱政治訊息的傳播。

❺政治發展研究途徑（Political developmental approach）

杭廷頓（Samuel P. Huntington）認為政治發展是「現代化的政治性後果」。這種後果可能是正面的（有助於社會經濟文化的現代化），也可能是負面的（導致政治的衰敗）。政治發展研究途徑的主要研究面向為：①現代化理論（Modernization theory）；②依賴理論（Dependency theory）；③世界體系理論（World system theory）。

宏觀政治學研究途徑

宏觀政治學

→ 團體研究途徑　如：利益團體

→ 系統理論功能分析　如：系統之觀念

→ 政治文化研究途徑　如：政治文化的不同類型

→ 溝通理論　如：操控學之借用

→ 政治發展研究途徑　如：現代化理論

團體研究

團體之界定	為集體的行動，或人類行動與互動行為之相對持久模式	
	偶發事件所引起的群眾（如不滿臺鐵火車嚴重誤點之抗議群眾），則不是這裡所討論的團體	
基本假設	所有團體皆有潛在性利益，透過各種途徑，使得政府權威當局之輸出，能夠符合團體之利益需求	政府之輸出（法律或公共政策）代表在一定時間內，團體壓力的平衡
研究重點	團體領導的型態與功能	團體的行動策略
	團體的成員與互動特質	社會價值規範對團體活動的影響

政治發展研究途徑

現代化理論	強調的是經濟社會結構和政治制度之間的關聯	先進的工業科技和社會分化要求一定的制度設計
		一個複雜的，高度工業化的社會必然會要求多元的，民主的政治體系。
依賴理論	核心──邊陲關係	一個地方的落後（邊陲）源於發達經濟體系（核心）對它的剝削
	殖民依賴（colonial dependence）	財務及工業依賴（financial & industrial dependence）
世界體系理論	華勒斯坦（Wallerstein）於1970年代提出	現代世界體系是一個有著廣泛勞動分工的體系（資本主義世界經濟體系）
	核心──邊陲關係	不平等的依附與剝削關係，核心國家都以其特殊的方式維持其壟斷地位，是一種資本累積、壟斷關係。

UNIT 2-8
質化研究法

「質化研究」（qualitative research）之研究方法，依 Anselm Strauss 與 Juliet Corbin 所著《Basics of qualitative research: Techniques and procedures for developing grounded theory》，意指非由統計程序或其他量化方法來獲得研究發現的任何類型研究；指涉詮釋資料的非數量化歷程，目的在於發現原始資料間的概念（concepts）和關係（relationships），然後將之組織成一個理論性的解釋架構（theoretical explanatory scheme）。而質化研究方法論的類型略有：

❶文化描述（description）

採取民俗誌（Ethnography）方法論，資料蒐集則以參與觀察、訪談、文件分析。

❷現象理解（understanding）

採取現象學（Phenomenology）方法論，資料蒐集則以深度訪談、生命故事訪談觀察、文本分析。

❸意義詮釋（interpretation）

採取符號互動論（Interactionism）與詮釋學（Hermeneutics）方法論，資料蒐集則以非參與觀察、文本分析、訪談。

❹理論建立（theory building）

採取紮根理論（grounded theory）方法論，資料蒐集則以觀察、訪談、文件、問卷調查、其他資料蒐集方法。

❺批判行動（action）

採取批判理論（critical theory）、女性主義（feminism）或行動研究（action research）方法論，資料蒐集則以文本分析、生活史訪談、觀察多元方法（質性和量化）。

❻建構改變（change）

採取建構論（constructivism）、社會建構論（social constructionism）或敘事（narratology）方法論，資料蒐集則以敘事訪談、建構方格、觀察多元方法（質性和量化）。

依吳芝儀、廖梅花所譯之《紮根理論研究法》，質化研究指任何不是經由統計程序或其他量化程序所產生研究結果之方法；其中所用到的資料，可以包含量化資料（如人口統計資料）。質化研究有三內涵：

①資料（data），可從不同的來源取得，例如訪談、觀察、文件、紀錄和影片等。

②研究者用來詮釋和組織資料的程序（procedures），通常包括概念化（conceptualizing）和縮減（reducing）資料，依其屬性和面向來推衍（elaborating）類別。

③書面和口頭報告，通常以科學期刊論文、研討會、書籍方式呈現。與此相關之研究方法，約略有「紮根理論」、「民俗誌」、「現象學」等方法。

質化研究法類型

質化研究方法論的類型

- ▶ 文化描述（description）
- ▶ 現象理解（understanding）
- ▶ 意義詮釋（interpretation）
- ▶ 理論建立（theory building）
- ▶ 批判行動（action）
- ▶ 建構改變（change）

質化研究法內涵

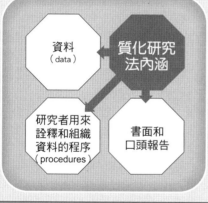

資料（data）

質化研究法內涵

研究者用來詮釋和組織資料的程序（procedures）

書面和口頭報告

質化研究相關之研究方法

質化研究相關之研究方法

紮根理論

現象學

民俗誌

紮根理論研究法（質化研究法）

創始者	Barney Glaser與Anselm Strauss	Qualitative Analysis for Social Scientists, 1987
概　念	經由系統化的資料蒐集與分析，而發掘、發展，並已暫時地驗證過的理論	
特　色	理論抽樣（theoretical sampling）	訪談參與者的選取是受理論所主導，是有助於研究者發展理論，以促使理論達成飽和

UNIT 2-9
紮根理論與現象學

（一）紮根理論創始者

紮根理論（grounded theory method）的創始者為 Barney Glaser 與 Anselm Strauss，依 Anselm Strauss 在 1987 年所出版的《*Qualitative Analysis for Social Scientists*》一書。

（二）紮根理論的定義

紮根理論方法論的出現在質化資料上是朝向發展一個理論，無需要透過任何特別形式的資料，研究的管道。紮根理論並非是一個特別的方法或技能，它是進行質化分析的一種方式，它包含了一些區分的特徵，例如理論性抽樣（theoretical sampling）；某種方法論的引導，例如持續的比較及使用譯碼的典範（coding paradigm），確立一概念化發展。

（三）我國目前運用狀況

依徐宗國所譯之《質性研究概論》一書，Glaser 與 Strauss 於 1967 年出版《紮根理論的發現》一書後，紮根理論研究逐漸盛行；而臺灣自 1997 年 Strauss 與 Corbin 合著的《質性研究概論》中文譯本問世後，以紮根理論作為其研究方法的學位論文增多。紮根理論是經由系統化的資料蒐集與分析，而發掘、發展，並已暫時地驗證過的理論。發展紮根理論的人，不是先有一個理論然後去證實它；而是它先有一個待研究的領域，然後自此領域中萌生出概念和理論。

（四）現象學創始者

現象學（phenomenology）是探討呈現在意識中之現象的學問。它是由胡塞爾（E. Husserl）所建構的，胡氏為了替一切科學尋得一個無懈可擊的基礎，而創立了現象學的方法，並開啟了哲學的新紀元。其重要著作為《歐洲科學危機和超越現象學》一書。

（五）現象學基本概念

現象學是以一種沒有任何成見的分析為起點，以「存而不論（放入括弧）」為手段；基本上是一種本質哲學。現象學在認識論上的最大貢獻，就是透過「意向性」的探討來結合了主體與客體。並從科學世界「還原」到生活世界，再還原到純粹意識；藉此超越主體性，而達到超越現象學的境界。是以現象學在社會科學上之方法意涵為：「沒有任何先天的形上學立場之哲學分析方法」。而現象學之時代意義為：哲學從「對物」的探討又回到「對心」的討論。

現象學是以一種沒有任何成見的分析為起點，以存而不論為手段。存而不論（epoche）即數學名詞中的「放入括弧」：凡是未經證實的，無論其屬於傳統，或是人云亦云的東西，都應該放入括弧，存而不論；其目的在於去除我們日常生活中習以為常、未加思索、未加考慮的一些知識。

胡塞爾在《笛卡兒的沉思》說道：藉現象學存而不論，我把我的自然人之自我與心理生活——我的心理學自我經驗領域——還原到我的超越現象學自我，超越——現象學自我經驗的領域。

（六）現象學之貢獻

❶時代意義為哲學從「對物」的探討又回到「對心」的討論。

❷現象學在社會科學上之方法意涵為：「沒有任何先天的形上學立場之哲學分析方法」。

胡塞爾（Edmund Husserl）

胡塞爾
（Edmund Husserl）
1859-1938

胡塞爾於1859年生於德國，於1881年於維也納大學以「變元演算理論的貢獻」論文獲得博士學位。胡塞爾的思想受Karl Weierstrass（著名的數學家）與Franz Brentao（對希臘哲學及中世紀哲學造詣極深）之影響。1886年搬到海牙，由Karl Stumpf（1848-1936）指導其教授資格論文。完成教授資格後，與Malvine Steinschneider結婚。1887年於海牙大學任教（就職演講題目為「形上學的目標與工作」）；在海牙大學14年後，轉到哥丁根大學（1901-1916）。1916年後受聘為弗萊堡大學教授，到1933年因納粹「永久公務員之重整」法律通過被迫退休。而胡塞爾晚年益發覺得自己是「沒有門徒的領袖」（表達在1931年給Albrecht的信中）。

胡塞爾現象學圖解說明

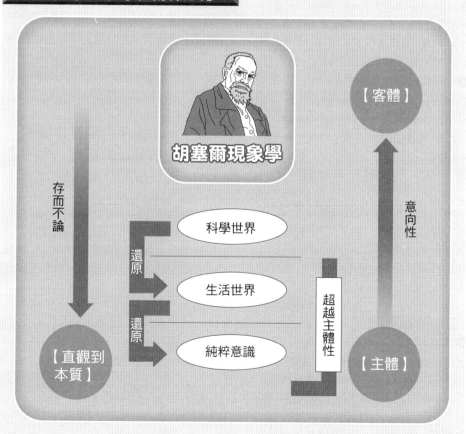

UNIT *2-10*
韓佩爾之「科學說明之涵蓋律模式」

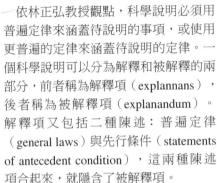

（一）科學說明

依林正弘教授觀點，科學說明必須用普遍定律來涵蓋待說明的事項，或使用更普遍的定律來涵蓋待說明的定律。一個科學說明可以分為解釋和被解釋的兩部分，前者稱為解釋項（explannans），後者稱為被解釋項（explanandum）。解釋項又包括二種陳述：普遍定律（general laws）與先行條件（statements of antecedent condition），這兩種陳述項合起來，就隱含了被解釋項。

（二）科學說明的切當條件

❶以普遍定律及先行條件為前提，必須能提出結論；由前提到結論的推論必須正確（R1）。此處所謂的推論，包括「演繹說明」和「歸納或統計說明」。

❷解釋項必須包含普遍定律，且被要求能導引出被解釋項（R2）。普遍定律可能是全稱語句（universal sentence），也可能是統計語句（statistic probability sentence）。

❸所列出的普遍定律必須得到高度驗證，具有經驗內容（empirical content），可以用觀察或實驗來加以檢驗（R3）。

❹解釋項中所列的語句必須是真的，且所列出的先行條件必須是真實的（R4）。

（三）演繹說明

❶除了上述切當條件外，尚有：①普遍定律皆為全稱語句：「所有的A都是B」或「若X為A，則X為B」；「所有」是關鍵所在。②由前提（解釋項）到結論（被解釋項）的推論是演繹推論。

❷演繹說明的核心：若前提為真，結論必為真。

為了使說明為真，說明所引用的通則必須得到經驗證據的充分印證。邏輯中不談前提是否為真，更不會去談前提是否必然發生。A. Kaplan 言道：「在演繹的模型裡，前提未必發生，倒是這些前提與受前提控制的結論之間，有必然的關係。」

（四）歸納說明

❶除了上述切當條件外，尚有：①普遍定律中有統計語句，不都是全稱語句。「若干」A是B，「多數」的A都是B；②由前提（解釋項）到結論（被解釋項）的推論是歸納推論。

❷歸納說明不在告訴我們為什麼結論為真，而在告訴我們為什麼可能有這個結論。另個別事件的歸納說明未必包含這個事件，即前提為真而結論可能為偽。

（五）科學說明的涵蓋律概念，是指解釋的邏輯，而不是指解釋的心理狀態

一個人用常識來說明了一個事件，或許能夠解釋（基於解釋者的表達能力與相對者的理解能力，屬於心理層面）；但實際上不算是科學說明，因為沒有說明所需要的通則，或者所引用的通則沒有完全包含結論。

韓佩爾（Carl Gustav Hempel）的學術生涯

韓佩爾
(Carl Gustav Hempel)
學術生涯

1934年	1929～1930年	1944年
於柏林大學獲得**哲學博士**學位	參與**維也納**學術圈的討論會	先後在耶魯大學、普林斯頓大學、匹茲堡大學任教；讓**邏輯實證**在美國大為流行

科學說明的涵蓋律概念

**科學說明的
涵蓋律概念**

- 要有普遍定律包含被解釋項，才算達到了解釋的目的

- 只有當被解釋項是個別的事實時，才必須有先行條件

- 個別的事件不能根據統計的定律，以演繹法來說明；因為定律和先行條件可能為真，而這件事卻可能沒發生

科學說明的涵蓋律模式

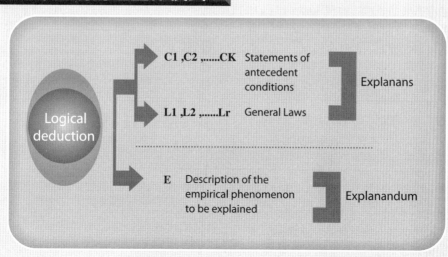

Logical
deduction

C1 ,C2 ,......CK Statements of antecedent conditions

L1 ,L2 ,......Lr General Laws

Explanans

E Description of the empirical phenomenon to be explained

Explanandum

UNIT 2-11 公共選擇理論

　　公共選擇理論（public choice）係一種以「經濟學方法來研究政治學」，在 Arrow（Social Choice and Individual Values, 1951）、Downs（An Economic Theory of Democracy, 1957）、Buchanan & Tullock（Calculus of Consent, 1962）、Olson（The Logic of Collective Action, 1965）、Niskanen（Bureaucracy and Representative Government, 1971）等學者之理論建構下，讓公共選擇理論成為政治學一個重要研究途徑。

　　依徐仁輝於〈公共選擇觀點下的民主行政〉一文中指出，公共選擇理論之基本假設認為人是理性自利（rational self-interest）。所謂「自利」，指個人在做決策時，會優先考慮自己的利益（自利並不排除人們有利他行為，只是人們在做公益活動或幫助他人時，仍會優先考慮自己的利益）；所謂「理性」，個人在面臨各種方案選擇時，可以經過充分的比較，做優先順序的排列，而選擇最佳的方案。但這項假設基本前提是，人們知道自己的偏好，擁有完全的資訊可對各種方案的成本效益做比較，以及人們是追求最大化者（maximizer）。惟在現實世界裡，人們有時對自己的偏好並不甚瞭解，也沒有足夠的資訊，同時認知與計算能力亦有限，因此無法做好優先順序的比較。

　　唐斯（Anthony Downs）在 1957 年於其著作《An Economic Theory of Democracy》一書中，基於人不但在經濟是理性的，在政治上也是理性的；而且人不但是理性的，更是自利的。唐斯並進一步指出，政黨制定政策之目的，是在選舉中獲得勝利，而非藉由選舉以實現某些政策；意即，社會職務（social function）通常只是其行為之副產品，私人野心才是其目的。所謂理性（rationality）意指：

❶能在多種選項中做出選擇。
❷能將各種選項依優先次序排列。
❸其優先次序是可以變動的。
❹能在其所定之最優先選項中，做出決定。
❺遇到類似的情況，會有相同的選擇。

　　基本上，唐斯的民主政治經濟理論有兩個主要之論述：

❶選民在政治上之行為，與其經濟上行為類似，是理性自利的（擴大其效用所得）。
❷在民主政治運作中，政黨主要目標在於提高其選票之得票率。

　　故政黨也如同個人般，是高度理性自利取向的，在面對不同制度之可能選項時，會以精密之理性分析，選擇一個最有利於該政黨之制度設計。

　　另依 M. C. Munger 於〈Five Questions: An Integrated Research Agenda for Public Choice〉一文中指出公共選擇研究應關注的五個主要議題為：

❶個人之價值偏好為何？
❷可能的選項為何？
❸執行選項與該選項價值為何？
❹現在做出之選擇，對未來之選擇與選項之影響為何？
❺如何界定「好」的選擇與價值？

案例分析

選舉

觀察我國立委新選舉制度之產生，
更可見主要政黨之高度自利考量

法院於2004年8月26日公告憲法修正案，公告半年後，於2005年5月選舉任務型國民大會代表來修憲。應該加以觀察之切入點是，在立法院擁有所屬立法委員之政黨（國民黨、民進黨、親民黨、台灣團結聯盟、無黨團結聯盟、新黨）中，僅有國民黨與民進黨兩黨贊成修憲案，其他政黨皆反對修憲案。形成泛藍之國民黨與親民黨分裂，泛綠之民進黨與台灣團結聯盟分裂，而出現一種大藍與大綠（國民黨與民進黨）成為共同聯盟，小藍與小綠（親民黨與台灣團結聯盟）成為共同聯盟之有趣現象。特別是，在2004年總統大選後，朝野藍綠對立嚴重，每逢選舉就是「割喉戰」式之對決；而在公共政策上亦無法有效合作，這個任務型國大選舉卻是異常平順，並在兩大黨之通力合作下，完成了憲法修正案，也變革了我國立法委員之選舉制度

事實上，各主要政黨在任務型國大選舉之修憲案立場上，其考量之基礎，便在於前面所討論的，新的立委選舉制度是有利於兩大黨；乃形成大黨贊成修憲案，小黨反對修憲案之情況

故基於公共選擇理論與新制度主義，顯見兩大黨是基於其政黨自利之考量，經由理性分析後，認為改採「單一選區兩票制」顯有助其國會席次之極大化

單一選區
兩票制

公共選擇：「政治」與「經濟」互動

個人或政黨基於理性自利做出政治決定

第3章
國家論

●●●●●●●●●●●●●●●●●●●●●●●●●●●●●●●● 章節體系架構 ▼

UNIT **3-1**
國家的起源

關於國家起源的學說，從古希臘以降，各思想家都提出過不同的國家起源學說。一般來說，國家起源學說有神權說、進化說、武力說、契約說等四種說法，簡述如下：

❶神權說

神權說的觀點，認為國家是上帝（神）所創造的，是神意在人世間的展現；而統治者（君王）的正當性是來自於神的賦予，即「君權神授」。故西方君主就位時多由教宗（上帝在人世間的代表）來加冕，東方中國的皇帝又稱「天子」，都是君權神授的體現。

❷進化說

進化說又稱「自然說」，認為國家是自然的產物，國家是會不斷地進化的。例如，史賓塞（Herbert Spencer）承襲生物學家達爾文（Darwin）「適者生存」（survival of the fittest）之理論，提出所謂「社會達爾文主義」（Social Darwinism）或「社會進化論」，並藉此說明國家會持續地進化，不斷地追求發展。

❸武力說

根據韋伯（Max Weber）的說法，國家掌握著合法武力（警察、軍隊）的專屬且壟斷之權力。但這個合法的武力不一定具有正當性，若用 Mancur Oslon 的「罪犯比喻說」觀點，也就是將政府比喻為，由居無定所、四處遊蕩行搶的強盜（bandits），逐漸變成定居在一塊土地上，汲取人民生產所得之貴族統治組織。遊蕩的強盜之所以願意定居下來的主因，是為了追求長期穩定的利益，為此他們願意付出一定的成本來維持社會秩序和提供公共財，但是代價是人民必須付出相當的稅金來滿足他們索求的利益。基本上，為了有效地從人民手上徵稅，貴族（定居的強盜）必須在這塊土地上壟斷武力的使用，以確保在徵收稅款或是在武裝力量上，無人能夠挑戰他們的權威（黃旻華，2004：7）。

❹契約說

在洛克（John Locke）的《政府論二篇》（*Two Treatises of Civil Government*）著作中，洛克竭力主張人類有其天賦之自然權利，認為國家（政府）不過受全體人民的委託，替大家謀公共利益；國家最後及最高的主權仍然屬於人民全體，國家的合法之統治權威係來自人民與國家（政府）間所締造的社會契約。基本上，係以社會契約論較符合現代民主政治的價值，也較能保障民權。

☺小博士解說

洛克的「天賦人權」思想，深刻地影響後來的美國獨立宣言（United Declaration of Independence）與法國大革命（French Revolution Wars），更是現代立憲主義（Constitutionalism）思想基礎。

國家起源學說

國家起源學說

- 神權說 ▶ 君權神授
- 進化說 ▶ 國家是會不斷地進化的
- 武力說 ▶ 國家掌握著合法的武力
- 契約說 ▶ 洛克主張人類有其天賦之自然權利

State vs Nation vs Nation-State

state	國家（state）是一個獨立主權的政府，在一定空間（邊界區域）行使統治權
nation	民族（nation）是一群人擁有共同的外觀（本質論）或共同的認同（建構論）
nation-state	民族國家（nation-state）指涉自己的民族（nation）治理自己的國家（state）

進化論

達爾文
進化論

主要概念		即 ▶ 物競天擇，適者生存
以天擇說和地擇說為理論基石		同一物種受到地形障礙分隔，長時間之後，物種產生了性狀特徵的差異

UNIT 3-2
國家基本要素

圖解政治學

❶一般談到現代國家的基本要素，大概都是指人民、領土、政府和主權四個要素

人民，包含人口的數量與素質；如中國大陸就是因為其十三億人口在東亞具有影響力（現在再加上其經濟力量）。領土，則指領土的面積和其所擁有的天然資源；如哈薩克就是因為擁有石油而在中亞占有重要地位。政府，指具有社會價值權威分配權之機制。主權，依布丹（Jean Bodin）觀點，主權是永久、不可分及不可轉讓的；而一般體現於「對內之最高性」及「對外之獨立性」二特徵。

❷若依 1933 年在烏拉圭的首都蒙特維多（Montevideo）《蒙特維多國家權利義務公約》第 1 條規定，國家的四大基本要素是：一定人口、固定領土、有效統治的政府、與他國來往的能力

①一定人口（a permanent population）

對任何國家來說，人口之數量、素質和結構涉及其基本的國情國力。

Ⓐ數量：個別國家的總人口之增減。

Ⓑ素質：識字率與教育程度的高低。

Ⓒ結構：男女比例、老年人與青壯年比例。

②固定領土（a defined territory）

領土是國家統治權所及之區域，除有陸地之「領地」（指陸地、河川、湖泊、陸地相毗連的海港等）外，還包含「領空」與「領海」。國際社會於 1958 年訂於日內瓦的《領海及鄰接區公約》第 1 條，國家主權及於本國領陸及內國水域以外毗連本國海岸之一帶海洋，稱為領海；沿海國之主權及於領海之上空及其海床與底土。我國在 1998 年便公布《中華民國領海及鄰接區法》。

③有效統治的政府（government）

國家是永續長存的，政府則會因為革命或選舉而更迭。政府是一個政治體系，對公共政策的產出具有權威性的價值分配權能。廣義的政府在三權分立概念下，包括立法機關、行政機關、司法機關。狹義的政府一般係指行政機關。一個國家的政府又可分為中央政府和地方各級政府。但必須注意的是，這裡指的政府不一定是指民主國家政府，共產政體、威權政體、軍事政體也有一個有效統治的政府，故聯合國（UN）中包含民主與非民主國家。

④與他國來往的能力（capacity to enter into relations with the other states）

這種能力是指以國家的身分與他國來往，即國家的外交權。而要以「國家」的身分與他國來往就涉及與其他國家之正式外交關係，亦即其他國家是否承認其國際法上人格的問題，即國際承認的議題。而這一點也正是我國的國際困境，也是我國對外部門為何如此在意我國邦交國的數目之原因。

🙂 小博士解說

近年來，有關國家實力之論述，從早期重視國家之「硬實力」（hard power），轉而強調國家的「軟實力」（soft power），再將硬實力與軟實力綜合為「巧實力」（smart power）；Joseph S. Nye 在其所著《*The Paradox of American Power: Why the World's Only Superpower Can't Go It Alone*》與《*Soft Power: The Means To Success In World Politics*》界定軟實力是一種藉由「吸引力」以達目的之能力（非威脅利誘）。

國家之基本要素（觀點一）

國家之基本要素	人民	人口的數量
		人口的素質
		人口的結構
	領土	領土面積大小及位置
		所擁有的天然資源
	政府	具有社會價值權威分配權之機制
	主權	永久性
		不可分性
		不可轉讓性

國家之基本要素（觀點二）

國家之基本要素 → 蒙特維多公約

一定人口　　固定領土　　有效統治的政府　　與他國來往的能力

中華民國領海及鄰接區法

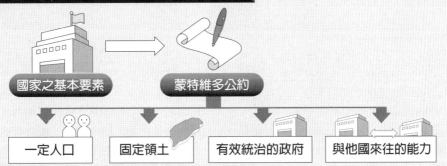

中華民國主權	及於領海、領海之上空、海床及其底土	
中華民國領海	自基線起至其外側12浬間之海域	
	基線之劃定，採用以直線基線為原則，正常基線為例外之混合基線法	
	領海之基線及領海外界線，由行政院訂定，並得分批公告之	
	領海與相鄰或相向國家間之領海重疊時，以等距中線為其分界線；但有協議者，從其協議	
	外國民用船舶在不損害中華民國之和平、良好秩序與安全，並基於互惠原則下，得以連續不停迅速進行且符合本法及其他國際法規則之方式無害通過中華民國領海	
	非屬無害通過	對中華民國主權或領土完整進行武力威脅或使用武力等12項
中華民國鄰接區	為鄰接其領海外側至距離基線24浬間之海域	其外界線由行政院訂定，並得分批公告之

UNIT 3-3
主權

圖解政治學

有關主權（sovereignty）的概念，簡要討論如下：

❶文藝復興以來有關主權方面最重要的著作者要算是布丹、霍布斯、盧梭等

①布丹（Jean Bodin）在他的《共和國六書》（*Six Books of the Commonwealth*）一書中，從君權神授的觀點，說明主權是國家所具有的一個絕對又恆久的權力。

②霍布斯（Thomas Hobbes）在其著作《巨靈》（*Leviathan*）中，為避免每個人對抗每個人之恐怖的自然狀態，人們為了要擁有和平與安全，於是透過彼此簽約的方式交出自然權利給予特定人，形成最高權力，也就是主權；所有人必須完全服從主權的命令，因為這樣才能得到真正的和平與安全。

③盧梭（Jean-Jacques Rousseau）在其《社會契約論》（*The Social Contract*）書中，透過全意志（general will）的論述，國家中的人民的共同意願就是全意志，藉此來讓主權的擁有者變成是人民。主權基本上是永久的、不可分的及不可轉讓的；即主權基本上具有：Ａ對內最高性；Ｂ對外獨立性。

❷事實主權與合法主權

①事實主權（De facto sovereignty）：主權之行使並無法律上依據，但統治者可藉由其武力上之強制力，迫使人民服從。例如，中華民國建國之初，各省軍閥割據（如段祺瑞、張作霖等），在其割據範圍內，透過軍事武力，遂行其統治權。

②合法主權（De jure sovereignty）：主權之行使具有法律上依據（合法性）、統治者是取得人民之支持（具有

正當性），乃具有合法主權。申言之，合法主權具有兩個面向：一為內部人民之支持，另一為外部國際上之支持。

❸主權是國家的構成要素之一，配合國家的起源採取社會契約說，則可以推論出國家的主權是屬於人民，即「人民主權」；亦可體現於我國憲法第2條，中華民國之主權屬於國民全體

😊實例說明

1970 年 10 月 24 日，聯合國大會通過的《關於各國依聯合國憲章建立友好關係及合作之國際法原則之宣言》指出：各國在其國際關係上應避免為侵害任何國家領土完整或政治獨立之目的或以與聯合國宗旨不符之任何其他方式使用威脅或武力之原則。每一國皆有義務在其國際關係上避免為侵害任何國家領土完整或政治獨立之目的，或以與聯合國宗旨不符之任何其他方式使用威脅或武力。此種使用威脅或武力構成違反國際法及聯合國憲章之行為，永遠不應用為解決國際爭端之方法。每一國均有選擇其政治、經濟、社會及文化制度之不可移讓之權利，不受他國任何形式之干涉。其主要有兩種政治意涵：

❶尊重各國主權。
❷不干涉他國內政。

主權概念

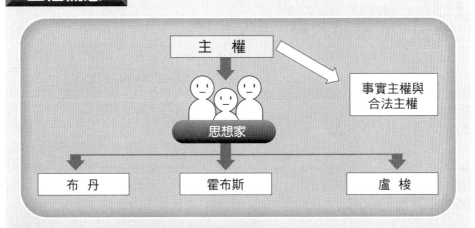

主　權

事實主權與
合法主權

思想家

布　丹　　　霍布斯　　　盧　梭

有關主權方面重要思想家

重要思想家

布丹（Jean Bodin）
共和國六書（*Six Books of the Commonwealth*）

霍布斯（Thomas Hobbes）
巨靈（*Leviathan*）

盧梭（Jean-Jacques Rousseau）
社會契約論（*The Social Contrast*）

事實主權

張作霖

UNIT **3-4** 國家與政府

（一）國家特徵

❶國家具有最高性，是在其他個人和社會團體之上的。

❷國家事務是屬於公共事務，以獲致最大公約數之公共利益為主。

❸國家的相關作為必須具有合法性與正當性。

❹國家為有效行使其統治力，必須具有強制力（如軍警、刑罰）為基礎。

❺現代「民族國家」的概念，由一個民族或多數民族所共同組成的國家。而民族有本質論（原生論）或建構論不同之觀點。

❻民族國家發展約略可分四個階段：

①中古末期到 19 世紀末，是長期自然演進而成，如英、法等國。

② 19 世紀末到第一次世界大戰，多透過軍事手段達成統一或獨立，如德國、義大利、美國等國。

③第一次世界大戰之後到第二次世界大戰，依民族自決原則獨立建國，如奧匈帝國瓦解後的國家。

④第二次世界大戰後，依民族自決原則獨立建國，如原本亞洲、拉丁美洲的殖民地獨立而成的新興國家。

（二）國家與政府之差異

❶國家是持續、長期存在的整體，而政府則較為短暫（會因革命或選舉而被更換）。

❷以香港之租借予英國為例。中國（國家）的大清皇朝（政府）因鴉片戰爭敗給英國而簽署《南京條約》，再加上隨後的《北京條約》、《展拓香港界址專條》及其他一系列租借條約，租借九龍半島北部、新界和鄰近的離島給英國，租借期間 99 年。而後中國的統治權（對外代表權）分別由中華民國政府、中華人民共和國政府取代。惟租借香港之國際法上條約（國家與國家間所訂立），仍需被遵守，一直到 1997 年，英國才把香港的統治權移交回給中國，並由當時中國的代表政府（中華人民共和國政府）接收。另外，聯合國（UN）的中國代表權則是由中華人民共和國政府（People's Republic of China）取代中華民國政府（Republic of China）。

❸另外附帶一提的是，依 Michael Roskin 在其著作《*Political Science: an Introduction*》一書提出民族國家建立過程有五種危機：

①認同危機。

②合法性危機。

③命令貫徹危機。

④參與危機。

⑤分配危機。

另政治社會學者李普塞（Martin Lipset）特別強調一個新的現代國家建立是一個追求認同的過程；現代國家的合法性源自於構成忠誠的共識，也就是一個共同的國家認同。

❹簡單理解國家與政府之差異，可從前述國家的基本四要素，政府是其中一個要素，故「國家」的概念是大於「政府」的概念。

國家與政府之差異

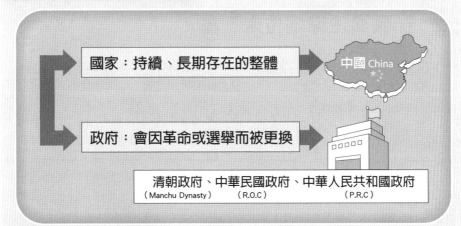

國家：持續、長期存在的整體 → 中國 China

政府：會因革命或選舉而被更換

清朝政府、中華民國政府、中華人民共和國政府
（Manchu Dynasty） （R.O.C） （P.R.C）

民族國家發展

中古末期到19世紀末	長期自然演進而成	如：英、法等國
19世紀末到第一次世界大戰	多透過軍事手段達成統一或獨立	如：德國、義大利、美國等國
第一次世界大戰之後到第二次世界大戰	民族自決原則獨立建國	如：奧匈帝國瓦解後的國家
第二次世界大戰後	民族自決原則獨立建國	如：原本亞洲、拉丁美洲的殖民地獨立而成的新興國家

香港主權與中國關係

割讓
大清帝國將香港割讓給英國

中華民國
中華民國建立

中共取代中華民國

回歸
香港主權交還中國

UNIT **3-5**
臺灣法律地位未定論

（一）臺灣主權因馬關條約割讓予日本

中日甲午戰爭，清朝戰敗後，於光緒21年（西元1895年）4月17日由李鴻章與伊藤博文於日本馬關簽訂《馬關條約》。《馬關條約》全文共11款，其中第2款規定：「中國割讓臺灣全島及所有附屬各島嶼、澎湖群島與遼東半島予日本」。而第二次世界大戰爆發，中國正式向日本宣戰，並宣告廢止中日間之一切條約，《馬關條約》是否因此而廢除？基本上，國際法上是禁止片面廢止中日《馬關條約》。

（二）開羅宣言及波茨坦宣言無法確認臺灣主權歸屬

二次世界大戰將結束之際，同盟國間召開了許多會議來討論如何處理戰後之國際局勢，其中涉及臺灣主權問題之會議為《開羅宣言》及《波茨坦宣言》。惟開羅宣言與波茨坦宣言究有無國際法上之法律拘束力？依國際法學者奧本漢（L. Oppenheim）認為，「依據使用於宣言中文句的精確度而決定其寬廣的範圍。僅僅是一個政策或原則的普通聲明，在嚴格的解釋上，是不能視為有負擔義務的意願。」故此二宣言只是一個普通的未來「意圖聲明」（statement of intent），無法律上拘束力（陳荔彤，2002：14）。

（三）日本戰敗，中華民國軍隊接收臺灣係以盟軍身分

1945年9月2日，在日本政府簽署投降書表示：「我們特此宣告日本大本營的所有日本武裝部隊以及所有由日本所指揮分布各地的武裝部隊，向盟軍無條件投降。」盟國最高司令隨後發布命令：「中國地區（滿洲除外）、臺灣，以及北緯16度以北的法屬中南半島的日軍向中國地區最高統帥蔣介石投降」。故二次世界大戰，日本戰敗，日本的全部國土都在盟國的「軍事占領」下；意即第二次大戰結束後，美國總統杜魯門指派麥克阿瑟將軍為盟軍負責遠東戰區接管工作，盟軍再指派（委託）中國戰區的蔣介石總司令接管臺灣。

（四）舊金山和約並未釐清臺灣主權歸屬

1951年的《舊金山和約》（The San Francisco Treaty）第2條b項，日本正式放棄對臺灣、澎湖的主權，然而，雖然日本官方正式放棄對臺灣、澎湖的所有權力、權利名義和主張（all rights, title and claim to for Formosa and Pescadores），惟其並未正式將上述領土主權轉移給臺灣的中華民國或大陸的中華人民共和國。特別的是，臺灣的國民黨及大陸的共產黨政府因其分裂敵對特殊狀況，皆未參加舊金山和平會議。

而主張臺灣未定論之人士並援引1952年的《中日和約》（Treaty of peace between the Republic of China and Japan）第2條：「茲承認依照公曆1951年9月8日在美國舊金山市簽訂之《對日和平條約》第2條，日本國業已放棄對於臺灣及澎湖群島以及南沙群島之一切權力、權利名義與主張。」闡明日本放棄臺灣的主權，並未說明日本所放棄之臺灣主權究係交給哪個國家或由哪個國家所繼受。

臺灣法律地位未定論之概念

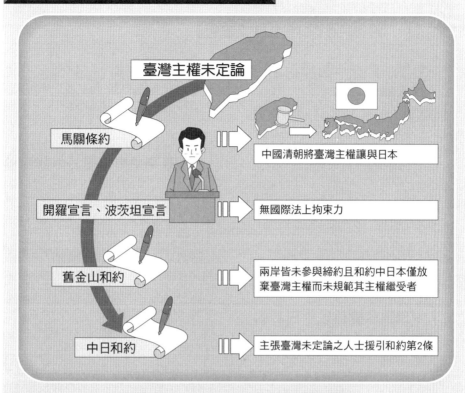

臺灣主權未定論

馬關條約 → 中國清朝將臺灣主權讓與日本

開羅宣言、波茨坦宣言 → 無國際法上拘束力

舊金山和約 → 兩岸皆未參與締約且和約中日本僅放棄臺灣主權而未規範其主權繼受者

中日和約 → 主張臺灣未定論之人士援引和約第2條

開羅宣言與波茨坦宣言（與臺灣主權有關部分）

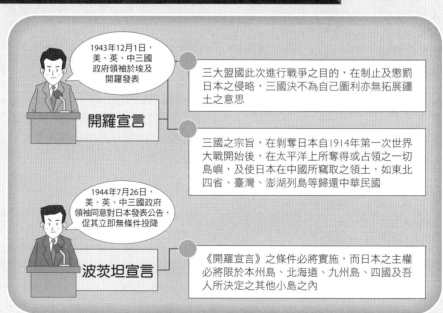

開羅宣言

1943年12月1日，美、英、中三國政府領袖於埃及開羅發表

三大盟國此次進行戰爭之目的，在制止及懲罰日本之侵略，三國決不為自己圖利亦無拓展疆土之意思

三國之宗旨，在剝奪日本自1914年第一次世界大戰開始後，在太平洋上所奪得或占領之一切島嶼，及使日本在中國所竊取之領土，如東北四省、臺灣、澎湖列島等歸還中華民國

波茨坦宣言

1944年7月26日，美、英、中三國政府領袖同意對日本發表公告，促其立即無條件投降

《開羅宣言》之條件必將實施，而日本之主權必將限於本州島、北海道、九州島、四國及吾人所決定之其他小島之內

UNIT **3-6**
臺灣法律地位已定論

（一）馬關條約因中日和約之簽訂而廢止

《馬關條約》雖不得因戰爭片面廢止，但可依《中日和約》第4條而廢止。《中日和約》第4條：「茲承認中國與日本間在1941年12月9日以前所締結之一切條約、專約及協定，均因戰爭結果而歸於無效。」據此，中國清朝簽訂之《馬關條約》，因中國（中華民國）與日本簽訂之《中日和約》而廢止。即在法律上，《馬關條約》透過《中日和約》之簽訂而廢止。

（二）中日法律關係以中日和約為主

中日間之戰爭狀態須至《中日和約》發生效力後，才告終止。依《中日和約》第1條：「中華民國與日本間之戰爭狀態，自本約發生效力之日起，即告終止。」也就是說，至1952年《中日和約》簽訂後，臺灣才正式脫離盟軍所占領之「軍事占領地」身分。自此，才有主權繼受之問題。

（三）中華民國政府代表中國訂約

❶《中日和約》之締約者，中方代表為中華民國，而非中華人民共和國。事實上，中華民國於締約時為聯合國會員兼常任理事國，並依國際習慣法規則（1969年成文法化為《維也納條約法公約》）與日本締結和約。

❷中日和約換文（Exchange of Notes）第1號便載明：「關於本日簽訂之日本國與中華民國間和平條約，本代表謹代表本國政府提及貴我雙方所成立之了解，即：本條約各款，關於中華民國之一方，應適用於現在處於中華民國政府控制下或將來在其控制下之全部領土。」

（四）臺灣主權歸屬於中華民國

依《中日和約》第10條：「就本約而言，中華民國國民應認為包括依照中華民國在臺灣及澎湖所已施行或將來可能施行之法律規章而具有中國國籍之一切臺灣及澎湖居民及前屬臺灣及澎湖之居民及其後裔；中華民國法人應認為包含依照中華民國在臺灣及澎湖所已施行或將來可能施行之法律規章所登記之一切法人。」是以，依《中日和約》第1條中華民國與日本終止了戰爭狀態，並藉由和約第4條之規範而溯及地讓《馬關條約》歸於無效，並將臺灣及澎湖之主權歸還中華民國（和約第10條）。故臺灣與澎湖主權應歸屬於中華民國（當然這個論述也有些許的缺失，即如果日本在《舊金山和約》放棄了臺灣主權，自然無權於其後在《中日和約》處理臺灣主權。惟因為《舊金山和約》，中國無代表訂約，其效力自無法拘束中國，還是以中日雙方在國際法上正式訂約之《中日和約》為依據較有拘束力）。

臺灣法律地位已定論

臺灣法律地位
已定論

馬關條約因中日和約之簽訂而廢止

中日法律關係以中日和約為主

中華民國政府代表中國訂約

臺灣主權歸屬於中華民國

政府管制理論與類型（周育仁、施俊吉、張其祿）

管制的公益理論 （the public interest theory of regulation）	基於效率（efficiency）與公平（equity）的維護	
	為克服市 場失靈 （market failures） 之問題	自然獨占（natural monopoly）
		外部性（externality）
		共同財產資源（common property resources）
		資訊失衡（information asymmetry）
經濟管制 （economic regulation）	意涵	政府對產業生產活動所做的控制與限制（政府干預 市場經濟活動）
	目的	處理市場失靈問題，以獲致特定經濟目標
	主軸	❶競爭性的市場行為 ❷管制產業之活動 ❸完善之勞資關係
社會管制 （social regulation）	意涵	政府介入社會活動，以保障弱勢、環境保護為核心
	目的	處理企業對勞工、消費者與環境污染等所生之問題
	主軸	社會管制機構管制之管轄遍及所有的私部門，幾乎 所有產業皆無法免於受其管制
行政管制 （administrative regulation）	意涵	政府基於行之必要性，所建立之行政作業與管制規 範
	目的	特定行政目的之追求
	主軸	法規管制、行政監督、行政檢查
政府管制之挑戰	「管制私 益理論」 （the private interest theory of regulation）	管制當局受到被管制者控制之「管制俘虜」 （regulatory capture）問題
		政府管制當局組織與預算上不斷擴張之「政治俘虜」 （political capture）問題
		「管制成本」（regulatory costs）問題
		「管制風險」（regulatory risks）問題
管制革新 （regulatory reforms）	解除不必要的政府管制，僅做必要性的管制	
	並提升政府管制的品質（quality）與績效（performance）	

UNIT **3-7**
國家理論與國家角色

有關國家理論有著不同觀點，可分別從馬克思主義、多元主義、新右派、國家機制主義等觀點來探討。

（一）馬克思主義觀點

基於經濟決定論的看法，認為國家是掌握在生產工具的擁有者（資本家手中），國家成為資本家壓迫勞工階級的工具；國家是統治階級的打手，強化了資本家剝削勞工的情況。

（二）多元主義觀點

國家的行為是由多頭政治和各種利益團體的壓力所產生的，國家是在社會的相競爭利益之間進行調和與仲裁。如道爾（Robert A. Dahl）在《多元主義》（*Polyarchy*）一書的論述。

（三）新右派的觀點

包含了兩個對立的看法，一為「新自由主義」，支持有限政府和自由經濟市場力量；另一為「新保守主義」，基於傳統道德價值與個人良心，要求社會秩序和權威的。新右派又以雷根與柴契爾政府為代表。依 Grout Jordon 的〈新右派與公共政策〉一文中指出柴契爾主義（Thatcherism）主要內涵略為：去除交易管制、控制貨幣通膨、減少政府支出、減稅、降低工會權利、創造企業區域等。

（四）國家機制主義的觀點

主張國家機制在解決政治難題有其功能性，同時透過國家機器之介入與干預是促進經濟與社會發展的最佳方式。例如，東亞經濟奇蹟就是國家機制介入經濟領域中，帶動產業發展。

（五）國家的再出現

對國家的研究不再拘泥於傳統國家要素（領土、人民等）的研究，而是重新再思考國家機器政治過程中具有之核心作用，思考國家機器如何運作於社會之中。如伊凡（Peter Evans）與史卡西波（Theda Skocpol）在《國家的再現》（*Bringing the State Back In*）一書，強調國家機制是具有相對自主性的，有其利益與偏好，是運作於民間社會之上的統治權威；國家的自主性、能力和權力結構，才是一個國家政治作為（政治民主化）和經濟發展的主要因素；這是一種「國家中心論」的觀點，是相對「社會中心論」的觀點。國家中心論的核心概念可分為二個面向：一為國家的自主性（autonomy）；另一則是國家的能力（capacities）。「社會中心論」係指國家的強制能力是有限的，國家會在社會中具有力量的利益團體之壓力下，來制定符合利益團體利益之政策。

小博士解說

傳統政治學認為國家是一個依變項，是隨著社會利益價值之變化而變動的。惟新國家主義（neo-statism）認為國家是一個獨立變項，是會影響或形塑社會價值。新國家主義強調國家機關在公共政策之產出，會有其立場。依 Skocpol 之觀點，新國家主義研究基於國家是一個行動者，去思考「國家行動是否為理性」、「國家能否達成其特定目標」、「國家能力與特定政策形成」、「國家與社經環境互動」等議題。

國家理論的觀點

國家理論

馬克思主義
國家是掌握在資本家手中

多元主義
國家是客觀中立之仲裁者

新右派
降低通膨、減稅、民營化等議題

國家機制主義
國家有其正面功能性

國家的再現
國家有其自主性

國家中心論的觀點：新國家主義

國家實際上是一個行動者，也有自己的利益與偏好

國家的自主性
強調國家作為一個組織，其制定的政府與追求的目標並非僅是反映社會中特定利益團體與階級的要求而已

國家的能力
國家在面臨來自社會中有力量的利益團體之壓力下，制定與執行政策的能力

社會中心論的觀點

將政策產出視為社會團體角力之結果

國家的強制能力是有限性的

國家會在社會中具有力量的利益團體之壓力下，來制定符合利益團體利益之政策

強調政體內決策權力的分散 → 團體的私人化與自主性

團體間的競爭而非合作性 → 政策制定過程的開放性與多重的政策影響管道

團體遊說國會的過程 → 社會團體與國家有清楚的界線劃分並具有自主性

國家的中立裁判性角色

UNIT *3-8*
國家角色：政治影響經濟

（一）夜警式國家

這種國家角色是淵源於社會契約論（主要思想家為霍布斯、盧梭、洛克），在受到美國獨立革命與法國大革命的影響後，社會契約成為民主政治的實踐。由此，國家只具有最基本的維持社會秩序的功能（watchdog state），國家不介入社會、經濟、文化等領域。在經濟市場中，由市場機制之「供需法則」運作，國家不應介入干預，讓個人自由依其能力發展潛能、創造財富，進而讓整個社會經濟發展，即所謂的「資本主義」。例如，我國過去的帝王統治時期，包青天或縣太爺（國家）只扮演緝拿盜匪及爭訟之裁判角色。

（二）發展式國家

發展式國家是一種國家主導整個經濟發展方向，國家與主要企業間為夥伴關係；發展國家理論（developmental state theory）或新威權主義（neo-authoritarianists）也是類似的概念。國家（特別是文官體系）基於其洞見，決定重點發展產業，要求財團或企業配合投資發展，國家並以其公權力加以協助（如租稅優惠、貨物可快速通關等）。而這種由國家帶頭拼經濟最成功的就是所謂的「東亞經濟奇蹟」：東亞的日本及四小龍（臺灣、香港、新加坡、南韓）的快速經濟成長。例如，臺灣過去的加工出口區及現在的科學園區，由國家所設置，具有低土地取得成本、技術協助、稅捐優惠等措施來發展經濟（但在這種關係下，必須妥善處理官商互動關係，避免走向金權政治）。

（三）福利式國家

這種國家角色與社會民主主義思想與「凱因斯主義」（Keynesion）相關，係藉由賦稅改革與需求面之創造，建立社會安全制度與發展經濟。並由國家的力量進行財富的再分配，降低貧富差距，讓財富的分配更公平。例如，老人年金、免費健康醫療照顧（公醫制度）、低收入住宅政策及失業金制度（或臺灣之「擴大就業方案」與《振興經濟消費券發放特別條例》）等，這在北歐國家實行得很成功。例如，美國羅斯福總統的「新政」正是「凱因斯主義」的產物，但在公共支出和稅收方面進行調整過度的結果，可能會讓政府財政產生重大赤字；同時讓人民對於政府的福利措施產生依賴的現象。故乃有企業型政府之觀點出現，主張國家的職能應儘量縮小之最低限度的國家論（the minimal state theory）的出現。

（四）集體主義式國家

這種類型的國家角色，是將全部的經濟生活納入國家控制之下，採取揚棄資本主義與廢除私有財產之立場；國家經濟是由政府官員和經濟規劃委員會來統籌之「計畫性經濟」。例如，依循共產主義思想的前蘇聯和整個東歐國家，每個工廠的產品之生產規格、生產量、生產進度等都是由國家規範的。

（五）極權主義式國家

國家之控制力涵蓋經濟、教育、文化、宗教和家庭生活等各個層面，甚至連人民思想都想加以控制。執政者為了有效統治國家，以祕密警察全面性監控人民的生活及意識型態的控制。例如，希特勒統治下的德國以及史達林統治下的蘇聯。

不同國家角色之社會控制力

國家對社會各領域之控制力

弱 ← → 強

夜警式　發展式　福利式　集體主義式　極權主義式

註：因經濟全球化及選舉權普及化，國家角色現多以發展式國家及福利式國家為主流

美國羅斯福總統之「新政」：凱因斯主義之實踐

背 景		1930年代之經濟大恐慌
主要政策	緊急銀行法案（Emergency Banking Act）	規定了聯邦政府財政部有權監督私人經營的銀行，私營銀行也可根據這項法案向國營的聯邦儲備銀行抵押借款，藉此使癱瘓的金融體制恢復正常運作
	農業調整法案（Agriculture Adjustment Act）	設立「農業調整總署」（Agriculture Adjustment Administration），勸導農民依市場需要來種植農產品，避免盲目增產，並針對願意減產的農民給予政府補助
	國家工業復興法案（National Industrial Recovery Act）	設立「國家復興總署」（National Recovering Administration），縮短工人工作時間、增加就業機會，並管制工業生產，防止惡性競爭與生產過剩等現象
	聯邦緊急救濟法案（Federal Emergency Relief Act）	聯邦政府撥出5億美元為基金，分發給各州政府作為賑濟費用；並推動各項公共工程建設，增進失業人士的就業機會

觀念釐清：納粹德國與史達林蘇聯在不同指標上比較

	極權主義式國家（極權政府）		意識型態	
希特勒時期之納粹德國	極權政府	兩者相同	法西斯主義	兩者對立
史達林時期之蘇聯	極權政府		共產主義	

UNIT **3-9**
單一國、聯邦、邦聯（一）

　　首先探討的是邦聯制，邦聯制基本上是一個軍事或經濟之同盟，不具有國家法人之地位。其細部探討，可分述如下：

❶兩個或兩個以上的國家為了共同的利益或為了達到某些目的聚合的聯盟體。加入邦聯之成員國各自仍保留完全的獨立主權，只是在涉及共同利益（如軍事、外交等）上採取共同立場與行動。邦聯組織之決議與作為是協商性的，其決議須在成員國認可與支持下才有其效力（因為各成員國可以自由退出邦聯）。以大英國協（The Commonwealth of Nations）及獨立國協（Commonwealth of Independent States）為主要範例。

❷大英國協是過去的英國殖民地，在這些殖民地獨立建國後（如加拿大、澳大利亞、紐西蘭等），仍以英國女王為國家元首（政府領袖為總理）；這些國家所組成的組織便稱之為「大英國協」；獨立國協則是過去舊蘇聯瓦解後，原屬蘇聯加盟國所組成的。

❸大英國協與獨立國協基本上是一個國際組織，各會員國具有主權地位，也多是聯合國會員國。

❹「大英國協」且奉英女皇為元首之國家為加拿大、英國、澳洲、紐西蘭、安地卡及巴布達、巴哈馬、巴貝多、貝里斯、格瑞那達、巴布亞紐幾內亞、聖克里斯多福及納維斯、聖路西亞、聖文森、所羅門群島、吐瓦魯等國。英國王對大英國協具有高度象徵意義，具有團結、協調及合作之作用。

❺「獨立國協」國家則包含俄羅斯、白俄羅斯、烏克蘭、亞美尼亞、亞塞拜然、喬治亞、哈薩克、吉爾吉斯、

摩爾多瓦、塔吉克、土庫曼、烏茲別克等國。

😊 實例說明

　　依 2001 年 1 月 4 日，BBC 中文網報導，國民黨榮譽黨主席連戰在其《新藍圖、新動力——連戰的主張》一書中指出，要突破兩岸當前僵局必須要堅持「一個理想」，認清「兩個現實」，依循「三條軌道」。「一個理想」是：中華民國大陸政策的最高目標在於追求中國最終能在民主、自由、均富的前提下達成統一，而未來兩岸融合的方向，「邦聯制」是值得考慮的構想，因為既可維持兩岸邁向統一的方向，又可保留兩岸在各自體制下合作發展的空間；「兩個現實」就是兩岸關係的對等和民主；「三條軌道」是和平、發展、交流。

😊 小博士解說

　　通常曾經是英國殖民地，而後獨立之國家，多會成為大英國協之成員，但不一定會以英女皇為象徵性元首。如於 1818 年由英國開始統治，1948 年獨立建國之錫蘭國（Ceylon）；於 1978 年修憲改國號為斯里蘭卡民主社會主義共和國（Democratic Socialist Republic of Sri Lanka），同時廢除英女皇為象徵性國家元首，惟仍為大英國協成員。

大英國協的組織

COMMONWEALTH

2022 年加彭（Gabon）及多哥（Togo）加入大英國協，使得大英國協擁有 56 個會員國。

常設組織	1965年在倫敦建立了大英國協秘書處	職司促進大英國協的合作，籌劃國協的各級會議
會議方式	首相、總理與財長級的會議	就經濟、科學、教育、法律與軍事事務進行磋商，並設法協調政策
	常設秘書處舉辦的會議	

獨立國協的組織

依　　據	1993年1月22日獨立國協國家元首理事會所通過之《獨立國協章程》	
	常設機構	**專門機構**
主要機構	國家元首理事會和政府首腦理事會	跨國議會大會
	獨立國協國家外交部長理事會	人權委員會
	國防部長理事會	跨國經濟委員會
	聯合武裝力量總司令部	跨國貨幣委員會
	邊防軍司令理事會	部門合作機構
	集體安全委員會	
	經濟法院	
	協調協商委員會	

UNIT **3-10**
單一國、聯邦、邦聯（二）

❶聯邦國制有別於邦聯，聯邦國本質上已經是一個國家法人，國家對外之外交權係由聯邦政府（中央政府）來行使，其主要概念探討如下：

①聯邦國本身是一個主權國家，由各成員（邦）所組成的一個主權國家。聯邦各成員（邦）在聯邦國成立前，本是具有主權的政治實體；成為聯邦一份子後，交出其主權予聯邦政府，惟在聯邦憲法規範保障下，各成員（邦）的主權仍受到憲法的保護。以美國為主要的範例。

②美國在 1776 年獨立前，其前身為屬於英國殖民的北美 13 州，各州是聯合起來跟英國打了一場獨立戰爭（1783 年才結束）。各州在打贏了戰爭，獨立建國後，必須成立一個中央政府，為了確保各州（邦）之自主權，乃採用聯邦國之態樣。

③美國各州（邦）自主權之保障，係透過兩個機制：Ａ不管大州、小州皆可派遣代表二名組成參議院，透過參與中央聯邦政府立法，確保地方權；Ｂ聯邦憲法修正須經四分之三以上之州議會通過，是為「州權主義」。

④財政聯邦主義（fiscal federalism）：從財政資源分配與運用的角度，探討各級政府的財政收支劃分關係，並釐清不同政府層級應扮演的功能。聯邦政府並透過財政上之分配權，擴張了中央政府的權力。

⑤新聯邦主義（New Federalism）：基於「還權於地方（州）」的概念，需處理的公共議題發生在哪一層級，就應由該層級政府負責處理，不必事事都由聯邦政府來處理（將部分聯邦政府的責任移轉給州政府）。相對地，聯邦政府

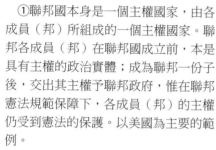

對各州的補助款也大幅刪減。例如，美國的雷根政府，是為「州的復興」。

❷單一國制，當然是具有國家法人的地位，其與聯邦最大差別，在於聯邦國的地方政府是具有高度自治權的，單一國的地方政府則是由中央政府所設置的

①單一國是由數個地方自治團體或中央派出之地方政府所組成的一個主權國家，其組成之地方自治團體或中央派出之地方政府不具有主權地位。在單一國，中央政府是先於地方政府而存在的。地方政府之自治權是中央透過法律或命令所逐步賦予的，但中央要收回，也是可以片面的修改法律或命令而收回自治權。

②以英國、法國、中華民國為主要範例。單一國下的地方自治團體之自治權是受制於中央政府的。

❸發展趨勢

受到全球化與區域化之交互影響，區域性的經濟統合建制大為興盛，而歐盟成功的例子（吾人可定位為準聯邦），讓人們思考區域經濟統合所帶動區域政治統合，提供了單一國家們走向聯邦國之發展可能。

又單一國亦出現地方分權之趨勢，如英國經公民投票，由國會制定《威爾斯政府法》、《蘇格蘭法》、《北愛爾蘭法》設置威爾斯議會、蘇格蘭議會、北愛爾蘭議會等三個「委任分權政府」（devolved government）。

三種制度之代表國

邦聯制	➡	大英國協、獨立國協
聯邦國制	➡	美國、加拿大
單一國制	➡	英國、法國、中華民國

漢彌爾頓之《聯邦論》

漢彌爾頓
A. Hamilton
《聯邦論》

漢彌爾頓等聯邦主義派者為聯邦體制辯護之文獻
係為了讓1787年美國制憲會議所擬的新憲法草案得以在各州州議會通過

反對聯邦條款（為美國獨立之初暫行的法律條款，較重視各州權力，傾向鬆散的邦聯制度）
❶在聯邦條款之制度下，無法產生一個有效率的政府
❷價值偏好於聯邦政府

聯邦制度從臨時性權宜辦法變成了一個制度理念，從歷史上的偶然事件，變成了一項具有永久性的、憲政原理的制度設計

聯邦制是一種垂直的權力分立：有別於水平權力分立（行政、立法、司法）

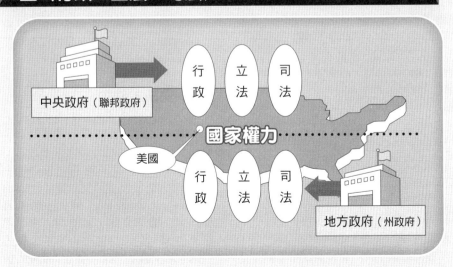

中央政府（聯邦政府）　行政　立法　司法

國家權力

美國

地方政府（州政府）　行政　立法　司法

UNIT 3-11
歐洲聯盟

（一）歐盟背景說明

歐盟（European Union）之成立，可說是為增進歐洲國家的競爭力，乃採取有別於美國所採用的自由資本主義的路線，而以區域統合之手段，透過打破歐洲國家之間的疆界藩籬，尋求經濟乃至政治上的整體性，構築一個共同市場。

歐盟的主要目標略為和平、安全、經濟及社會的團結、更緊密的合作等。參照國家圖書館歐盟資訊中心資料，歐洲聯盟係從 1950 年「歐洲煤鋼共同聯營」開始在政經方面整合歐洲國家，以確保和平的延續性。比利時、法國、德國、義大利、盧森堡、荷蘭是六個創始國。1957 年，《羅馬條約》創立了歐洲經濟共同體（EEC），或稱為「共同市場」。1993 年在商品、服務、勞力和資金流動「四種自由化」下，「歐洲單一市場」更為具體了。1990 年代更簽署了兩種條約，1993 年歐洲聯盟的《馬斯垂克條約》，以及 1999 年的《阿姆斯特丹條約》。歐盟發展階段為：❶ 1945 年至 1959 年，和平歐洲—合作的開始；❷ 1960 年至 1969 年，震盪中的 60 年代—經濟成長時期；❸ 1970 年至 1979 年，歐盟的成長—第一次的擴大；❹ 1980 年至 1989 年，改變面貌的歐洲—柏林圍牆倒塌；❺ 1990 年至 1999 年，無國界的歐洲；❻ 2000 年至今天，進一步擴展的世紀。

（二）歐盟組織機構

依歐洲經貿辦事處資料，歐盟機構的權力由歐盟成立條約賦予，這些成立條約與新憲法相同，由成員國自由協商，並逐一取得每個成員國的批准。至於不受條約管轄的領域，成員國可單獨行使其主權。最為重要的歐盟體制結構闡明條約分別為於 1958 年建立起歐洲經濟共同體的《羅馬條約》及 1993 年生效的《馬斯垂克條約》（歐盟條約）。其他次要條約分別為制定歐洲單一市場框架的單一歐洲法（1987）與《阿姆斯特丹條約》（1999）及《尼斯條約》（2003）。歐盟最主要的組織機構有三：❶歐洲議會（European Parliament）：係由歐洲公民直接選舉產生。職司審查並批准立法議案；在共同決策程序下，議會與部長理事會平等分享該權力；批准通過歐盟預算，及通過重要國際協定；❷歐盟理事會（European Council）：由歐盟成員國政府指派代表組成。主要任務是協調歐洲共同體各個國家間事務，制定歐盟法律和法規；❸歐盟執行委員會（European Commission）：委員會是一個政治上獨立的機構，代表並維護歐盟共同利益。委員會是歐盟制度體制的推動力：其提出立法議案、政策及行動計畫，並負責執行議會及理事會之決策。

除了上述三個主要機構外，尚有：❶歐洲法院（Court of Justice）；❷歐洲審計院（Court of Auditors）；❸歐洲中央銀行（European Central Bank）；❹歐洲投資銀行（European Investment Bank）；❺經濟暨社會委員會（European Economic and Social Committee）；❻區域委員會（Committee of Regions）；❼歐洲監察使（European Ombudsman）等機制。

（三）里斯本條約

2009 年《里斯本條約》（Lisbon Treaty）通過實施，對歐盟主要的變革略有：❶新設任期二年半之歐盟理事會主席；❷合併歐盟外交代表（foreign affairs supremo）與對外事務委員會（external affairs commissioner）；❸更小的歐盟委員會；❹採雙重多數機制：決議必須獲得 55％的成員國和 65％的歐盟人口的同意；❺賦予新的權力予歐洲委員會、歐洲議會、歐州法院。

歐洲聯盟（European Union, EU）

歐洲聯盟（European Union, EU）

一個以條約為基礎的獨特制度架構
界定並管理歐洲會員國之間的經濟與政治合作

會員資格
- 穩定的民主政府
- 良好的人權紀錄
- 適當運作的市場經濟
- 總體經濟符合會員條件

歐洲理事會（Council of Europe）

兩個國際組織	歐洲的區域國際組織，除了擁有 27 個會員國的歐洲聯盟（EU）外，另一人權保障上，扮演重要功能者，為擁有 46 個會員國的歐洲理事會（Council of Europe）。
	英國（UK）退出歐洲聯盟，但仍保有歐洲理事會的會員國。
歐洲理事會的組織結構	秘書長（Secretary General）：由議會（Parliamentary Assembly）選出，任期五年。
	部長會議（Committee of Ministers）：由會員國的外交部長組成，為歐洲理事會之決策機構。
	議會（PACE）：由 46 個會員會選任 306 位議員組成。秘書長、人權專員（Human Rights Commissioner）、歐洲人權法院法官（judges to the European Court of Human Rights），由議會選出。
	地方及區域政府代表大會（Congress of Local and Regional Authorities）：由地方政府議院（Chamber of Local Authorities）、區域政府議院（Chamber of Regions）的 306 名代表（representatives）及 306 位替補代表（substitutes），共 602 位代表（Congress members）組成，任期五年，代表 46 個會員國的約 13 萬地方及區域政府。大會下設監督委員會（Monitoring Committee）、治理委員會（Governance Committee）、社會包容委員會（Governance Committee）。
	歐洲人權法院（European Court of Human Rights）：各會員國提出三位法官候選人名單，由議會（PACE）選出，任期九年，不得連任。歐洲人權法院功能，在保障《歐洲人權公約》（European Convention on Human Rights）的權利。
	人權專員：就侵犯人權行為，獨立行使職權。
	非政府組織會議（Conference of INGOs）：本會議包含 400 多個國際非政府組織（international Non-Governmental Organisations），將民間的聲音傳達給歐洲理事會。

第 **4** 章

民主的模式與實踐

●●●●●●●●●●●●●●●●●●●●●●●● 章節體系架構 ▼

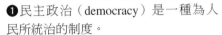

UNIT **4-1**
民主的意涵與形式（一）

（一）民主政治的淵源與定義

❶民主政治（democracy）是一種為人民所統治的制度。

❷最早出現民主政治的政體可以上推至古希臘的雅典民主。希臘雅典公民會議，是「直接民主」的體現，只要是雅典的公民都有平等的發言權及表決權（然而整個雅典城邦社會中僅少數人具有公民的身分，這些公民因為有奴隸分擔其生產勞動工作，乃有較多的時間參與城邦事務）。

❸現代國家之民主政治多採行「代議政治」，代議政治的民主可說是淵源於羅馬時期的元老院（但元老院由卸職的執政官和其他有權勢的貴族組成，不是民選的）。

❹筆者對民主政治之定義為：「透過自由競爭之選舉制度，讓統治者的產生經由被治者同意，藉以保障人民之權利之制度機制。」

❺依道爾（R. Dahl）觀點，民主政治要件有：①經選舉產生之官員；②自由競爭之公平選舉；③表達意見之自由；④接觸各種不同來源之訊息：⑤民間團體之自主性；⑥包容性之公民身分。

❻自由之家（Freedom House）自 1972 年開始，藉由「政治權利」、「公民自由」兩個指標來將世界上國家依民主程度區分為：①自由式的民主國家；②選舉式的民主國家；③不自由的國家。

（二）民主的形式：直接民主
　　　（公民投票）與代議民主

❶依林嘉誠、朱浤源編著的《政治學辭典》一書的定義：

①直接民主（direct democracy）

係指國家一城鎮或其他政治社區，由人民直接治理，人民治理方式乃藉由所有人民直接參與決策，而不是推選代表，間接行使治權。直接民有其限制性，因為唯有在人口不多，全體成員可以固定集會的小型政治區域，才可能行使，如希臘的城邦政治。

②代議民主或代議政府（representative government）：

係指一種民主的政府制度，由人民選舉代表，作為他們的代理人，以制定與執行法律與決策。權威性政權往往也有代議制的門面，但他們缺乏責任民主政府的要素。

❷依據憲法主權在民之原則，為確保國民直接民權之行使，我國特制定《公民投票法》。所謂公民投票，包括：

①全國性公民投票適用事項如下：

Ⓐ法律之複決。

Ⓑ立法原則之創制。

Ⓒ重大政策之創制或複決。

②地方性公民投票適用事項如下：

Ⓐ地方自治條例之複決。

Ⓑ地方自治條例立法原則之創制。

Ⓒ地方自治事項重大政策之創制或複決。

③預算、租稅、薪俸及人事事項不得作為公民投票之提案。公民投票事項之認定，由公民投票審議委員會為之。

古希臘政治

古希臘以其城邦政治著名	重要的城邦（polis）	雅典（Athens）
		斯巴達（Sparta）
		底比斯（Thebes）
		科林斯（Corinth）
		阿戈斯（Argos）
最特別是雅典的民主政治	人民參政的機構	公民大會
		五百人會議
	城邦的事就是人民的事	政治是由多數人決定
	公共事務主要是由男性決定	女性極少參與公共事務

直接民權與間接民權

| 直接民權 | referendum一詞在我國憲法學中，稱之為複決 | 與罷免（recall）創制（initiative）合稱為直接民權 | 主權在民原則的表現 |
| 間接民權 | 選舉的目的在於選出代表以組成議會 | 人民對國家意志的形成並非直接參與 | 而係透過選出的代表間接形成 |

憲法修正案之複決

| 憲法本文 | 第174條第2款 | 有立法委員四分之一之提議，四分之三之出席，及出席委員四分之三之決議，得提出憲法修正案 | 開會前半年公告 | 交由國民大會複決 |
| 憲法增修條文 | 第1條 | 立法院提出憲法修正案 | 公告半年 | 中華民國自由地區選舉人投票複決 |

民主政治原則

主權在民	對人民負責之政府
	有意義之選舉
	人民有持反對意見與不服從之權利
政治平等	一人一票，票票等值
	每個人都有平等表達意見之自由與爭取政治職位之機會
大眾諮商	政治體制具有特定機制來瞭解人民之需求與期待
	人民之意見成為決策者決策時之主要參考
多數決	多數要尊重少數
	取得多數之執政者仍應受憲法或法律規範之限制

UNIT **4-2**
民主的意涵與形式（二）

有關直接民主與代議民主之優缺點，可分述如下：

①直接民主（公民投票），強調「少數服從多數」，是人民民意之直接展現，不會受到代議士的扭曲（但因過於側重多數決，有可能成為多數暴力）。這正是《公民投票法》第 1 條第 1 項所揭櫫國民主權之展現：「依據憲法主權在民之原則，為確保國民直接民權之行使，特制定本法。本法未規定者，適用其他法律之規定。」

②代議政治，可體現民主的核心價值（妥協），重視「多數尊重少數」。但代議士可能無法忠實地反映人民需求。

③代議政治側重多數尊重少數之「妥協」價值，是直接民主只重視的少數服從多數所無法獲致的。如立法院的黨團協商機制，小黨可藉此與大黨協商議價，大黨也必須與小黨妥協，立法程序才能順利。

④直接民主（公民投票）係針對重大議題讓公民直接做決定，是在彌補代議政治的間接民主下民意被扭曲之缺失。

❸直接民主之限制與前提

①限制性：在議題上之限制，涉及基本人權、權力分立制度、人性尊嚴、正當程序等憲法核心課題是不得公投的。

②前提性：須先有充分且對等之資訊的散布及公眾辯論的程序後，才能進行投票，以求獲得一理性的投票結果。

員依其所屬政黨參加黨團。每一政黨以組成一黨團為限；每一黨團至少須維持三人以上。」復依《立法院職權行使法》第十二章（第 68 條至第 74 條）規範了「黨團協商」機制。立院的黨團協商係由各黨團代表達成共識後，應即簽名，作成協商結論，並經各黨團負責人簽名，於院會宣讀後，列入紀錄，刊登公報。而黨團協商結論經院會宣讀通過，或由院會就異議部分表決後，出席委員不得再提出異議；逐條宣讀時，亦不得反對。

立法院黨團協商是一個法制化機制，亦是立法程序中一個重要的環節，而在立法院實際政治運作上，經過各黨團協商後皆簽字的法案都能順利完成立法程序。但若黨團協商破裂，而立法院要強行表決，就會產生爭議；如 2007 年中央政府總預算案因中選會組織法，年度已經開始卻都無法通過。

而立法院本身就是一個高度「妥協」的機關。立法院黨團協商機制本質上就是一個重視「多數尊重少數」之機制。亦即，先透過「多數尊重少數」之黨團協商，獲致公共政策或法案共識後，再循「少數服從多數」之表決程序完成立法程序。

😊實例說明

依《立法院組織法》第 33 條第 1 項：「每屆立法委員選舉當選席次達三席且席次較多之五個政黨得各組成黨團；席次相同時，以抽籤決定組成之。立法委

直接民主與代議政治

直接民主	民主政治	代議政治
少數服從多數		多數尊重少數
國民主權體現		妥協與共識

立法院職權行使法

多數尊重少數

少數服從多數

立法院組織法：建構「黨團」機制
立法院職權行使法：「黨團協商」機制

完成表決程序

黨團協商運作簡介

協商類別	為協商議案或解決爭議事項	得由院長或各黨團向院長請求進行黨團協商
	院會審議不須黨團協商之議案	如有出席委員提出異議，10人以上連署或附議，該議案即應交黨團協商
	各委員會審查議案遇有爭議時	主席得裁決進行協商
時限	議案自交黨團協商逾1個月內無法達成共識者，由院會定期處理	
協商結論之效力	依立法院職權行使法第72條及第73條之規定處理	

菁英理論與多元主義

權力菁英			分化之權力
壟斷之選舉			負責之選舉
寡頭控制之團體	菁英理論	多元主義	團體政治

UNIT **4-3**
民主理論的模型（一）

圖解政治學

（一）古典式民主（classical model of democracy）

❶係古希臘雅典的公民參與公民大會來決定公共事務之直接民主經驗，古雅典的民主制度的安排必須體現平民參政的原則與精神。這種奠基於公民（個體）間政治平等的古典民主政治理論之條件有：

　①公民關心政治，且有強烈的動機與其他公民討論。

　②具有充分的知識與資訊。

　③基於理性的思考來做出政治決定或判斷。亦即，在城邦裡，公民只有藉由參與政治，方能證明其為一個人的價值（亞里斯多德所謂人是政治的動物）。公民條件有二。

　🅐一定的資產。

　🅑雅典當地居民。

❷雅典公民能有較多閒暇時間從事公眾事務討論是因為有奴隸制度之存在，同時女子是不能參加公民會議的（參與者具有同質性）。公民與奴隸間只有隸屬之所有權關係，並無平等關係。故古希臘雅典的民主是一種奴役制度之上（階級內）的民主制度。

❸也可說是一種古典的「參與式民主」（participatory democracy），因為其體現了民主的核心價值——自由與平等。

（二）保護式民主（protective democracy）

❶洛克以自然權利的概念，從訴諸以個人為基礎之社會契約說，推導出其對政府之設計：政府僅在維持社會秩序及提供公正裁判者之司法審判功能。故透過權力分立之憲政設計，來限制政府之權力、保障人民之權利，是為保護民主之精義。

❷功利主義（Utilitarianism）為理論基礎，認為效益（utility）是評斷任何事物具有價值之「善的」（good）之重要標準，並主張將民主作為使政府利益與公眾利益取得一致的一種方法，也就是主張每個人的最大自由和其他人之自由權重是一致的。早期功利主義者主張自由經濟，故反對政府介入經濟事務，乃產生小政府（夜警國家）的思維。

（三）發展式民主（developmental democracy）

❶發展式民主將焦點放在對個人與社群的關心，將民主政治當成一種手段或途徑，公民藉由參與民主政治，可以學習到民主的價值與瞭解公共事務；透過對人類個體和社群的關心，藉此人類可以達到自由的境界。

❷盧梭的《民約論》（The Social Contract）認為，只有人民以直接民主的方式持續且積極地參與政治與社群生活時，公民才是自由的，最大的自由是服從全意志（general will）。

😊實例說明

全意志係指社會全體福祉之總和，是來自於全體的共同意志，且是基於公共之利益。

古希臘雅典的古典式民主

古希臘雅典的古典式民主

➡ **公民條件**
❶ 一定的資產
❷ 雅典當地居民

➡ **古典民主政治條件**
❶ 公民關心政治，且有強烈的動機與其他公民討論
❷ 具有充分的知識與資訊
❸ 基於理性的思考來做出政治決定或判斷

保護式民主──夜警國家

洛克

洛克觀點	自然權利概念	社會契約說
政府角色	政府僅在維持社會秩序	且應受到法律之拘束
	私人及社會、經濟事項，則應由個人本於自由競爭原則進行	最少統治即最好政府
國家任務	如同夜間警察一般，僅在維持治安	夜警國家
	立憲主義	權力分立
衍生概念	依法行政	基本權利之保障

盧梭──全意志

盧梭

盧梭觀點	全意志是所有人的意思
	法律是全意志的表現
	服從法律就是自由，也是符合道德的期待
全意志的構成條件	全民參加
	全體為對象
	以公益為目的

UNIT 4-4
民主理論的模型（二）

（四）菁英式民主（elite democracy）

❶民主政治實際上並非人民統治，而是人民選出菁英，而菁英進行統治與決定公共政策，又稱「菁英民主理論」。即在實際政治生活中，任何一個政體都是由少數政治菁英所領導與統治的；民主的作用在於賦予人民有選擇權（透過投票決定由哪些政治菁英來取得統治權）。民主是「人民在不同的競爭菁英中選擇最能代表人民利益者，成為統治者」。因強調政治行為的經驗（實證）性研究，又可稱之為經驗民主理論（empirical democracy theory）。

❷按熊彼得（Joseph Schumpeter）於《資本主義、社會主義及民主政治》（*Capitalism, Socialism and Democracy*）一書觀點，民主政治的方法，乃是一套制度的安排，以獲得做各項之政治決定，使個別的人士經向人民爭取選票的支持，來獲得做決策之權力。另外，道爾（Robert Alan Dahl）所提出的「多元政體」（Polyarchy），將民主視為負責任菁英之間的競爭，亦屬於菁英民主的範疇。

（五）參與式民主（participatory democracy）

❶強調民主政治中公眾參與的重要性，而參與的面向不是只有選舉時之投票，還須有其他之政治參與。認為公民應積極參與公共事務議題（特別是與自身利益有關之公共事務），並透過討論中理性地表達自己的觀點，最終以合理性作為決策的原則；進而，能夠發展人的思想、感情與行動的力量。

❷例如，巴西南部的阿雷格里港（Porto Alegre），一個以參與式民主而聞名於世的城市，民間團體的介入結合了創新民主政制的改革。阿雷格里港和很多其他地區的公共事務一樣，人們直接參與決定預算案和供水設施的優先權。透過公眾會議的過程，每個公民都有權選擇哪個新投資有優先權。在阿雷格里港，公眾參與制定預算扮演重要的角色。對於公用事業來說，公民的積極參與，他們所具有地點獨特知識，本身就是一種資產。公民對擁有權的意識日益提高促進付費的意願，因此可以實行新的投資和維修。高透明度不言而喻就是改進，也可以減少貪污的風險（TNI, CEO, 2005: 217）。

（六）審議式民主（deliberative democracy）

❶審議民主指所有與公共政策有關的公民或利益團體代表，都應該能夠參與決定的作成，而決定的作成，是經由公共討論、辯論的方式來形成；讓來自不同生活經驗與背景的公民都能參與，能在一個彼此尊重、相互諒解的基礎上去凝聚共識。審議民主提供了公民能夠暢所欲言表達其意見之公共空間，也能確保與公共政策相關的政策制定者在各種不同之利益價值基礎，進行較為坦誠的溝通與對話。

❷審議民主之參與工具略有公民會議（consensus conference）、審慎思辯民調（deliberative polls）、公民論壇（citizen jury）、願景工作坊（scenario workshop）、學習圈（study circle）和開放空間（open space）等。也因為審議民主可使行政機關在政策擬定與決策過程，採取更開放和直接的方式，與民眾有更良性的互動溝通，呈現更多元周延的意見，故亦有「行政民主」（administrative democracy）之稱。

熊彼得的菁英式民主

熊彼得

熊彼得觀點	又稱「菁英競爭式民主理論」
	不管人民參與民主的程度有多少
	政治權力始終都是在菁英階層當中移轉
	民主政治只是一種程序與規則，一種制度性機制運作，本身不具有崇高的目標
	民主程序的發動，係來自居上位的政治菁英，而不是底層的民眾

道爾的多元政體（Polyarchy）

道爾

道爾觀點	多元政體實踐上之條件 需要相當程度的社會多元結構之配合	
核心概念	競爭	參與
	分權	制衡
政治的本質是	人們經由各種不同的團體彼此競爭、妥協、互動	政府最基本的責任就是保障各利益團體都擁有追求利益的機會，避免某個體團體壟斷利益
	以「利益團體」為主軸的開放競爭	
民主政治的標準	有效參與	充分資訊
	平等投票	控制議程
	普遍公民資格	

審議式民主

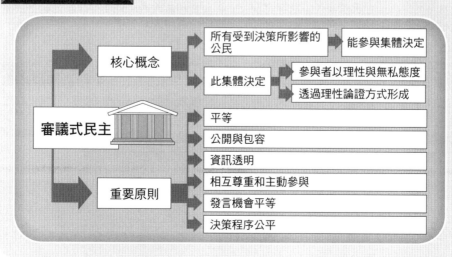

審議式民主

核心概念
- 所有受到決策所影響的公民 → 能參與集體決定
- 此集體決定 → 參與者以理性與無私態度
- 透過理性論證方式形成

重要原則
- 平等
- 公開與包容
- 資訊透明
- 相互尊重和主動參與
- 發言機會平等
- 決策程序公平

UNIT **4-5**
多數決模型與共識模型

圖解政治學

李帕特（Arend Lijphart）在《民主類型：三十六個現代民主國家的政府類型與表現》（*Patterns of Democracy: Government Forms and Performance in Thirty-Six Countries*）一書中，透過對三十六個國家政府的分析證明，民主政治可以以各種不同方式實現，其中最顯著的兩個形式是以英美為典型的多數決模型，以及以瑞士和比利時為典型的共識模型。

（一）多數決模型（majoritarian model）

政治體制最為接近於多數決模型的國家是英國，因為英國的國會大廈（House of Parliament）就位於西敏寺（Westminster），故此模型又稱為「西敏寺民主」。這個模型是強調獲得多數選民支持的政黨取得執政權，另一政黨則在野監督，係採行「兩黨制之政黨體系」的型態；而投射在選舉制度上則為「單一選區相對多數選舉制」。多數決模型主張，取得人民多數選票支持的執政黨在其任內，在民意賦予下掌握完全的權力，推動其政綱與政見；到了下一次全國大選，由選民以選票來檢驗其執政期間的施政作為，決定是否繼續給予執政權或政黨輪替（由在野黨執政）。多數決模型通常是用於無國家認同上爭議（無分離主義）或政治文化同質性高的國家。

多數決模型特徵包含了有利於兩黨體系之單一選區相對多數決選舉制度、兩黨體系所促成之單一政黨執政內閣、多元對抗的利益團體，以及行政部門的權力大於立法部門。

（二）共識模型（consensual model）

政治體制最為接近於共識型模型的國家是比利時及瑞士，強調包容與妥協，決策的作成要求取得盡可能之多數，故又稱為「協商式民主」。透過權力分享，讓少數族群或政治勢力能夠選出其代表，參與公共政策之決策，藉此化解歧見、調和差異。故係以「多黨制之政黨體系」為基礎，盡量讓各政黨在國會中都有其代表，而形成聯合內閣（coalition）；藉此讓決策之作成具有妥協性及共識性。投射在選舉制度上則為「比例代表制」（有利於小黨）。共識模型通常是用於在國家認同上具有爭議（即分離主義）或政治文化異質性高的國家，透過「政治權力分享」讓持分離主義者或政治次文化能夠留在政治體系內，進而透過妥協、協商獲得共識，藉以降低衝突性與對立性。

共識模型特徵包含了有利於多黨體系之比例代表制的選舉制度（杜瓦傑定律）、多黨體系所促成之聯合內閣、統合式利益團體，以及行政部門與立法部門採權力平衡。

小博士解說

促使異質性高社會趨向同質性，並化解多元分歧社會的政治對立之途徑有二：❶共識型民主；❷政治社會化。

多數決模型與共識模型之比較

「行政—政黨」面向	模 式	政黨體系	行政權集中或分散	行政與立法權關係	選舉制度	利益團體態樣
	多數決模型	兩黨制	集中	行政權大於立法權	相對多數決	多元對抗
	共識模型	多黨制	分散	立法權大於或等於行政權	比例代表制	統合式

「聯邦制—單一制」面向	模 式	單一國或聯邦國	國 會	憲 法	司法審查	中央銀行
	多數決模型	中央集權	一院制	柔性憲法	無	隸屬行政部門
	共識模型	聯邦分權	兩院制	剛性憲法	有	獨立

比利時社會及政治概況（Kingdom of Belgium）

語 言	北部佛拉芒區：主要語言為荷語		東部：主要語言為德語
	南部瓦龍區：主要語言為法語		布魯塞爾：雙語區（荷語與法語）

政治制度	1830年獨立建國後行君主立憲，採單一國；1970年修憲改採聯邦國		
	由語言社群（Communities）及地區（Regions）所構成之聯邦國	三個語言社群為❶the Flemish Community；❷the French Community；❸the German-speaking Community	
		三個地區為❶the Flemish Region；❷the Walloon Region；❸the Brussels Region	
		四個語言地區為❶the Dutch-speaking region；❷the Frenchspeaking region；❸the bilingual region of Brussels-Capital；❹the German-speaking region	
	內閣制，設有虛位元首（國王）		
	二院制國會（參議院及眾議院）	眾議員150名，由18歲以上公民以比例代表制選出	
		參議員71名	40名直選產生	其中15名由法語選舉人團（French electoral college）選出，25名由荷語選舉人團（Dutch electoral college）選出
			31名為任命參議員	10名由佛拉芒社群議會（Parliament of the Flemish Community）任命、10名由法語社群議會（Parliament of the French Community）任命、1名由德語社群議會（Parliament of the Germanspeaking Community）任命、6名由所有荷語議員聯合提名任命、4名由所有法語議員聯合提名任命

地方層級	省（province）	10個（West-Vlaanderen、Oost-Vlaanderen、Antwerpen、Limburg、Vlaams-Brabant、Waals-Brabant、Henegouwen、Namen、Luik、Luxemburg）
	市鎮（commune）	589個：❶308 Flemish cities and communes；❷262 Walloon cities and communes；❸Brussels-Capital Region covers nineteen communes

主要政黨	荷語自由黨（VLD）	荷語社會黨（SPA）
	荷語基民黨（CD&V）	荷語佛拉芒利益黨（VB）
	法語社會黨（PS）	法語改革運動（MR）
	法語民主人道中心（CDH）	法語生態黨（ECOLO）

UNIT **4-6**
民主政治實踐成功條件

有關民主政治實施成功的條件，主要可從社會文化、經濟發展、政治發展等面向來探討如下：

（一）社會文化之條件

❶人民要有民主政治的觀念價值，具備有個人主義下權利與義務的觀念。同時人民的識字率與教育程度要有相當的水準。識字率或教育程度過低的社會，政治知識貧乏，人民大多對政治不感興趣。

❷社會有充分的言論自由，人民能夠包容不同意見的言論；特別是具有自由與自律的媒體。

（二）經濟發展之條件

❶李普塞（Seymour Martin Lipset）在《民主的社會條件：經濟發展和政治合法化》（*Some Social Requisites of Democracy: Economic Development and Political Legitimacy*）一文中，運用量化指標（如國民所得、汽車、電話、收音機等）發現凡是民主政治實行得較成功的國家，其國民所得較高，經濟生產方式也較現代化；經濟發展愈好的國家，民主政治較易為維持。惟李普塞指出若干社會條件也會影響民主之實踐是否能夠成功，其中最重要的是「社會和諧度」。倘若一個社會在種族、宗教、階級等是高度分歧的，政治人物與政黨間鬥爭容易趨於激烈，不易獲得共識與妥協，自然也不易培養容忍精神，對民主政治的實踐與維持就高度困難。

❷民主可以有效保障財產權（property rights），人民更有意願積極追求經濟利益，故民主和經濟發展是相輔相成，即「環境論」觀點，經濟發展能夠為民主政治提供一個有利的成長環境。

❸這是因為隨著國家經濟發展到一定程度，社會結構也會趨於複雜化，社會結構更加的分化；中產階級與各種社會組織、利益團體出現。一般人民也會因為經濟較富裕，而有閒暇去關心政治及參與政治，一種獨立於政權控制之外的社會團體，即市民社會（civic society）乃形成。

❹認為政治民主化的議題具有獨立性者，則認為經濟發展（經濟權力重分配）不一定能導致民主化（政治權力重分配）。經濟發展可能是由於發展式國家所帶動的。

（三）政治發展之條件

❶制度面的憲法應為具憲政主義（constitutionalism）意涵的民定憲法，一個各政黨、政治人物皆能接受的選舉制度（遊戲規則），以及一個獨立的司法體系。

❷政治文化是以「參與式」的政治文化較佳，同時朝野政黨與政治菁英間對於爭議性議題，能有效妥協、凝聚共識。

❸文官統率軍隊和文權高於軍權，軍隊的目的是保國衛民，在於保衛社會，而非塑造社會；「文人治軍」得以確保國家的價值體系、各項建制和政策是出自人民的自由選擇，而不是軍方的意志。

同質性社會與異質化社會（李帕特）

同質性社會 （homogeneous）	➡	有80%以上的人口	⬅	信仰相同的宗教
				使用相同的語言
				屬於同一種族血統
異質化社會 （heterogeneous）	➡	不符合同質性社會條件者		

李普塞：經濟影響政治

李普塞

運用量化指標 ← 量化指標

社會和諧度

經濟發展愈好 → 行為主義之研究方法

民主政治愈成功

文人治軍：防止軍人干政

國防政策	非僅止於軍事作戰的層面	係建立在國家總體政策之上	
國防二法	國防法	國防部部長為文官職，掌理全國國防事務（第12條）	文人治軍
	國防部組織法	國防部文職人員之任用，不得少於預算員額三分之一（第11條）	
	國防法	中華民國陸海空軍，應超出個人、地域及黨派關係，依法保持政治中立（第6條第1項）	軍隊國家化
釋字第205號	現役軍人不得擔任文官	防止軍人干政	維護民主憲政之正常運作

政府管理能力與負責能力

| 管理能力（governability） | ➡ | 建構國家認同、獨立司法體系、公正選舉機關、肅貪機構、金融監督管理機關 |
| 負責能力（governmental accountability） | ➡ | 垂直負責：民選公職人員對人民負責
水平負責：政府內部監督機制，如肅貪機構 |

UNIT **4-7**
民主化與民主鞏固（一）

（一）三波民主化浪潮

根據哈佛大學教授杭廷頓（Samuel P. Huntington）於 1991 年出版之《第三波——二十世紀的民主化浪潮》一書，認為民主化過程分為兩階段：一是民主革命的權力轉移階段（power transition），即統治的權力由軍事政府或威權政府移轉至民選文人政府；第二階段則為民主鞏固時期，即民主政治制度如何建立與獲得正當性基礎。杭廷頓並將民主化分成三個階段：

❶第一波民主化浪潮，是從法國大革命和美國獨立革命開始（大約自 1820 年代至 1926 年），建立了歐美為主的 29 個民主國家。而對第一波民主化的反動（回潮），則始於 1922 年義大利的墨索里尼（Benito Amilcare Andrea Mussolini）之法西斯政權取代了民主政體。緊接著立陶宛、波蘭、拉脫維亞及愛沙尼亞的民主制度亦被軍事政變所推翻。德國納粹希特勒（Adolf Hitler）在 1933 年也以法西斯政權取代了民主政體，1936 年的希臘、1926 年的葡萄牙等都由獨裁政權、威權體制或軍人統治取代了民主政體。

❷第二波民主化浪潮，在 1945 年第二次世界大戰後到 1962 年，在西方結束其殖民統治後的新興民主國家。此階段民主化的政權過去是被殖民地或法西斯國家、個人軍事獨裁政權。此波民主化的反動（回潮），在政治發展和政權轉型上出現了強烈的威權主義色彩。例如 1957 年印尼的蘇卡諾（Bung Sukarno）、1972 年菲律賓的馬可仕（Ferdinand Marcos），特別是在拉丁美洲國家更為明顯。

❸第三波民主化浪潮首先出現在 1974 年，南歐的葡萄牙結束其獨裁政權，改採民主政體；民主政權在歐洲、亞洲和拉丁美洲國家取代了威權政權。這個階段的民主化風潮使得軍事獨裁者交出政權，也讓共產主義國家垮台。例如：厄瓜多、烏拉圭、宏都拉斯、蘇聯、匈牙利及東德等。

（二）民主化之動因

民主化動因分為國際政治與國內政治兩個面向，在國際政治面向上包含：❶國際政治情勢之變化，如冷戰結束；❷國際建制之影響，如國際人權公約之施行或國際人權組織之作為。在國內政治面向上包含：❶國內政治環境之變化，如經濟發展、社會力解放；❷統治菁英的抉擇，如南非總統戴克拉克結束種族隔離政策。

😊實例說明

依朱雲漢觀點，臺灣的政體轉型過程可以明顯分為兩個階段，第一階段是由蔣經國開啟政治自由化的過程，第二階段是由李登輝完成民主化改革的過程。在臺灣的民主化過程中，反對運動的發展受制於兩項特殊的歷史條件，使臺灣的政治衝突結構的演變過程也與拉丁美洲及東歐國家明顯不同。這兩項條件簡單來說，一是戰後的國家結構建構過程，一是戰後的外向型工業化策略所形塑的經社結構。前者引發省籍對立的政治化與國家結構的正當性危機，使得民主改革衝突益形複雜；後者使得反對勢力無力發展截然不同的經社發展策略。臺灣的民主鞏固必須面臨四項難題：❶憲政體制的制度化運作；❷建立制度化的政黨公平競爭環境；❸改良代議民主的品質；❹克服臺灣民主鞏固的外部限制。

三波民主化的時間及範例

	第一波民主化	第二波民主化	第三波民主化
時　間	1820－1926	1945－1962	1974－
浪潮（民主化）	美國、英國、法國、義大利、阿根廷	西德、義大利、日本、印度、以色列	葡萄牙、西班牙、拉丁美洲、亞洲、東歐國家
回潮（反民主化）	義大利、德國、阿根廷	印尼、菲律賓、巴西、智利	

極權政體與威權政體

極權政體特徵（Carl J. Friedrich 觀點）	一個極權主義者的意識型態	一個通常由獨裁者所領導的單一政黨致力於實踐其所奉行的意識型態
	一個完全發展的秘密警察組織	對大眾傳播工具所做的壟斷
	對作戰武器上的壟斷性控制	對所有社會組織所做的壟斷性控制，包括一個由中央計畫的經濟體制
威權政體特徵（Juan J. Linz觀點）	有限的政治多元化（limited political pluralism）	
	非意識型態化（distinctive mentalities）	
	有限的政治動員（limited political mobalization）	
威權政體的型態（Larry Diamond 觀點）	競爭威權 ➡ 容許競爭選舉	但政治與社會自由程度處於低度自由狀態
	霸權選舉威權 ➡ 僅有象徵性的選舉	如果不反對和挑戰政權，則容許反對黨、媒體、社會組織很有限的生存空間
	政治封閉威權 ➡ 不存在有意義的選舉	政治和社會自由程度處於不自由
威權政體的次類型（Hadenius & Teorell觀點）	君主威權政體	軍事威權政體
	無黨威權政體	一黨威權政體
	有限多黨威權政體	

UNIT **4-8**
民主化與民主鞏固（二）

有關民主鞏固（democratic consolidation）的概念，探討如下：

❶民主鞏固最簡單的意義，就是人民已經接受並確信民主機制是解決公共事務爭議的最好方式，且也願意遵循民主機制所規定的程序與方式來參與公共事務的決定。

❷杭廷頓提出幾個有利於促進新興民主國家民主鞏固的條件為：①只有極少數國家是在初次嘗試中即建立穩定的民主體制；②經濟發展水準愈好愈有助於民主政權的存在；③國際政治及外國民主國家勢力在第三波民主國家的肇建中扮演著重要的角色；④民主轉型的時機也影響著一個國家的民主鞏固；⑤政治文化面向，如政治菁英和民眾如何看待新興民主國家所必須處理的各種議題（特別是當新民主政府無力解決這些問題時人民的反應）。

❸杭廷頓進一步提出了一種衡量民主鞏固程度的標準，就是所謂的「雙輪替檢驗」（two-turn-over test），在轉型期的初次選舉中，取得政治權力的政黨或團體，在接下來的選舉中失利，並且把政權和平地交給次一屆選舉中的獲勝者；亦即統治者願意服從選民的抉擇，依據公平競爭選舉的結果來移交政權。

❹依林茲（Juan J. Linz）及史迪潘（Alfred Stepan）兩位學者的看法認為，新興民主國家是否是一個民主鞏固的國家，涉及了下列三個層次問題：①行為的層次：沒有任何政治的、社會的、經濟的或制度的行動者，投入可觀的資源試圖藉建立非民主政權或透過分離主義運動來實現其目標；②態度的層次：社會上大多數的民眾相信並支持民主的程序和制度（即使在重大經濟問題出現或對現任政府領導者極度不滿），但仍然服從民主的機制與程序；③憲政的層次：政府或非政府的力量，都服從或已習慣由民主政治所建構之明確法律、程序及制度而形成的解決各種政治衝突之架構。

😊實例說明

在 1990 年代，歐洲產生了「蘇東波」的巨變，所謂「蘇聯」與「東歐」之「第三波民主化」浪潮，從代表冷戰對立的柏林圍牆倒塌、羅馬尼亞獨夫希奧塞古被槍決、立陶宛宣布脫離蘇聯到蘇聯放棄共黨專政，接受了民主政治，可說是 20 世紀的世紀大事。而這些前蘇聯與東歐共產國家在揚棄共產主義後，都採取了現代民主政體，其中俄羅斯、烏克蘭、波蘭、克羅埃西亞、羅馬尼亞等皆採行了「雙首長制」；其他東歐國家如阿爾巴尼亞、保加利亞、捷克、匈牙利、馬其頓等皆採行了內閣制。由此，我們可以思考一個問題：「民主鞏固與制度設計」間是否有相關性？若依林茲的觀點，內閣制較總統制更有利於民主的長久。這似乎可以解釋前蘇聯及東歐國家多採行內閣制（或具有內閣制部分特徵的雙首長制）。基本上，第三波民主化的共同特徵為：妥協、選舉、非暴力。特別應注意的是，促進民主政權誕生的因素，未必有助於民主政權的鞏固。

民主化的兩個可能方向

民主化 → 民主機制之深化 → 民主鞏固

民主化 → 軍事政權復辟 → 反民主化

瑞士之政制設計

參議院 （Council of States）	20個邦	每個邦選出2名	
	6個邦各選出1名	Obwald, Nidwald, Basel-City, Basel-Country, Appenzell Outer Rhodes, Inner Rhodes	
眾議院 （National Council）	比例代表制	每個邦為1個選區	全國總計有26個選區
	法案或議案成案前	須先與各政黨、利益團體以及各邦進行商議	
聯邦行政委員會	7名行政委員組成	依照政黨比例的原則	巨型聯合內閣
		族群平衡	德語4至5名
			法語1至2名
			義語1名

蘇聯與東歐新興民主國家之民主鞏固

「蘇聯」vs.「東歐」
蘇東波

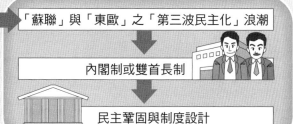

「蘇聯」與「東歐」之「第三波民主化」浪潮

↓

內閣制或雙首長制

↓

民主鞏固與制度設計

道爾的民主化途徑

兩個指標	三個途徑		七項特質
	途徑	例子	民選產生的官員
自由化 （公開競爭） vs. 包容性 （參與）	自由化先於包容性	接近英國與瑞典	自由且公平的選舉
			普遍的選舉權
	包容性先於自由化	德國由帝國至威瑪共和	參與公職選舉的被選舉權
			言論自由權
	捷徑（同時自由化與 包容性）	法國自1789年至1792年	新聞自由權
			結社自由權

UNIT **4-9** 轉型正義

「轉型正義」（transitional justice）又稱之為「回溯正義」，轉型正義成為當今學術界熱門的議題，主要是因為第三波民主化的刺激。新興民主國家（特別是東歐新興民主國家）如何處理過去威權或軍事政府所犯下侵犯人權、剝奪生命和自由、凌虐人道等罪行之加害者；如何對過去政府暴行和不正義行為加以彌補。在民主化之後，人民也都期待這個新的民主政府能對加害者施以法律的懲罰，如果新的民主政府不回應人民的期待（滿足人民的回溯正義），不對加害者做某種程度的懲罰，新政府的合法性和支持度經常會受到很大的影響。故，轉型正義主要在對過去的迫害者追究其罪行，並追討其不當取得利益，以及消除歷史不正義的象徵，是一種「遲來的正義」。

依中央研究院研究員吳乃德觀點，轉型正義所面對的難題：

❶如何處理過去威權時期犯下侵犯人權、剝奪生命和自由、凌虐人道等罪行的加害者。加害者包括威權政府的統治核心權力菁英，以及接受其指令的較低階執行者。

❷在這一波民主化中崩潰的威權體制，大多曾經維持相當長的時間。威權政體在漫長的統治過程中，創造了不少的支持者和同情者。追究政治領導階層的罪行，經常造成社會的緊張和分裂。特別是如果對威權統治的支持和反對，是以族群或種族為分野（如南非），這個問題就更不容易處理。

❸界線的劃定問題，威權體制並不是獨裁者一個人的功業，他需要各個階層、各行各業的人幫助他。如果我們要追究侵犯人權的政治和道德責任，我們的界線何在？

又依《促進轉型正義條例》第 2 條，設置促進轉型正義委員會，為二級獨立機關，職司：❶開放政治檔案；❷清除威權象徵、保存不義遺址；❸平復司法不法、還原歷史真相，並促進社會和解；❹不當黨產之處理及運用；❺其他轉型正義事項。

實例說明

如，南非師法智利和阿根廷而成立的「真相與和解委員會」（Truth and Reconciliation Commission, TRC），並由曾經獲得諾貝爾和平獎的黑人主教圖屠（Archbishop Desmond M. Tutu，曾於 2007 年 4 月下旬來臺訪問）擔任主席，來處理南非在黑人執政後，如何面對過去種族隔離體制下之白人凌虐黑人之轉型正義問題。南非處理轉型正義基調為，如何讓歷史真相還原澄清？如何讓加害者能懺悔檢討？如何讓受害者獲得正義感及安慰？如何讓後代及歷史記取教訓？更重要的是，如何避免國家社會之分裂？最後決定，採取在加害者完整交代其罪行的條件下，給予法律上的豁免之處理方式。

小博士解說

民主政治之優點略有：❶重視個人價值；❷重視政治平等；❸促進文明與和平。而一個民主鞏固的國家，能夠把民主的價值深植到心理、社會和政府制度之中。

而影響民主政治實踐成功之因素：❶憲政體制；❷選舉制度與政黨體系；❸公民社會；❹政治文化；❺經濟發展；❻文人治軍；❼政府之管理能力。

轉型正義之概念

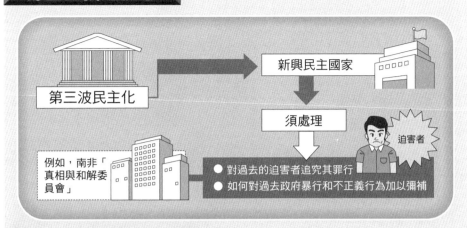

新興民主國家

第三波民主化

須處理

迫害者

例如,南非「真相與和解委員會」

● 對過去的迫害者追究其罪行
● 如何對過去政府暴行和不正義行為加以彌補

臺灣兩次政權轉型

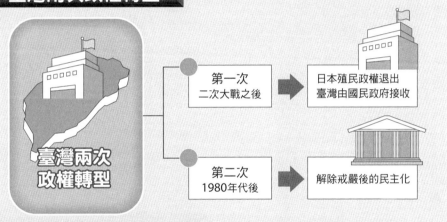

臺灣兩次政權轉型

第一次 二次大戰之後 ➡ 日本殖民政權退出臺灣由國民政府接收

第二次 1980年代後 ➡ 解除戒嚴後的民主化

我國轉型正義之實踐

依　　據	財團法人戒嚴時期不當叛亂暨匪諜審判案件補償基金會補償條例	
立法目的	為戒嚴時期不當叛亂暨匪諜審判案件之受裁判者	於解嚴後不能獲得補償或救濟
戒嚴時期	臺灣地區係指自民國38年5月20日起至76年7月14日止宣告戒嚴之時期	金門、馬祖、東沙、南沙地區係指民國37年12月10日起至81年11月6日止宣告戒嚴之時期
受裁判者及其家屬	名譽受損者	得申請回復之
補償範圍	執行死刑者	執行徒刑者
	交付感化(訓)教育者	財產被沒收者

第 **5** 章

憲法與人權

●●●●●●●●●●●●●●●●●●●●●●●●●● 章節體系架構 ▼

UNIT **5-1**
憲法的意義與特性

憲法（Constitution）為一國具有最高效力的根本法，係規定國家統治權之所在與人民權利義務之關係。

（一）憲法的意義

❶形式意義

由制憲機關，依照一定程序通過後公布之成文法典而言。其特質為，制定與修改程序與普通法律不同，效力亦較普通法律為高。

❷實質意義

實質意義的憲法，即規定關於一個國家之基本組織與國家活動之基本原則的法律、人民的權利義務以及基本國策之根本大法也。

❸近代意義

近代意義的憲法係指立憲主義概念下的憲法；意即憲法之目的在於限制政府的權力，保障人民的自然權利（基本人權）。例如，法國人權宣言第 16 條，一個國家（社會）若不確實保障人民之權利，又不採用權力分立制度，則可視為沒有憲法。故近代意義的憲法，可包含：

　①國民的政治參與（Political Participation）之原則。

　②權力分立（Separation of Powers）之原則。

　③基本人權（Fundamental Human Rights）的保障之原則。

　④法的支配（Rule of Law）之原則。

（二）憲法的特性

❶就憲法學的觀點，憲法基本上具有最高性（憲法的效力）、根本性（憲法的實質內容）、固定性（憲法修改困難）、妥協性（憲法制定過程）、適應性（原則性規定）、可行性（可加以實踐）、強制性（可拘束全國各機關及人民）等特性。

❷就民主政治的觀點，如薩托里（G. Sartori）所述：「憲法的目的是在限制政府權力，以保障人民的基本權利。」

😊小博士解說

立憲主義（constitutionalism）是近代民主政治中最重要的一項理論與制度。是關於國家社會應如何組織其國家及其政治生活的規範性思想，其精髓在於以憲法和法律來規範政府的產生、更替及其權力的行使，藉此確保人民的自然權利不會受到國家或政府的侵害，並進而確保國家或政府之政權行使能符合人民的利益。凡是以憲法規定國家政治權力的分配與使用，積極保障人民的權利，並重視法治的原則（rule of law），即為立憲主義。其內涵包括：

❶有限政府之概念。

❷自由權利之保障。

❸法治政治之精神。

❹代議制度之運作。

❺責任政治之歸責。

而立憲主義可說是現代憲法的憲政精神（憲政精神的重要內涵乃是限制統治者的權力與三權分立）之體現。

憲法的意義

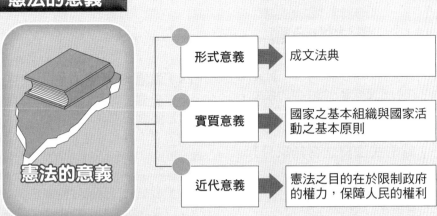

憲法的意義	形式意義 ➡	成文法典
	實質意義 ➡	國家之基本組織與國家活動之基本原則
	近代意義 ➡	憲法之目的在於限制政府的權力,保障人民的權利

立憲主義之內涵

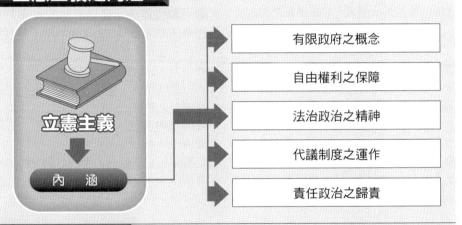

立憲主義 → 內涵

- ➡ 有限政府之概念
- ➡ 自由權利之保障
- ➡ 法治政治之精神
- ➡ 代議制度之運作
- ➡ 責任政治之歸責

憲法的特性

憲法的特性		
角度觀點	特性	概念
憲法學觀點	最高性	憲法的效力
	根本性	憲法的實質內容
	固定性	憲法修改困難
	妥協性	憲法制定過程
	適應性	原則性規定
	可行性	可加以實踐
	強制性	可拘束全國各機關及人民
民主政治觀點	❶限制政府權力 ❷保障人民的基本權利	

UNIT 5-2
憲法的分類

不同觀點或不同分類標準下，對憲法有著不同的分類界定，將主要的憲法分類方式整理如下：

（一）就形式法典之有無來分類

❶**成文憲法**：凡國家統治權與人民權利義務等有關事項，整合規範在一個具體之法典中者。如我國之憲法。

❷**不成文憲法**：凡國家統治權與人民權利義務等有關事項，散見於各種單行法規以及習慣法中者。如英國之憲法。

（二）就憲法修改的難易來分類

❶**剛性憲法**：凡修改憲法的機關及程序或通過修憲條文之門檻較普通法律為困難者（如三分之二，四分之三的表決）。如我國修憲案需由立法院提出修憲案，經公告半年後，交由公民複決。

❷**柔性憲法**：凡修改憲法的機關及程序或通過修憲條文之門檻與普通法律類似或相同者。如英國之憲法。

（三）就憲法制定的主體來分類

❶**欽定憲法**：由統治者（君王）單方面所制定之憲法。如日本於 1889 年（明治 22 年）所制定之明治憲法。

❷**協定憲法**：由統治者（君王）與人民（或人民之代表機關）雙方協議而制定之憲法。如由英皇威廉三世（William III）於 1689 年簽署英國《權利法案》。

❸**民定憲法**：由人民直接或選任制憲代表所制定之憲法。如我國由人民所選出之制憲國民大會於 1946 年所制定之憲法（這部憲法受張君勱影響頗大）。

（四）就憲法實施的真正效果來分類

這是根據憲法對於公民生命、自由、財產等基本權利和社會主義的保障程度，以及憲法得到遵守的程度來分類，可分為：

❶**規範性憲法（保障性的憲法）**：係指政治權力能夠遵循憲法規範的約束來運作，人民權利得到充分保障。如美國之憲法。

❷**名義性憲法（徒有虛名的憲法）**：指憲法的規範無法對現實的政治權力發揮拘束性作用，政治權力的形成過程及運作尚未完全依憲法規定，人民基本權利也無法獲得充分保障。如拉丁美洲威權國家之憲法。

❸**字義性憲法（裝飾性憲法）**：將現實的政治勢力，以成文憲法的形式加以定型化，它只是統治者的工具，根本不考慮人民基本權利。如獨裁國家之憲法。

小博士解說

我國歷史上曾經出現的憲法（或基本法）略有：❶光緒 34 年（1908 年），清朝公布《憲法大綱》；❷宣統 3 年（1911 年），清朝頒布《十九信條》；❸ 1912 年，《臨時政府組織大綱》；❹ 1912 年，《臨時約法》；❺ 1913 年，《天壇憲草》，❻ 1928 年，《中華民國國民政府組織法》；❼ 1931 年，《中華民國訓政時期約法》；❽ 1936 年，《五五憲草》；❾ 1946 年，《政治協商會議之政協憲草》；❿ 1947 年，現行《中華民國憲法》。

我國歷史上曾經出現的憲法（或基本法）

我國歷史上曾經出現的憲法（或基本法）		
清　　朝	1908年	憲法大綱
	1911年	十九信條
中華民國 1912~1947年	1912年	臨時政府組織大綱
	1912年	臨時約法
	1913年	天壇憲草
	1928年	中華民國國民政府組織法
	1931年	中華民國訓政時期約法
中華民國 1947年以後	1936年	五五憲草
	1946年	政協憲草
	1947年	中華民國憲法

憲法的分類

分類標準	類型
形式法典之有無	成文憲法
	不成文憲法
憲法修改的難易	剛性憲法
	柔性憲法
憲法制定的主體	欽定憲法
	協定憲法
	民定憲法
憲法實施的真正效果	規範性憲法（保障性的憲法）
	名義性憲法（徒有虛名的憲法）
	字義性憲法（裝飾性憲法）

明治憲法

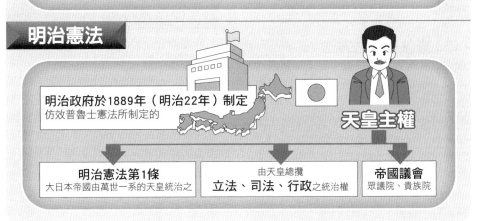

明治政府於1889年（明治22年）制定
仿效普魯士憲法所制定的

天皇主權

| **明治憲法第1條**
大日本帝國由萬世一系的天皇統治之 | 由天皇總攬
立法、司法、行政之統治權 | **帝國議會**
眾議院、貴族院 |

UNIT **5-3**
憲法的變遷：修憲途徑

　　憲法的制定是「制憲力」之展現，但為使憲法與時俱進，跟得上時代的變化，在憲法變遷上有著兩種途徑：一為憲法之修改，另一為憲法之解釋。首先討論「憲法之修改」。

　　修憲是依據憲法本身所規範之程序，對憲法本身進行正式修改之活動與作用。

（一）憲法是否可以加以修改（修憲界限說）

❶ 制憲永恆論之觀點：法國大革命時代之理論家西耶（Abbe Sieyes）之觀點，主張憲法之制定經過全民之同意，不能被更改；被法國 1971 年的憲法所採納。

❷ 憲律可修改，憲章不可修改之觀點：德國史密特（Carl Schmitt）之觀點，主張制憲力（創設憲法權）與修憲力（憲法所創設之權）區分，認為憲法在不觸及憲法之基本精神前提下，是可以修改的。如德國基本法第 79 條第 3 項之規定，修改基本法之法律，若侵犯聯邦與各邦之隸屬關係、各邦於聯邦立權行使時之基本參與權限，或者基本法第 1 條與第 20 條所樹立之基本原則時，為無效。

（二）憲法修改之方法

❶ 國會高度主導之修憲制度：從修憲之發動、修憲案之審議，到修憲決議通過，皆屬國會之權限。又可分為，國會享有完全之修憲全權（如法國第三共和）與國會之修憲權受到局部而有限的限制（如 1814 年挪威憲法，由前一屆負責提案與決定修憲案，而由後一屆則負責批准）兩種。

❷ 國會中度參與之修憲制度：指由國會與其他機構在過程面或議題面上，分享修憲之權力。如美國憲法修正案由國會提案後，需經四分之三以上之州的同意。

❸ 國會低度參與或無參與之修憲制度：憲法之修正，國會無法享有重要的權力。如法國第五共和總統戴高樂多次提出修憲案，直接交由公民複決通過。

🙂 小博士解說

憲章與憲律

　　依施密特的觀點，「憲章」（Verfassung）係規定憲法的根本原則與精神，乃是由創設憲法之權，即制憲權力的行為而產生，是超乎法律與規範之上，是具體政治決定；如國體、政體、民主國原則、權力分立原則等具有憲法上本質重要性者（釋字第 499 號解釋），是絕對禁止以修憲權加以修改的。「憲律」（Verfassungsgesetz）則以憲章為基礎，是憲法所創設之權，依憲章的根本原則，規定各種制度，只要不違背憲章之原則，是可以加以調整修正的。

🙂 實例說明

　　我國憲法之修改，依憲法增修條文規定，憲法之修改，須經立法院立法委員四分之一之提議，四分之三之出席，及出席委員四分之三之決議，提出憲法修正案，並於公告半年後，經中華民國自由地區選舉人投票複決，有效同意票過選舉人總額之半數，即通過之；應屬國會中度參與之修憲制度。

憲法是否可以加以修改

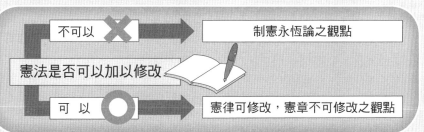

不可以 ✖ ➡ 制憲永恆論之觀點

憲法是否可以加以修改

可 以 ⬤ ➡ 憲律可修改，憲章不可修改之觀點

憲法修改之方法

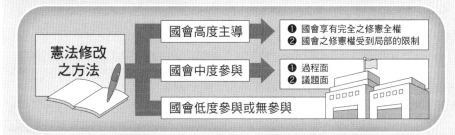

憲法修改之方法

國會高度主導 ➡ ❶ 國會享有完全之修憲全權 ❷ 國會之修憲權受到局部的限制

國會中度參與 ➡ ❶ 過程面 ❷ 議題面

國會低度參與或無參與

憲章與憲律

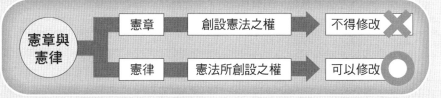

憲章與憲律

憲章 創設憲法之權 ➡ 不得修改 ✖

憲律 憲法所創設之權 ➡ 可以修改 ⬤

法國大革命後的政府

第一共和	1792年–1804年	法國大革命後所建立
第一帝國	1804年–1814年	拿破崙（Napoleon Bonaparte）
波旁王朝復辟	1814年–1830年	拿破崙下台後
奧爾良王朝（七月王朝）	1830年–1848年	1830年七月革命所建立
第二共和	1848年–1852年	1848年七月革命所建立
第二帝國	1852年–1870年	路易–拿破崙‧波拿巴，即拿破崙三世（Napoleon Ⅲ）
第三共和	1870年–1940年	普法戰爭的失敗
維琪法國（Regime de Vichy）	1940年–1944年	德國占領下的魁儡政府
臨時共和政府	1944年–1946年	過渡政府
第四共和	1947年–1958年	二次世界大戰後
第五共和	1958年迄今	戴高樂（Charles de Gaulle）所建立

UNIT 5-4
憲法的變遷：憲法解釋途徑

憲法乃國家根本大法，為一切法令之效力淵源，憲法規定之實質意涵為何，關係著國家憲政秩序之穩定；故憲法解釋對於憲法精神的落實有著關鍵性作用。有關「憲法解釋」討論如下。

（一）憲法解釋之概念

憲法解釋的本質是當人民或相關機關於憲法適用上產生疑義時，由有權解釋者（如我國司法院大法官）對憲法的意義作出權威性的闡釋或說明，來確定憲法條文之實質意涵；故憲法解釋的本質即是闡明憲法條文之真意。

（二）憲法解釋之方法

❶ 文理解釋

指依據憲法條文之字面意思，由有權解釋者對憲法文句與語義之正確掌握而達成。如大法官釋字第 553 號解釋，對「特殊事故」之解釋為：在概念上無從以固定之事故項目加以涵蓋，而係泛指不能預見之非尋常事故，致不克按法定日期改選或補選，或如期辦理有事實足認將造成不正確之結果，或發生立即嚴重之後果，或將產生與實現地方自治之合理及必要之行政目的不符等情形者而言。又特殊事故不以影響及於全國或某一縣市全部轄區為限，即僅於特定選區存在之特殊事故，如符合比例原則之考量時，亦屬之。

❷ 論理解釋

不拘泥於法條文字，參酌法令整體結構及條文之間的關聯性，推求憲法既有之目的精神、法理原則，或是憲法慣例，而找出隱含於其後之規範內涵。例如：憲法第 20 條「人民有依法律服兵役之義務」，條文中之人民應只限於男子。

❸ 類推解釋

針對憲法未直接規定之事項，找尋其他相類似事項的規定加以比附適用。例如，憲法未規定司法院有法律提案權，司法院對所掌事項是否有提案權，大法官釋字第 175 號解釋，以其他各院已有法律提案權，而解釋認為司法院擁有法律提案權。

😀 小博士解說

憲政慣例

憲政慣例在不成文憲法國家，恆居重要地位，其規範效力亦不容置疑。至於在成文憲法之下，雖亦有憲政慣例之概念，但僅具補充成文憲法之作用，尚不能與前者相提並論。所謂慣例係指反覆發生之慣行，其經歷長久時間仍受遵循，而被確信具有拘束行為之效力時，始屬不成文規範之一種。若雖有行為之先例，但因亦曾出現相反之先例或因有牴觸成文規範之嫌，拘束力備受質疑者，即不能認其為具備規範效力之慣例（釋字第 419 號解釋理由書）。故憲政慣例要件有三：❶ 慣行之事實；❷ 法之確信；❸ 不違反現行有效之成文法。

😀 實例說明

我國憲法第 78 條賦予司法院解釋憲法之權；依《憲法訴訟法》第 1 條，司法院大法官組成憲法法庭，進行法規範憲法審查及裁判憲法審查案件。

憲法解釋之概念與方法

憲法解釋

| 概　念 | → | 闡明憲法條文之實質意涵 |

| 方　法 | → | ❶ 文理解釋
❷ 論理解釋
❸ 類推解釋 |

憲政慣例要件

憲政慣例要件

- 慣行之事實
- 法之確信
- 不違反現行有效之成文法

我國憲法之有權解釋者為司法院大法官

我國憲法之有權解釋者

| 憲法第78條 | → | 司法院 |

| 憲法訴訟法 | → | 司法院大法官
（憲法法庭） |

我國憲法解釋機關（司法院大法官）變革

司法院大法官

司法院大法官案件審理法	憲法訴訟法
會議形式憲法法庭	全面司法化
解釋決議	法庭化
	裁判化

憲法變遷

憲法變遷

| 正常憲法變遷 | → | ❶ 新憲法之制定
❷ 修改憲法
❸ 國會立法補充憲法
❹ 憲法解釋
❺ 憲政慣例 |

| 不正常憲法變遷 | → | ❶ 凍結憲法　❷ 廢除憲法
❸ 破棄憲法　❹ 侵害憲法 |

UNIT **5-5**
我國憲法變遷及其象徵意義（一）

依《國民政府建國大綱》第5條：建設之程序分為三期，一曰軍政時期，二曰訓政時期，三曰憲政時期。1932年，國民黨召開第四屆第三次中央執行委員會，會中提議起草憲法及召開國民大會，以結束黨治，還政於民，國民政府後於1936年5月5日公布《五五憲草》，故乃從《五五憲草》開始討論憲法之象徵意義。

（一）《五五憲草》：現行憲法的前身（憲法第一次變遷），意義為「國家統一的象徵」

❶《五五憲草》可說是最接近國父孫中山先生思想的憲法版本。整個《五五憲草》可說是遵循孫中山先生的「權能區分」與「五權憲法」概念而制定的；❷中華民國自1912年建立後，歷經袁世凱稱帝、軍閥割據等；直到1928年才北伐成功，全國統一；自此開始了建國大綱的訓政時期。從1912年建國時採取的具有憲法性質的基本法是《臨時政府組織大綱》及《臨時約法》，而其時代背景是地方軍閥割據，南方有國民政府，北方有北洋政府，一國之中有兩個政府行使著統治權；事實上，可說是一個分裂的狀態；❸《五五憲草》之意義，除了是落實孫中山三民主義之意義外；更重要的是，是一種國家統一的象徵。透過《五五憲草》，向世界昭告中華民國是一個統一且民主的國家。

（二）政治協商會議之政協憲草：《五五憲草》的大翻修（憲法第二次變遷），意義為「告別國民黨專政，政黨政治之開啟」

❶抗戰勝利後，在美國的調停下，在重慶召開了「政治協商會議」。整個政治協商會議所獲得憲法草案有十二項修改原則：

①關於國民大會部分為：Ａ全國人民行使四權，名之曰國民大會；Ｂ在未實行總統普選制度以前，總統由省級及中央議會合組選舉機關選舉之；Ｃ總統之罷免，以選舉總統之同樣方法行之；Ｄ創制複決二權之行使，另以法律定之。

②立法院為國家最高立法機關，由選民直接選舉之；其職權相當於各民主國家之議會。

③監察院為國家最高監察機關，由各省級議會及各民族自治區議會選舉之，其職權為行使同意、彈劾及監察權。

④司法院即為國家最高法院，不兼管司法行政，由大法官若干人組織之；大法官由總統提名，經監察院同意任命之；各級法院須超出於黨派之外。

⑤考試院用委員制，其委員由總統提名，經監察院同意任命之；其職權著重於公務人員及專業人員之考試；考試院委員須超出黨派之外。

⑥行政院則修正為：Ａ行政院為國家最高行政機關，行政院長由總統提名，經立法院同意後任命之；行政院對立法院負責；Ｂ如立法院對行政院全體不信任時，行政院長或辭職，或提起總統解散立法院，但同一行政院長，不得再提請解散立法院。

⑦總統權力調整為：Ａ總統經行政院決議，得依法發布緊急命令，但須於1個月內，報告立法院；Ｂ總統召集各院院長會商，不必明文規定。

❷政治協商會議之政協憲草主要特徵在於：①國民大會無形化；②轉向內閣制之憲政設計。

五五憲草

最接近國父孫中山先生思想的憲法	權能區分	
	五權憲法	
政府體制	權能區分概念下的國民大會	憲草第32條，國民大會之職權	選舉總統副總統、立法院院長副院長、監察院院長副院長、立法委員、監察委員
			罷免總統副總統、立法司法考試各院院長副院長、立法委員、監察委員
			創制法律
			複決法律
			修改法律
			憲法賦予之其他職權
	總統	憲草第59條，行政院院長、副院長、政務委員、各部部長、各委員會委員長，各對總統負其責任	
	立法院	憲草第64條	立法院有議決法律案、預算案、戒嚴案、大赦案、宣戰案、媾和案、條約案及其他關於重要國際事項之權
		憲草第63條	立法院對國民大會負其責任

政治協商會議（政協憲草）政府體制

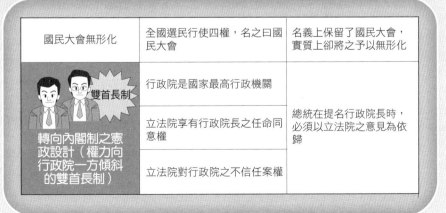

國民大會無形化	全國選民行使四權，名之曰國民大會	名義上保留了國民大會，實質上卻將之予以無形化
雙首長制 轉向內閣制之憲政設計（權力向行政院一方傾斜的雙首長制）	行政院是國家最高行政機關	總統在提名行政院長時，必須以立法院之意見為依歸
	立法院享有行政院長之任命同意權	
	立法院對行政院之不信任案權	

UNIT **5-6**
我國憲法變遷及其象徵意義（二）

《政協憲草》對《五五憲草》做了大幅修正，國民黨六屆二中全會通過了張強等 152 位委員對修改政協草案原則之決議，經國民黨代表與各黨派代表在憲草審議委員會協商，取得了三項新協議：①國民大會為有形之國民大會；②憲草修改原則第 6 條第 2 項予以取消；③省憲改為省自治法。並據此（國民黨對政治協商會議十二點原則之修改意見）作為 1947 年憲法之藍圖。1946 年 11 月 15 日，於南京國民大會堂，制憲國民大會揭幕，於 12 月 25 日三讀通過《中華民國憲法》。

（三）現行憲法本文（憲法第三次變遷），意義為「與中共爭國家正統」

❶現行憲法於 1947 年施行未久，國共內戰爆發，國民政府最後撤守臺灣；在大陸則另有中華人民共和國成立，行使統治權。臺灣的國民政府渴望反攻大陸，大陸的中共政府期待解放臺灣，兩岸政府互爭法統。

❷憲法本文之意義，可歸結下列幾點：

①國民政府抱持著要把這部憲法完完整整的帶回大陸的思維，所以另訂《動員戡亂時期臨時條款》來因應在臺之需要。

②也因為維持法統，對於從大陸各省區選出來的立法委員、國民大會代表、監察委員等也不予以改選，僅透過增額方式來納入新民意。

③對於憲法之修改，採取不動憲法本文，另以增修條文方式來處理。

④與對岸的中共爭國家正統。

（四）憲法增修條文（憲法第四次變遷），意義為「接納兩岸分治事實，深化統治正當性」

❶依憲法增修條文前言：為因應國家統一前之需要，依照憲法第 27 條第 1 項第 3 款及第 174 條第 1 款之規定，增修本憲法條文。

❷憲法增修條文之意義，可歸結下列幾點：

①確認憲法採取一個中國原則，最後目標仍在於兩岸統一。

②為因應國家統一前之需要，而修改政制設計，代表已接納兩岸分治之事實。

③總統副總統由自由地區全體人民直接選舉之，代表統治者的正當性是來自於分治狀態下的臺灣，深化統治者的正當性基礎。

④憲法修正案，經由公民複決，國家根本大法之變動，須經人民之認可，代表民主價值的深化。

（五）現行憲法本文與增修條文之比較

❶國民大會——逐步擴權到任務化（虛級化）後廢除。

❷總統——權力擴大化，朝向總統制。

❸行政院——從雙首長降格為總統幕僚長之可能。

❹立法院——確立全國最高民意機關地位。

現行憲法（1947年憲法）之制定及增修

現行憲法（1947年憲法）之制定及增修		
1947年通過	計十四章一百七十五條	
動員戡亂時期臨時條款	1948年4月18日通過	1991年4月22日廢止
一機關二階段修憲	一機關	指國民大會
	二階段	指先由第一屆國民大會做「形式修憲」，再由新選出的第二屆國民大會進行「實質修憲」
憲法第一次增修（1991年4月）	明定第二屆中央民意代表產生的法源、名額、選舉方式、選出時間及任期	賦予總統發布緊急命令的職權
	明定兩岸人民權利義務關係，得以法律為特別的規定	
憲法第二次增修（1992年5月）	國民大會集會時，得聽取總統國情報告	將總統、副總統的選舉方式，改由中華民國自由地區全體人民選舉產生，任期改為4年
	賦予地方自治明確的法源基礎，並且開放省市民選	將監察委員產生方式，由省市議會選舉改為由總統提名，同時將總統對考試院、司法院、監察院有關人員的提名，改為由國民大會行使同意權
憲法第三次增修（1994年7月）	明定司法院大法官組成憲法法庭，審理政黨違憲的解散事項	監察院改為準司法機關
	國大常設化，每年最少集會一次及增設議長及副議長	確立總統副總統由人民直選產生
	縮減行政院長副署權的範圍	總統副總統的罷免方式修改較嚴格
憲法第四次增修（1997年7月）	行政院長直接由總統任命	凍結省級政府組織
	賦予立法院可向行政院提出不信任案權，惟行政院可呈請總統解散立法院以為反制手段	司法院大法官改設15人，任期8年且不得連任，且正副院長均具大法官身分
憲法第五次增修（1999年9月）	國代改採政黨比例代表制，並依附於立委選舉中	第三屆國代任期至第四屆立委屆滿之日止
	立委任期改為4年	釋字第499號解釋宣告本次國大所增修之條文違憲而無效
憲法第六次增修（2000年4月）	國民大會虛級化，改為「任務型」國大	國大職權僅限於複決憲法修正案、領土變更案及議決立法院所提出之總統副總統彈劾案
	國民大會代表共300人，以比例代表方式選出，任期1個月為限	原由國大代表行使的大法官、考試委員、監察委員之人事同意權移由立法院行使
憲法第七次增修（2005年6月）	立委席次由225席減為113席，任期由3年改為4年	立委選制改為單一選區兩票制
	廢除國民大會，改由公民複決憲法修正案	總統與副總統的彈劾改由司法院大法官審理

UNIT 5-7 人權之概念

圖解政治學

　　近代西方之文明與政治思想深受基督教文化影響，1450 年代印刷術的興起，書籍的取得變得大為容易。教會也因此發生了「宗教改革」運動，新教教會強調每個人與基督個別的關係，這中間不需要司鐸或教皇作為中介，每個人都可以透過禱告來跟上帝溝通，而不需透過教士或其他人之媒介。

　　由聖經的啟發，世界上所有的人都是神所創造的，每一個人都是上帝按照自己的形象所創造的。每個人的身體內都有上帝的性靈，每個人都是聖靈的分支。所以，人與人之間應該都是一樣的。這個人與人之間都是一樣的、都是相同的概念，引導出後世政治思想之天賦人權平等觀；具體的體現於美國獨立宣言，「所有人都是生而自由平等。」

　　天賦人權之人權觀念是來自於自然法，凡人皆可享有。依費德瑞奇（C. J. Friedrich）觀點，西方人權之演進可分為三階段：

❶爭取自由權，強調個人人身自由、宗教信仰自由、言論思想自由，以及免於被非法拘禁等自由之保障。

❷爭取參政權，強調各種參政權之取得，如選舉權、罷免權，乃至於創制權、複決權。

❸爭取受益權，國家應保障人民的基本生存權、工作權、教育權等。

　　到了聯合國成立後，依《聯合國憲章》前言及第 1 條：我聯合國人民同茲決心欲免後世再遭今代人類兩度身歷慘不堪言之戰禍，重申基本人權，人格尊嚴與價值，以及男女與大小各國平等權利之信念，乃設立國際組織，定名聯合國。而聯合國成立之宗旨為：

❶維持國際和平及安全；並為此目的：採取有效集體辦法，以防止且消除對於和平之威脅，制止侵略行為或其他和平之破壞；並以和平方法且依正義及國際法之原則，調整或解決足以破壞和平之國際爭端或情勢。

❷發展國際間以尊重人民平等權利及自決原則為根據之友好關係，並採取其他適當辦法，以增強普遍和平。

❸促成國際合作，以解決國際間屬於經濟、社會、文化，及人類福利性質之國際問題，且不分種族、性別、語言或宗教，增進並激勵對於全體人類之人權及基本自由之尊重。讓人權的發展，走向了「國際人權」的階段。

　　就《聯合國憲章》所規範的主要國際人權概念為：

❶基本人權之重申。

❷人權概念包含人格尊嚴與價值。

❸自決權之人權。

❹平等權，特別是在種族、性別、語言、宗教上。國際法人權體系有四：聯合國、歐洲、美洲、非洲；其架構之國際人權可分三代：

　①第一代人權：指公民權及政治權。

　②第二代人權：指經濟權、社會權、文化權。

　③第三代人權：指發展權、反種族主義、反種族歧視、生存環境權等。

　　另外，附帶一提的是，國際人權法主要適用於平常時期的人權保障，在戰爭或武裝衝突時，則應該適用《國際人道法》（International Humanitarian Law），來減緩個人在戰爭或武裝衝突中所受到的傷害。如 1949 年日內瓦四公約的第四公約，明定戰時平民之保護。

國際人權保障機制

聯合國	弱勢個人	婦女	婦女政治權利公約（1954年）	婚姻同意權、最低結婚年齡和婚姻註冊公約（1964年）	
			已婚婦女國際公約（1975年）	消除一切形式歧視婦女公約（1979年）	
		兒童	兒童權利公約（1990年）	設立兒童權利委員會	
		難民	國際難民組織憲章（1946年）	難民地位公約（1951年）	
			聯合國難民高級專員辦公室（1951年）		
		無國籍人	無國籍人地位公約（1960年）		
	太空人	人類的使者	太空條約（1960年）	太空遇難或緊急降落締約國領土，應立刻被援救急送返所屬國	
			援救太空人協定（1968年）		
	奴隸	廢止奴隸制度	廢除奴役、奴隸貿易、類似奴役制度和做法之補充規約（1956年）		
歐洲	歐洲理事會主導		歐洲保障人權與基本自由公約（1953年）	歐洲人權委員會	公民及政治權利（第一代人權法）
				歐洲人權法院	
			歐洲社會憲章（1965年）	歐洲社會憲章第一、二、三次議定書	經濟及社會權利（第二代人權法）
美洲	美洲國家組織主導		美洲個人權利義務宣言（1948年）		美洲人權公約（1987年）
			設立泛美人權委員會（1960年）		
	聖荷西宣言（1993年）		發展權		第三代人權
			適當之生存環境權		
	公民及政治權利之保障			泛美人權委員會	泛美人權法院
	經濟、社會、文化權利之保障			泛美經濟社會理事會	泛美教育科學文化理事會
非洲	非洲團結組織主導			非洲人權及民族憲章（1986年）	非洲人權及民族委員會
					非洲團結組織之國家及政府援助大會

UNIT **5-8**
人權之普世價值

圖解政治學

人權的基本是「把人當人」，依《世界人權宣言》第 1 條，人人生而自由，在尊嚴和權利上一律平等。他們富有理性和良心，並應以兄弟關係的精神相對待。

（一）人權的普世化

❶二次世界大戰後，各國為重申基本人權，人格尊嚴與價值，以及男女與大小各國平等權利之信念，於 1945 年 6 月 26 日於美國舊金山訂立《聯合國憲章》。依《聯合國憲章》第 1 條，聯合國之宗旨有三，其中一項就是對人權保障之重視，希望達成不分種族、性別、語言或宗教、增進並激勵對於全體人類之人權及基本自由之尊重。

❷聯合國大會並於 1948 年 12 月 10 日以第 217A（III）號決議通過《世界人權宣言》，作為所有人民和所有國家努力實現的共同標準，透過這個人權宣言，來促進對權利和自由的尊重，並通過國家的和國際的漸進措施，使這些權利和自由在聯合國各會員國本身人民及在其管轄下領土的人民中得到普遍和有效的承認和遵行。

（二）普世價值下之人權

❶公民權利和政治權利

①基於對人類家庭所有成員的固有尊嚴及其平等的和不移的權利的承認，乃是世界自由、正義與和平的基礎，並為實現自由人類享有免於恐懼和匱乏的自由的理想，聯合國大會乃於 1966 年 12 月 16 日決議通過《公民權利和政治權利國際公約》（International Covenant on Civil and Political Rights）。

②公民權利和政治權利包含：人民自決權、男女平等、生命權、禁止酷刑或不人道刑罰、禁止奴隸與強制勞動、人身自由及逮捕程序、被剝奪自由者及被告知之待遇、遷徙自由和住所選擇自由、接受公正裁判之權利、禁止溯及既往之刑罰、法律前人格之承認、思想及良心和宗教自由、表現自由、集會之權利、結社之自由、參政權等自由權利。

❷經濟、社會和文化權利

①考慮到只有在創造了使人可以享有其經濟、社會及文化權利，正如享有其公民和政治權利一樣的條件的情況下，才能實現自由人類享有免於恐懼和匱乏的自由的理想，聯合國大會乃於 1966 年 12 月 16 日決議通過《經濟、社會和文化權利國際公約》（International Covenant on Economic, Social and Cutural Rights）。

②經濟、社會和文化權利包含：人民自決權、男女平等、工作權、工作條件、勞動基本權、社會保障、對家庭之保護及援助、相當生活水準、享受最高的體質和心理健康之權、教育之權利、初等教育免費、參加文化生活之權利等自由權利。

（三）國家人權機構

為鼓勵各國設立獨立超然的國家人權機構（National Human Rights Institutions），聯合國大會於 1994 年通過《關於促進和保護人權的國家機構之地位的原則》（又稱《巴黎原則》）。

普世價值下之人權

普世價值下之人權 → 國際公約機制 →

公民權利和政治權利
國際公約

經濟、社會和文化
權利國際公約

公民與政治權利國際公約及經濟社會文化權利國際公約施行法

	條文	說明
立法目的	為實施聯合國1966年公民與政治權利國際公約（International Covenant on Civil and Political Rights）及經濟社會文化權利國際公約（International Covenant on Economic Social and Cultural Rights），健全我國人權保障體系，特制定本法	「公民與政治權利國際公約」及「經濟社會及文化權利國際公約」乃最重要之國際人權法典，亦是國際上人權保障體系不可或缺之一環，其內容在闡明人類之基本人權，並敦促各國落實所揭示之各項人權保障規定，期使人人於經濟社會文化及公民政治權利上，享有自由及保障，爰於本條明定制定本法之意旨，在於實施上開兩公約及健全我國人權保障體系
法律效力	兩公約所揭示保障人權之規定，具有國內法律之效力	兩公約雖經立法院審議通過，總統批准完成，惟因我國尚非聯合國會員國，因而未能如願完成交存聯合國秘書處之手續，為免兩公約之國內法之效力遭受無謂之質疑，爰於本條明定，兩公約所揭示之保障人權規定，具有國內法律之效力。至於兩公約中非屬保障人權規定之部分，則與本條所稱國內法效力無涉
政府機關之義務	各政府機關行使其職權，應符合兩公約有關人權保障之規定，避免侵害人權，保護人民不受他人侵害，並應積極促進各項人權之實現	為避免國家行使公權力侵害人權，本條爰明定各政府機關行使其職權時，應符合兩公約有關人權保障之規定，並規定政府除消極地避免侵害人權外，應進而積極地促進各項人權之實現
優先編列經費	各級政府機關執行兩公約保障各項人權規定所需之經費，應依財政狀況，優先編列，逐步實施	民主法治時代，任何時間、地點之人權意義及價值均不能被漠視。政府落實人權之程度，乃國家民主化之重要指標。我國將兩公約完成審議及批准，並制定本法據以執行，則執行保障人權所需之經費，在編列上自有其優先性。惟人權保障乃全方位之工作，非一蹴可幾，本條爰明定各級政府機關為執行本法所需之經費，應依財政狀況，優先編列，逐步實施
依兩公約2年內檢討所主管之法令及行政措施	各級政府機關應依兩公約規定之內容，檢討所主管之法令及行政措施，有不符兩公約規定者，應於本法施行後2年內，完成法令之制（訂）定、修正或廢止及行政措施之改進	兩公約所揭示之規定，係國際上最重要之人權保障規範。為提升我國之人權標準，重新融入國際人權體系及拓展國際人權互助合作，自應順應世界人權潮流，確實實踐，進而提升國際地位，爰明定各級政府機關應依兩公約規定之內容，檢討所主管之法令與行政措施，有不符兩公約規定者，應於本法施行後2年內完成法令之制（訂）定、修正或廢止，以及行政措施之改進

UNIT **5-9**
人權之內涵（一）

以《世界人權宣言》之第 1 條至第 21 條為基礎，來說明人權之平等原則與公民、政治、權利之內涵如下：

（一）平等原則

人人有資格享受《世界人權宣言》所載的一切權利和自由，不分種族、膚色、性別、語言、宗教、政治或其他見解、國籍或社會出身、財產、出生或其他身分等任何區別。並且不得因一人所屬的國家或領土的、政治的、行政的或者國際的地位之不同而有所區別，無論該領土是獨立領土、托管領土、非自治領土或者處於其他任何主權受限制的情況之下。

（二）公民、政治的權利

❶人人有權享有生命、自由和人身安全。任何人不得使其他人成為奴隸或奴役（一切形式的奴隸制度和奴隸買賣，均應予以禁止）。任何人不得加以酷刑，或施以殘忍的、不人道的或侮辱性的待遇或刑罰來對待其他人。

❷人人不論在任何地方有權被承認在法律前的人格；即法律之前人人平等（有權享受法律的平等保護，不受任何歧視）。人人有權享受平等保護，以免受違反世界人權宣言的任何歧視行為以及煽動這種歧視的任何行為之害。

❸人人享有完全平等之權利，在受到刑事指控時，由一個獨立而無偏倚的法庭進行公正和公開的審訊，以確保他的權利。同時，凡受刑事指控者，在未經獲得辯護上所需的一切保證的公開審判而依法證實有罪以前，應被視為無罪。

❹任何人的私生活、家庭、住宅和通信等隱私權應加以保障，個人的人格權（如榮譽、名譽）不得加以攻擊；並受到受法律之保護，以免受這種干涉或攻擊。人人在各國境內有權自由遷徙和居住；也有權離開任何國家，包括其本國在內，並有權返回他的國家。

❺人人有權享有國籍；任何人的國籍不得任意剝奪，亦不得否認其改變國籍的權利；必要時，並有權在其他國家尋求和享受庇護以避免迫害。

❻任何人的財產不得任意剝奪，人人得有單獨的財產所有權以及同他人合有的所有權。

❼人人有思想、良心和宗教自由的權利；此項權利包括改變他的宗教或信仰的自由，以及單獨或集體、公開或祕密地以教義、實踐、禮拜和戒律表示他的宗教或信仰的自由。

❽人人有權享受主張和發表意見的自由；此項權利包括持有主張而不受干涉的自由，以及通過任何媒介和不論國界尋求、接受、傳遞消息和思想的自由。

❾人人有權享有和平集會和結社的自由。

❿人人有直接或通過自由選擇的代表參與治理本國的權利，人民的意志是政府權力的基礎；這一意志應以定期的和真正的選舉予以表現，而選舉應依據普遍和平等的投票權，並以不記名投票或相當的自由投票程序進行。

世界人權宣言之平等原則與公民、政治的權利

世界人權宣言

第2條 → 平等原則

第3條至第21條 → 公民、政治權利

罪刑法定主義

世界人權宣言
第11條

凡受刑事指控者，在未經獲得辯護上所需的一切保證的公開審判而依法證實有罪以前，應被視為無罪

受刑事指控者

9542

罪刑法定主義

法律上沒有明文的處罰規定，則任何行為都不得論罪科刑。

世界人權宣言與我國憲法、勞動基準法

世界人權宣言
第23條

人人有權工作，自由選擇職業有權享受公正和合適的報酬

人人享有自由選擇職業及獲得公正合適之報酬

中華民國憲法第15、152條

勞動基準法

UNIT **5-10**
人權之內涵（二）

以《世界人權宣言》之第 22 條至第 30 條為基礎，來說明人權之經濟、社會、文化的權利之內涵如下：

（三）經濟、社會、文化的權利

❶每個人，作為社會的一員，有權享受社會保障，並有權享受他的個人尊嚴和人格的自由發展所必需的經濟、社會和文化方面各種權利的實現，這種實現是通過國家努力和國際合作並依照各國的組織和資源情況。

❷人人有權工作，自由選擇職業、受公正和適合的工作條件，並享受免於失業的保障；在工作上，人人有同工同酬的權利，不受任何歧視，亦即每一個工作的人，有權享受公正和適合的報酬，保證使他本人和家屬有一個符合人的尊嚴的生活條件，必要時並輔以其他方式的社會保障。同時，人人有為維護其利益而組織和參加工會的權利，以及有享受休息和閒暇的權利，包括工作時間有合理限制和定期給薪休假的權利。

❸人人有權享受為維持他本人和家屬的健康和福利所需的生活水準，包括食物、衣著、住房、醫療和必要的社會服務；在遭到失業、疾病、殘廢、守寡、衰老或在其他不能控制的情況下喪失謀生能力時，有權享受保障。而母親和兒童有權享受特別照顧和協助。一切兒童，無論婚生或非婚生，都應享受同樣的社會保護。

❹教育的目的在於充分發展人的個性並加強對人權和基本自由的尊重；教育應促進各國、各種族或各宗教集團間的瞭解、容忍和友誼，並應促進聯合國維護和平的各項活動。人人都有受教育的權利，教育應當免費，至少在初級和基本階段應如此。初級教育應屬義務性質。技術和職業教育應普遍設立。高等教育應根據成績而對一切人平等開放。

❺人人有權自由參加社會的文化生活，享受藝術，並分享科學進步及其產生的福利；並對由他所創作的任何科學、文學或美術作品而產生的精神的和物質的利益，有享受保護的權利。

❻人人對社會負有義務，因為只有在社會中他的個性才可能得到自由和充分的發展；人人在行使他的權利和自由時，只受法律所確定的限制，確定此種限制的唯一目的在於保證對旁人的權利和自由給予應有的承認和尊重，並在一個民主的社會中適應道德、公共秩序和普遍福利的正當需要；這些權利和自由的行使，無論在任何情形下均不得違背聯合國的宗旨和原則。

🙂小博士解說

1998 年聯合國於羅馬通過了《國際刑事法院規約》（International Criminal Court, ICC），經 60 個國家簽署後於 2002 年 7 月成立。針對滅絕種族罪、危害人類罪、戰爭罪、侵略罪等四種侵害人權嚴重之犯罪行為，追究個人之罪行。國際刑事法院設在荷蘭海牙。

世界人權宣言所揭示之義務教育機制

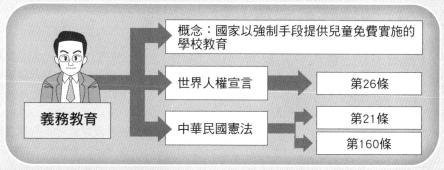

義務教育

概念：國家以強制手段提供兒童免費實施的學校教育

世界人權宣言 → 第26條

中華民國憲法 → 第21條 / 第160條

人權內涵之擴大

婦女人權	憲法增修條文第10條第6項	國家應維護婦女之人格尊嚴，保障婦女之人身安全，消除性別歧視，促進兩性地位之實質平等
身心障礙者	憲法增修條文第10條第7項	國家對於身心障礙者之保險與就醫、無障礙環境之建構、教育訓練與就業輔導及生活維護與救助，應予保障，並扶助其自立與發展

嚴重違反國際人權之犯罪行為

依據	國際刑事法院規約（羅馬規約）	
侵害人權最嚴重的犯罪	滅絕種族罪	蓄意全部或局部消滅某一民族、族裔、種族或宗教團體
	危害人類罪	廣泛或有系統地針對任何平民人口進行的攻擊
	戰爭罪	嚴重破壞1949年8月12日《日內瓦公約》的行為
		嚴重違反國際法既定範圍內適用於國際武裝衝突的法規和慣例的其他行為
		在非國際性武裝衝突中，嚴重違反1949年8月12日四項《日內瓦公約》共同第3條的行為，即對不實際參加敵對行動的人，包括已經放下武器的武裝部隊人員，及因病、傷、拘留或任何其他原因而失去戰鬥力的人員，損害其權利
		嚴重違反國際法既定範圍內適用於非國際性武裝衝突的法規和慣例的其他行為
	侵略罪	1974年《關於侵略罪定義的決議》，侵略是指一個國家使用武力侵犯另一個國家的主權、領土完整或政治獨立，或與聯合國憲章不符的任何其他方式使用武力

UNIT 5-11 言論自由與其界線：司法院釋字第 617 號解釋

圖解政治學

（一）落實憲政主義與多元統治

憲法第 11 條保障人民之言論及出版自由，旨在確保意見之自由流通，使人民有取得充分資訊及實現自我之機會。性言論之表現與性資訊之流通，不問是否出於營利之目的，亦應受上開憲法對言論及出版自由之保障。惟憲法對言論及出版自由之保障並非絕對，應依其性質而有不同之保護範疇及限制之準則，國家於符合憲法第 23 條規定意旨之範圍內，得以法律明確規定對之予以適當之限制。

（二）限制多數言論，保障少數言論

為維持男女生活中之性道德感情與社會風化，立法機關如制定法律加以規範，則釋憲者就立法者關於社會多數共通價值所為之判斷，原則上應予尊重。惟為貫徹憲法第 11 條保障人民言論及出版自由之本旨，除為維護社會多數共通之性價值秩序所必要而得以法律加以限制者外，仍應對少數性文化族群依其性道德感情與對社會風化之認知而形諸為性言論表現或性資訊流通者，予以保障。

（三）界線：無藝術性、醫學性或教育性價值之猥褻資訊

刑法第 235 條第 1 項規定所謂散布、播送、販賣、公然陳列猥褻之資訊或物品，或以他法供人觀覽、聽聞之行為，係指對含有暴力、性虐待或人獸性交等而無藝術性、醫學性或教育性價值之猥褻資訊或物品為傳布，或對其他客觀上足以刺激或滿足性慾，而令一般人感覺不堪呈現於眾或不能忍受而排拒之猥褻資訊或物品，未採取適當之安全隔絕措施而傳布，使一般人得以見聞之行為；同條第 2 項規定所謂意圖散布、播送、販賣而製造、持有猥褻資訊、物品之行為，亦僅指意圖傳布含有暴力、性虐待或人獸性交等而無藝術性、醫學性或教育性價值之猥褻資訊或物品而製造、持有之行為，或對其他客觀上足以刺激或滿足性慾，而令一般人感覺不堪呈現於眾或不能忍受而排拒之猥褻資訊或物品，意圖不採取適當安全隔絕措施之傳布，使一般人得以見聞而製造或持有該等猥褻資訊、物品之情形，至對於製造、持有等原屬散布、播送及販賣等之預備行為，擬制為與散布、播送及販賣等傳布性資訊或物品之構成要件行為具有相同之不法程度，乃屬立法之形成自由；同條第 3 項規定針對猥褻之文字、圖畫、聲音或影像之附著物及物品，不問屬於犯人與否，一概沒收，亦僅限於違反前二項規定之猥褻資訊附著物及物品。依本解釋意旨，上開規定對性言論之表現與性資訊之流通，並未為過度之封鎖與歧視，對人民言論及出版自由之限制尚屬合理，與憲法第 23 條之比例原則要無不符，並未違背憲法第 11 條保障人民言論及出版自由之本旨。

言論自由之界限

言論自由之界限	明顯而即刻危險	如不容許在戲院中妄呼火警
	惡劣傾向	如不保障鼓吹武力推翻政府的言論
	嚴重的災難	如限制共產主義之宣傳

John Stuart Mill之自由論

《論自由》（On Liberty）	1859年出版
自由原則（the Principle of Liberty）	只要一個人不侵犯其他人的權利或利益，這個人便可享有最大程度的思想、言論與行動自由
保障少數言論之重要	如果少數的言論是正確的，限制其發表，就剝奪主張多數言論者獲得真理的機會
	如果少數的言論是錯誤的，限制其發表，就剝奪主張多數言論者證明其所主張言論為真理的機會
	今日的少數意見有可能成為明日的多數意見

基於憲法第23條可限制言論自由

言論自由	保障意見之自由流通，使人民有取得充分資訊及自我實現之機會
	包括政治、學術、宗教及商業言論等，並依其性質而有不同之保護範疇及限制之準則
商業言論與言論自由	商業言論所提供之訊息，內容為真實，無誤導性，以合法交易為目的而有助於消費大眾做出經濟上之合理抉擇者
	應受憲法言論自由之保障
言論自由之限制	憲法之言論自由保障並非絕對
	立法者於符合憲法第23條規定意旨之範圍內
	得以法律明確規定對之予以適當之限制

提升人權保障機制（如軍中人權）

內部機制	制度面	明確化之法令規章
	行為面	軍事長官之再教育
	資訊之公開透明	加強對外界之溝通
外部機制	來自其他政府部門	如監察院對軍中人權重視
	來自非政府部門	民間團體之監督
	救濟制度之強化	如2009年陸海空軍懲罰法之修正

UNIT **5-12**
表現自由之集會遊行

圖解政治學

（一）集會自由為公開表達意見之重要途徑

憲法第 14 條規定人民有集會之自由，此與憲法第 11 條規定之言論、講學、著作及出版之自由，同屬表現自由之範疇。本於主權在民之理念，人民享有自由討論、充分表達意見之權利，方能探究事實，發見真理，並經由民主程序形成公意，制定政策或法律。因此，表現自由為實施民主政治最重要的基本人權。國家之所以保障人民此項權利，乃以尊重個人獨立存在之尊嚴及自由活動之自主權為目的。其中集會自由主要係人民以行動表現言論自由；至於講學、著作、出版自由係以言論或文字表達其意見，對於一般不易接近或使用媒體言論管道之人，集會自由係保障其公開表達意見之重要途徑（司法院釋字第 445 號解釋理由書）。

憲法第 14 條規定人民有集會之自由，旨在保障人民以集體行動之方式和平表達意見，與社會各界進行溝通對話，以形成或改變公共意見，並影響、監督政策或法律之制定，係本於主權在民理念，為實施民主政治以促進思辯、尊重差異，實現憲法兼容並蓄精神之重要基本人權（司法院釋字第 718 號解釋理由書）。

（二）集會自由之限制：「追懲制」、「報備制」、「許可制」

按集會、遊行有室內、室外之分，其中室外集會、遊行對於他人之生活安寧與安全、交通秩序、居家品質或環境衛生難免有不良影響。國家為防止妨礙他人自由、維持社會秩序或公共利益，自得制定法律為必要之限制。其規範之內容仍應衡量表現自由與其所影響社會法益之價值，決定限制之幅度，以適當之方法，擇其干預最小者為之。對於集會、遊行之限制，大別之，有追懲制、報備制及許可制之分（司法院釋字第 445 號解釋理由書）。

（三）雙軌理論

司法院釋字第 718 號解釋，宣告《集會遊行法》第 8 條第 1 項規定，室外集會、遊行應向主管機關申請許可，未排除緊急性及偶發性的集會、遊行，以及第 9 條第 1 項但書與第 12 條第 2 項關於緊急性集會、遊行的申請許可規定，違反憲法第 23 條比例原則，不符憲法保障集會自由的意旨，均應自 2015 年 1 月 1 日起失其效力。行政院前於 2012 年 5 月 24 日第 3299 次會議通過《集會遊行法部分條文修正草案》，送請立法院審議。因應 2014 年 3 月 24 日釋字第 718 號解釋，行政院於 2014 年 8 月 18 日第 3411 次會議通過《集會遊行法部分條文再修正草案》，送請立法院審議，修正要點包含：❶增訂偶發性集會、遊行無須報備之規定（再修正條文第 4 條）；❷修正緊急性集會、遊行報備期間（再修正條文第 8 條）；❸增訂偶發性及緊急性集會、遊行舉行之限制，以確保和平集會（再修正條文第 15 條）；❹增訂實際負責人於集會、遊行中止或結束，應宣布之（再修正條文第 21 條）。

基本上，司法院釋字第 718 號解釋，仍承襲第 445 號解釋之雙軌理論（two-track theory）。意即，對於集會自由之事前審查，審查基準為「言論內容」者，如以共產主義或分裂國土言論，而駁回申請，應屬違憲；如審查基準為「時間、地點及方式」，並未涉及集會、遊行之目的或內容者，屬立法自由形成之範圍。

原《集會遊行法》採「準則主義之許可制」
（司法院釋字第445號解釋理由書）

《集會遊行法》第8條	第1項前段雖規定室外集會、遊行，應向主管機關申請許可，惟其但書則規定：❶依法令規定舉行者；❷學術、藝文、旅遊、體育競賽或其他性質相類之活動；❸宗教、民俗、婚、喪、喜、慶活動，均在除外之列
	可見集會遊行法係採許可制
《集會遊行法》第11條	第11條規定申請室外集會、遊行，除有同條所列情形之一者外，應予許可
	從而申請集會、遊行，苟無同條所列各款情形，主管機關不得不予許可，是為準則主義之許可制

2012年5月《集會遊行法修正草案》修正重點
（草案總說明）

	為落實憲法對表現自由之保障，爰刪除現行條文第4條（集會遊行不得主張共產主義或分裂國土）
改採報備制	將室外集會、遊行應向主管機關申請許可，修正為向主管機關報備
	同時配合規範報備機制，有關報備期間、報備程序、報備程式及報備場所、路線、時間競合或相鄰時之處理；報備後遇有不能如期舉行應有作為，以符程序
	為保護集會、遊行活動安全，主管機關應依職權採取必要措施
	因集會遊行改採報備制，有關許可條件、許可通知、救濟及撤銷、變更、廢止等規定，已無必要，爰刪除現行條文第11條至第17條
和平方式	為保障集會、遊行和平舉行，明定集會、遊行應以和平方式為之
	不得使用暴力或攜帶足以危害他人生命、身體、自由或財產安全之物品，及扣留處理
	為確保以和平方式舉行集會、遊行，避免發生危害情事，主管機關應以適當之方法執行本法規定，採取命令解散除有明顯事實即將危害生命、身體、自由或對財物造成重大損壞之情形外，應先踐行警告二次無效，始得為之，俾落實保障集會、遊行之自由
	為使集會、遊行舉行能兼顧社會公益及他人權益，定明集會、遊行應於報備之時間、場所、路線舉行，並避免影響鄰近道路、場所使用人權益及學校、醫療院所之安寧，舉行後應於12小時內清理完畢所留廢棄物或污染之規定
	為保障集會、遊行順利舉行，妨害集會、遊行之人經排除仍拒絕離開現場時，負責人得請求現場警察指揮官協助強制驅離
	因刑事罰、連帶損害賠償責任及罰鍰逾期不繳納強制執行，均回歸適用刑事、民事、行政執行等法律之規定，爰刪除現行條文第29條至第32條及第34條

UNIT 5-13
語言人權

De Varennes（2010）指出，語言人權的概念，來自普遍人權標準，尤其是：非歧視、表意自由、私人生活權、語言少數群體成員與群體中的其他人一起使用自己的語言之權等。聯合國少數群體問題特別報告員（United Nations Special Rapporteur on minority issues）於 2017 年出版的《語言少數群體的語言權利：實用落實指南》（Language Rights of Linguistic Minorities: A Practical Guide for Implementation）指出，語言人權可被視為國家機關在多語環境中使用特定語言，或不干涉個人語言選擇及表達之義務。

在國際人權標準上，聯合國的《語言少數群體的語言權利：實用落實指南》指出，語言人權應關注領域為：❶少數群體語言及語言少數群體生存威脅；❷承認少數群體語言及語言權利；❸公共生活中使用少數群體語言；❹教育中的少數群體語言；❺媒體中的少數群體語言；❻公共行政及司法中的少數群體語言；❼少數群體語言在姓名、地名、公共標誌之使用；❽參與經濟及政治生活；以少數群體語言提供資訊及服務等 9 個領域。又依《歐洲保護少數民族框架公約》第 4 條的概念，將語言平等分為二個層次：❶各語言在法律前平等（equality before the law），並受到法律平等的保護（equal protection of the law）；因而，應禁止對於任何語言的歧視；❷國家應於必要時，考慮語言使用者的特殊情況，採取適當措施，以促進語言充分有效平等；即積極性平權（優惠性差別待遇）；但應注意者，國家所採取的「適當措施」，應遵行「比例原則」。

當代國家對於語言人權的實現，承擔一定的義務。聯合國人權事務高級專員辦事處 2010 年出版《國家人權機構：歷史、原則、作用及職責》，及 2012 年出版《人權指標：測量與執行指引》，暨各國議會聯盟（Inter-Parliamentary Union）、聯合國人權事務高級專員辦事處 2016 年共同出版《人權：議員手冊第 26 號》（Human Rights: Handbook for Parliamentarians N° 26）等文件指出，國際人權條約及國際習慣法，課予國家三種義務：❶尊重（respect）義務：國家應避免干預個人或團體所享有人權，國家的任何作為，不得違反國際公約人權保障規範；❷保護（protect）義務：國家應保護個人權利免受第三方之侵害（第三方包含非國家行為者、外國國家機構、國家機構非執行職務的行為等），國家應採取積極作為，確保個人權利不受侵害；❸實現（fulfill）義務：國家非侷限於預防措施，應採取積極行動，確保人權的實現（王保鍵，2022：66）。歐洲安全與合作組織的少數族裔事務高級專員於 1999 年的《少數族裔語言權利報告》（Report on the Linguistic Rights of Persons Belonging to National Minorities in the OSCE Area）結論中指出，保護語言人權的法律框架是避免侵害少數群體權利，並為實踐國際標準的第一步。

為實現語言人權，除國際人權法外，各國憲法或國內法亦會規範語言人權條款，明定語言權利之保障及實現機制。如芬蘭為實現《芬蘭憲法》（Constitution of Finland）第 17 條的語言權利，定有《語言法》（Language Act）、《薩米語言法》（Sámi Language Act）、《手語法》（Sign Language Act）。

人權之國家義務（OHCHR, 2012）

尊重（respect）	保護（protect）	實現（fulfill）
國家應避免干預人權	國家應防止私人行為者或第三方侵犯人權	國家應採取積極措施，包括通過適當的立法、政策和方案，確保人權的實現

《世界語言權利宣言》

1996 年 6 月 6 日至 8 日由多個非政府組織（NGOs）為主，在西班牙巴塞隆納（Barcelona）召開世界語言權利大會（World Conference on Linguistic Rights）所通過的《世界語言權利宣言》（Universal Declaration of Linguistic Rights），雖非聯合國文件，但其所建構的語言權利，極具參考價值。

世界語言權利宣言	不可剝奪的個人權利（inalienable personal right）	作為特定語言社群成員，並獲得承認權利
		在私人和公共場合使用自己語言的權利
		使用自己姓名的權利
		與原有語言社群其他成員聯繫與交往權利
		保存與發展自身文化權利
	語言群體的集體權利（collective rights of language groups）	教授自身語言及文化權利
		取得文化服務權利
		傳播媒體公平使用自己語言權利
		以自己語言與政府互動權利

以國家人權機構理念設置語言監察使

國家人權機構	依《國家人權機構：歷史、原則、作用及職責》所定義的國家人權機構：承擔保護、促進人權之憲法或法律任務的國家機構，其為國家機器的組成部分，並由國家提供經費。
	依《歐洲聯盟成立及認證國家人權機構手冊》定義國家人權機構，為依國內法所設置的獨立機關，以執行保護及促進人權之任務。
第 10 屆立法委員賴香伶等 17 人所提出《臺灣客家語言發展法（草案）》第 47 條規定（院總字第 1783 號，委員提案第 27673 號）	立法院應設語言監察使一人。語言監察使由立法院長任命，任期七年，不得連任。語言監察使得任命語言監察使辦公室相關職員。
	語言監察使得依職權或陳情，對涉及政府機關（構）提供語言措施或服務事件進行調查，並依法處理及救濟。語言監察使於進行申訴案調查時，得請求相關機關提出說明，受請求機關不得拒絕。
	語言監察使應每年就少數群體語言權利保障及政府機關（構）語言政策及措施，向立法院提出報告。

UNIT 5-14
國家語言

（一）國家語言之法律框架

在 2000 年《大眾運輸工具播音語言平等保障法》基礎上，2016 年總統與立法委員選舉結果，政黨輪替，形成行政權與立法權同屬一政黨的「一致性政府」（unified government），國家語言之政策窗（policy window）開啟，相關語言法律陸續制定，包含：2017 年 6 月 14 日制定《原住民族語言發展法》、2018 年 1 月 31 日修正《客家基本法》、2019 年 1 月 9 日制定《國家語言發展法》、2019 年 6 月 5 日制定《文化基本法》（第 6 條）。上開五部法律，約略可分為二個時期：第一時期的《大眾運輸工具播音語言平等保障法》彰顯出語言作為族群身分識別重要元素；第二時期的《原住民族語言發展法》、《客家基本法》、《國家語言發展法》等，則將臺灣各固有族群使用之自然語言，定位為國家語言。

（二）語言權利

在語言文化權的保障機制上，可分為「實體權利」與「平等權」兩個層次。「實體權利」者，係憲法或法律所保障之權利，包含：❶人民排除政府侵害之自由權，如憲法保障之言論、講學、著作及出版等權利；❷人民請求政府為特定作為之請求權，如依《政府資訊公開法》請求政府公開資訊。「平等權」者，則有別於自由權，並非係一實體的權利，其欠缺實質的內容，常依附於其他權利之上，只要與某種權利結合，即成為該種權利的內涵，如性別平等權、工作平等權等（司法院釋字第 571 號解釋，大法官楊仁壽之不同意見書）。

相對於《大眾運輸工具播音語言平等保障法》以平等權為中心，《原住民族語言發展法》、《客家基本法》、《國家語言發展法》建構出：❶實質的語言權利，如國家語言為學習語言權、國家語言為接近使用公共服務權等；❷促進語言發展措施，如建置國家語言資料庫、實施國家語言為地方通行語等。事實上，當各族群母語取得國家語言地位，伴隨而生的語言權利，及促進語言發展措施，是體現其語言地位所不可或缺之制度安排。缺乏語言權利之實質規範性，無法成為政府的作為義務，屬虛有其表之語言地位。意即，族群母語之國家語言地位，須有實質的語言權利規範，以產生人民公法上權利，並有具體的促進語言發展規範，以產生政府作為上義務，俾利族群語言的復振及發展（王保鍵，2020a）。

（三）地方通行語

為落實國家語言保障機制，《國家語言發展法》定有「指定特定國家語言為地方通行語」機制。即依《國家語言發展法》第 12 條規定：「直轄市、縣（市）主管機關得視所轄族群聚集之需求，經該地方立法機關議決後，指定特定國家語言為區域通行語之一，並訂定其使用保障事項。」

另原住民族地區之地方通行語的實施，依《原住民族語言發展法》第 14 條至第 16 條，包含：❶書寫公文書；❷大眾運輸工具及場站之播音；❸政府機關（構）、學校、公營事業機構之標示；❹山川、古蹟、部落、街道、公共設施之通行語及傳統名稱標示。

國家語言權利

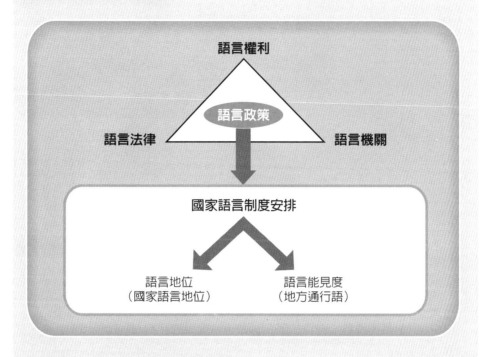

地方通行語之法律框架

<table>
<tr><td colspan="2">憲法</td><td colspan="2">憲法增修條文第10條第11項</td><td>憲法增修條文第10條第12項[1]</td></tr>
<tr><td rowspan="2">法律</td><td>基本法</td><td>客家基本法第4條</td><td></td><td>原住民族基本法第9條第3項（日出立法）</td></tr>
<tr><td>一般法律</td><td></td><td>國家語言發展法第12條</td><td>原住民族語言發展法第2條、第14條至第16條</td></tr>
<tr><td rowspan="2">命令</td><td>法規命令</td><td>客語為通行語實施辦法</td><td>國家語言發展法施行細則第8條</td><td></td></tr>
<tr><td>行政規則</td><td></td><td></td><td>原住民族地方通行語及傳統名稱標示設置原則</td></tr>
</table>

---

[1] 《客家基本法》第1條及《國家語言發展法》第1條皆揭示國家尊重多元文化精神。至《原住民族基本法》第1條立法說明指出，本法之制定，係認落實憲法增修條文第10條第12項規定及總統政見「原住民族與台灣政府新的夥伴關係」、「原住民族政策白皮書」。

第 **6** 章
政府論

●●●●●●●●●●●●●●●●●●●●●●●●●● 章節體系架構 ▼

UNIT **6-1**
政府首長與國家元首間的關係

圖解政治學

基於憲政主義之精神在於以權力分立機制來落實人權保障；現代民主國家多採行政、立法、司法之三權分立機制。而本章政府論則側重於行政權與立法權之互動關係所產生之內閣制、總統制、雙首長制等探討，至司法權則重視其司法獨立性（任何政府體制皆應司法獨立）。不同的國家有不同的政府體制設計，但每一種政治體系的政治領袖中都可分辨出兩個基本的角色：一為國家元首；另一為政府首長。

（一）政府首長與國家元首

現代民主政治，政府體制的設計多採取行政、立法、司法三權分立原則；政府首長（the head of government）便是行政體系的最高首長，具有實際的行政決策與執行權。依我國憲法第 53 條：「行政院為國家最高行政機關」故行政院長是我國政府首長。

從國際法的角度，國家是一個公法人，國家元首（chief of state）是這個公法人的代表，所以國家元首對外代表國家。同時也是政體的象徵性和禮儀性的職位。依我國憲法第 35 條：「總統為國家元首，對外代表中華民國。」

（二）政府首長與國家元首之關係

❶政府首長與國家元首由同一人擔任

政府首長是具有實際的行政決策與執行權的人，而這個人也同時是國家的對外代表（國家元首），而將政府首長與國家元首結合在一起，通常呈現在政府體制設計上為「總統制」。例如，美國總統一方面要代表美國出席各項國際會議、接待他國到美國訪問之元首等（國家元首角色）；另一方面，又決定出兵

攻打伊拉克（政府首長角色）。

❷政府首長與國家元首分別由不同人擔任

政府首長是具有實際的行政決策與執行權的人，而與國家的對外代表（國家元首）分由不同的人擔任，國家元首是否具有實權又可分為：

①國家元首為虛位元首：如果這個國家元首僅是扮演國家禮儀性之角色，不具有任何政治上之實權，也不具有任何公共政策決策之權力，則為一個虛位元首（如日本天皇、英國女皇）。在這種國家元首是虛位元首，而政府首長獨享行政決策與執行權，通常呈現在政府體制設計上為「內閣制」。例如，日本的各種國家元首之禮儀性角色都由日本天皇擔任，而日本天皇是世襲的君主；實際負責行政決策與執行權的為內閣總理，一切行政權都由內閣總理所掌握。

②國家元首具有政治實權：如果這個國家元首不僅是扮演國家禮儀性之角色，還具有政治上之實權，具有影響或決定公共政策之權力，不是一個虛位元首；同時，政府首長也享有行政決策與執行權。這種國家元首與政府首長分享行政權，呈現在政府體制設計上為「雙首長制」（或稱半總統制）。例如，法國總統。

🖳 小博士解說

政府負責能力（governmental accountability），傳統是強調透過選舉來監督統治者之「垂直負責能力」（vertical accountability）；近來強調政府內部監督機制之「水平負責能力」（horizontal accountability），如政風肅貪機關、審計制度等。

政府首長與國家元首之意涵

對外代表國家　國家元首　政府首長　行政體系的最高首長

政府首長與國家元首間之關係

政府首長與國家元首是否同一人擔任		政府體制設計	代表國家
政府首長與國家元首由同一人擔任		總統制	美國
政府首長與國家元首分別由不同人擔任	國家元首為虛位元首	內閣制	英國
	國家元首具有政治實權	雙首長制	法國

日本與英國近代君主年表

日本		英國（溫莎王朝）	
在位時間	君主名稱	在位時間	君主名稱
1867-1912	明治天皇	1911-1936	喬治五世
1912-1926	大正天皇	1936	愛德華八世
1926-1989	昭和天皇	1936-1952	喬治六世
1989-2019	明仁天皇	1952迄今	伊莉莎白二世
2019迄今	德仁天皇		

日本近代簡史

日本近代簡史

1868年	實行「明治維新」，廢除封建割據的幕藩體制，建立統一的中央集權國家，恢復了天皇君權統治
1937年	日本對中國發動侵略戰爭，後擴大為太平洋戰爭，形成第二次世界大戰的東亞戰局
1945年	日本無條件投降
1947年	日本實施新憲法，由絕對天皇制國家變為以天皇為國家象徵的議會內閣制國家

易混淆之觀念釐清

權力分立為憲政主義與民主政治之基石		
	是否有權力分立	權力分立後，行政與立法關係
內閣制	有	融合（連結）
總統制	有	制衡

UNIT **6-2**
單院制與兩院制國會

（一）單院制與兩院制

❶單院制

單院制國會（Unicameral）者，由人民選出議員組成一個單一國會，由此單院制國會行使所有的立法權。如紐西蘭、西班牙、丹麥、以色列等。

❷兩院制

兩院制國會（Bicameral）者，係將國會分設上議院及下議院，立法權由兩院共同行使。如美國聯邦憲法第 1 條明定「憲法所授予之立法權，均屬於參議院與眾議院所組成之美國國會」；或法國第五共和憲法第 24 條規定，國會包括國民議會及參議院。

①兩院之代表利益不同

一般來說，上議院為邦或貴族之代表，下議院則代表人民。因此，兩院制國會之國家，若採內閣制或雙首長制者，內閣總理之正當性基礎多來自於國會中之下議院，如英國、德國、法國、日本等。

②法案須經兩院共同審議

因兩院制國會係一個立法權，由兩院共同行使，故法案須分別經上議院及下議院審議通過，始得完成立法程序。如兩院各自審議結果，出現意見分歧時，便須召開兩院協調委員會處理。

③各國上議院權力大小不一

各國因國情差異，上議院之組成及其權力大小亦有所不同；可就兩院間權力大小關係，分為「強權型上議院」及「弱權型上議院」。

Ⓐ強權型上議院

強權型上議院之代表為美國參議院（Senate）。美國參議院係由每州選出 2 名參議員，共 100 人所組成。參議員任期為 6 年，每 2 年改選三分之一的議員席次，參議院議長是由美國副總統擔任。依美國憲法規定，參議院除與眾議院共同行使法案審議權外，尚可單獨行使「最高法院大法官、重要部會首長之人事同意權」及「國際條約締結審議權」等，讓參議院之權力及地位高於眾議院。

Ⓑ弱權型上議院

弱權型上議院之代表為英國貴族院（House of Lords）。英國貴族院是英國國會的第二院（second chamber of the UK Parliament），於 1999 年《貴族院改革法》（House of Lords Act 1999）通過後，刪減貴族院議員總額，並終結世襲貴族權力。目前約有 700 名的非世襲終身貴族（Life peers）、26 名的主教（Archbishops and bishops）及尚存的 92 名世襲貴族（Elected hereditary members）。因貴族院議員非民選產生，不具民意基礎，故其政治權力趨於弱化。

（二）單院制與兩院制之優缺點

❶單院制與議事效率

採取單院制，立法權集中於一院，權責關係明確，議事效率較高，為單院制主要優點。然而，立法過程嚴謹度較弱，對行政部門之制衡監督不及兩院制，為單院制主要缺點。

❷兩院制與監督制衡

採取兩院制，立法權分散，對行政部門之制衡監督強度較強，且有兩院間彼此制衡之效，法案審議周延，為兩院制主要優點。然而，立法效率不及單院制，為兩院制主要缺點。

英國平民院（House of Commons）之崛起

	年代		主要發展
政治權力之崛起與強化	1376 年	善良國會（Good Parliament）	國會運用彈劾權（impeachment）起訴許多貪腐的官員，令其去職
	1386 年	美妙國會（Wonderful Parliament）	國會運用彈劾權迫使理查二世（Richard II）令其司法首長（Lord Chancellor）去職
	1399 年	殘酷國會（Merciless Parliament）	國會罷黜理查二世

英國貴族院議員之任命

	方式	由女皇依首相之建議而任命	
任命	任命委員會審查	任命委員會（House of Lords Appointments Commission）於 2000 年設立，由委員 7 人組成	
		推薦非政治性終身議員（non-party-political life peers）	
	程序	特殊任命情況	現任平民院議員（House of Commons）卸任時，視情況提名
			首相去職時之「禮遇」（resignation honours），讓首相可以提名其政治盟友
			三個主要政黨的重量級政治人物，並願意在貴族院擔任發言人或黨鞭工作者
			首相欲任命不具議員身分者為內閣閣員時
			26 名的主教議員退休時，任命新任主教議員
			卸任平民院議長（speakers of the House of Commons）

紐西蘭（New Zealand）從「兩院制國會」改行「單院制國會」

1854 年至 1951 年	兩院制國會	上議院	立法議會（Legislative Council）
			類似英國貴族院，由非民選之議員組成
			1951 年 1 月 1 日正式廢除
		下議院	眾議院（House of Representatives）
1951 年迄今	單院制國會（House of Representatives）	議員總額	120 人
		任期	3 年

UNIT **6-3**
內閣制

（一）淵源

通說皆以為英國為內閣之母，惟英國內閣制不是根據理論學說推演出來的，是歷史經驗由政治慣例逐漸累積來的。英國最早開始使用「國會」（Parliament）此一專有名詞始自於1236年，是借用法文的「parler」。剛開始國會僅是一個論政、議政之處，並不是一個制度化的機構，一直到1272年愛德華一世（Edward I）在位時期，國會才成為一個正式的制度化機構。

英國的政治發展過程是在許多政治事件及文獻建構下所形成的「國王的統治權逐漸移轉至國會」的路徑。從1215年的《大憲章》（Magna Carta）開始限制王權，歷經1649年查理一世（Charles I）敗於克倫威爾（Oliver Cromwell）領導下的議會軍並遭處死，到1689年威廉三世（William III）簽署《權利法案》（An Act Declaring the Rights and Liberties of the Subject and Settling the Succession of the Crown）；1742年首相Robert Walpole 因提案沒有獲得國會之信任通過而辭職，到最後因選舉權的擴大普及，使得政黨政治興起。

英國的國會早期僅有貴族院（House of Lords），於愛德華三世（Edward III）在位時，平民院（House of Commons）成形，剛開始與貴族院共同議政，至1341年平民院與貴族院分離，而成為兩院制國會。

選舉權的普及一方面達到人民主權之理想，一方面也使政黨必須訴諸人民支持，再加以政治文化中選黨不選人及對不成文憲法慣例的尊重支持，使得英國內閣制雖無權力分立設計上之制衡，卻有政黨政治上之制衡——政黨內閣制（party cabinet）。

（二）內閣制特質

內閣制政府（Parliamentary government）是一種政府在議會內或透過議會進行統治的政府，可以說將立法與行政部門「融合」在一起。布萊斯（J. Bryce）在《Modern Democracies》一書中，認為內閣制特質為：

❶元首或由選舉，或由世襲，而均不對議會負責，議會也不能罷免之。

❷一群內閣閣員由議會選任並罷免之，他們對議會負責。這一群人組織行政機關，而稱為內閣。他們或由習慣，或依法律規定，必兼為議會之議員。

❸議會中一院或二院由人民選舉，但內閣總理得解散之。

另依海伍德（Andrew Heywood）的觀點，內閣制的主要特徵如下：

❶政府組成決定於國會大選的結果，根據政黨代表席次的多寡而定；並無另外選舉產生的行政部門。

❷政府人員來自國會，通常由擁有多數控制權的政黨或政黨聯盟領袖們來擔任。

❸政府對國會負責，因此政府有賴於國會的信任，假如失去信任則可令政府垮台（一般由下議院為之）。

❹大部分例子中，政府能「解散」國會，此意味著選舉時間在最大規定期限內具有彈性。

❺由於政府首長（通常是總理）屬於議會官員，因此另有一位國家元首：憲法上的君主，或非屬行政部門的總統。

英國近代簡史

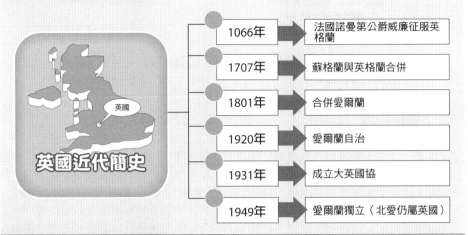

英國近代簡史

1066年	→	法國諾曼第公爵威廉征服英格蘭
1707年	→	蘇格蘭與英格蘭合併
1801年	→	合併愛爾蘭
1920年	→	愛爾蘭自治
1931年	→	成立大英國協
1949年	→	愛爾蘭獨立（北愛仍屬英國）

內閣制概念圖

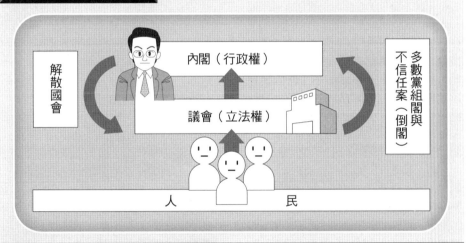

解散國會

內閣（行政權）

議會（立法權）

多數黨組閣與不信任案（倒閣）

人　　　民

英國國會與司法體系

	院別	名額	產生方式
國會	上議院（House of Lords）	646名	世襲及加封之貴族、教士及社會賢達等組成
	下議院（House of Commons）	725名	公民直選
司法體系	地方法院（Magistrate's Court or County Court）	上訴法院	終審法院
	舊制　以國會上議院為最高上訴法院		12名議員同時擔任「常任上訴法官」
	新制　2005年通過《憲政改革法案》		2009年10月1日正式成立最高上訴法院，司法權完全獨立

UNIT **6-4**
內閣制特徵

一般通說概都認為內閣制之特徵有三：信任、副署、責任制度。

（一）信任制度

選民選出議員組成議會，再由議會中掌握多數席次的多數黨獲得執政權，來組成內閣。故，雖說由元首來任命總理或首相，但須以此總理獲得議會之信任為前提，元首並不能憑個人意志之好惡來任命總理，元首即是一虛位元首，即國王不能為非（The king can do no wrong），虛位元首不負政治及法律上責任之意。進一步觀之，內閣閣員之產生是由總理所信任而提請元首任命的。而這樣一個總理組閣權，也使內閣制有走向首相總理制之趨勢。如 H. Finer 於 1932 年在《現代政府理論與實務》（*The Theory and Practice of Modern Government*）中所闡述的：內閣總理對其閣員，有極大的權力。閣員須對總理負責，而使內閣成為總理之內閣。必要時，總理可以推翻內閣會議的多數反對票，因總理發現自己是少數。但吾人以為，在內閣總理與閣員都須為國會議員之情況下，總理選定閣員往往必須從議員中尋找，是不是能成為首相制（總統制），還需要有一條件的配合，那便是：有紀律的黨紀。這也是說，總理的正當性往往建立於同黨籍議員的支持，如漠視這些同黨議員的支持，是否能持續執政，不無疑問（如日本長期一黨獨大下之自民黨，內閣總理更迭頻繁）；也因此內閣制下，行政部門是負一個集體連帶責任。

另外，因所採行的選舉機制不同，所投射出的當選席次也不同；即得票率與議會中所獲得席次有時在二黨差距甚微時，可能有得票率高的政黨在國會中反成在野黨（普選票為多數，但國會席次為少數）。此時，仍應由掌握多數席次的政黨來組閣。這與美國總統制下，也發生了四次少數總統的情況相似。

（二）副署制度

在內閣制中，元首既是一虛位元首，而內閣之行政作為又須透過元首名義發布，那如何釐清其權責分野呢？那便是「副署制度」：副署者負實際政治權責。基此，命令的發布或處分的作成，應有內閣的副署始合法有效。而虛位元首對於內閣要求其簽署之法案或命令等，也不得拒絕，元首僅有形式上的發布權，一切仍以內閣之意志為依歸。如 W. R. Anson 所言：「從前是君主藉內閣來統治，現在是內閣藉君主來統治。」

（三）責任制度

內閣制中，行政部門的內閣在國會的信任支持下來組閣。若國會採二院制，則往往須受代表人民的下議院之支持，基此，內閣負責的對象也便是國會或二院制中的代表人民之一院。國會也可藉不信任案的方式來倒閣，內閣也可解散國會，重新大選，以探求人民真意；這便使得責任政治更得以強化，以貫徹內閣正當性來自議會，便須對議會負責之理念。W. R. Anson 有言：「推翻內閣的權，由元首移屬於下議院，由下議院移屬於國民，即移屬於選舉人。」一旦內閣所提之信任案不被國會所通過或國會提出之不信任案通過，則內閣便不能再行使統治權，那在多黨分立的國會或採聯合內閣始得執政之內閣制國家，勢將缺乏穩定性，容易因政爭而倒閣。是以，在德國便有百分之五門檻限制，以消除泡沫政黨；以及建設性不信任案投票（constructive vote of no confidence）之制度設計，來強化內閣之穩固性。

內閣制概念簡表

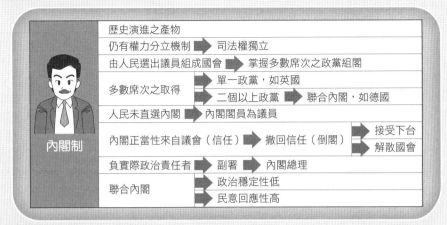

內閣制		
	歷史演進之產物	
	仍有權力分立機制 ➡ 司法權獨立	
	由人民選出議員組成國會 ➡ 掌握多數席次之政黨組閣	
	多數席次之取得	單一政黨，如英國
		二個以上政黨 ➡ 聯合內閣，如德國
	人民未直選內閣 ➡ 內閣閣員為議員	
	內閣正當性來自議會（信任）➡ 撤回信任（倒閣）	接受下台
		解散國會
	負實際政治責任者 ➡ 副署 ➡ 內閣總理	
	聯合內閣	政治穩定性低
		民意回應性高

英國的政黨

性質別	黨名
全國性	保守黨（Conservative）
	工黨（Labour）
	自由民主黨（Liberal Democrat）
地區性	蘇格蘭民族黨（Scottish National）
	威爾斯民族黨（Welsh Nationalist- Plaid Cymru）
	北愛統一黨（Ulster Unionist）
	北愛民主統一黨（Democratic Unionist）
	北愛社會民主勞工黨（Social Democratic and Labour）

聯合內閣的理論與形式

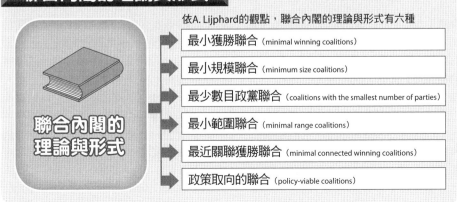

依A. Lijphard的觀點，聯合內閣的理論與形式有六種

聯合內閣的理論與形式

- 最小獲勝聯合（minimal winning coalitions）
- 最小規模聯合（minimum size coalitions）
- 最少數目政黨聯合（coalitions with the smallest number of parties）
- 最小範圍聯合（minimal range coalitions）
- 最近關聯獲勝聯合（minimal connected winning coalitions）
- 政策取向的聯合（policy-viable coalitions）

UNIT **6-5**
內閣制下行政與立法關係

內閣對國會所負之責任是一集體共同的連帶責任。意即，縱使國會是對內閣中的某一部會提出不信任案，整個內閣都須辭職下台。申言之，國會如對外交部提出不信任案並通過，則國防部等全部內閣部會皆須下台。但，這是因某部會之政策作為不獲國會信任而連帶負責，若是因部會長官個人問題，如涉及個人私德之緋聞，則無連帶責任之問題。進而言之，就行政權與立法權之關係析之，是一種行政部門與國會既相結合，又相對抗之情況。

行政部門的正當性來自於國會，其施政作為也須國會之支持；也因此，無論閣員是否同時具有議員之身分都應可出席議會說明政策以獲得議員支持。是以，行政部門與國會就這一層面觀之，是一種緊密結合的狀態；內閣離開了國會，其領導執政地位之存續便有了問題，更遑論政策推行。

那如果內閣須完全依附於國會，內閣是否會失去其自主性，成為國會之執行機關呢？基此，制度設計上便有一讓行政部門可以與國會相對抗之工具。這便是解散國會權。當行政與立法發生僵持時，內閣便可藉解散國會權之運用，來訴諸民意，詢問人民確實的真意。新國會若不信任內閣，內閣就必須辭職。反之，國會也可藉不信任案之倒閣權來與內閣相對抗，要求內閣下台。由是，此種制度上之設計，便造成了行政與立法間相對抗之情形。

當然，有時解散國會重新大選並不一定是行政與立法發生僵持，可能是此時內閣政績卓越，乃重新大選以延長內閣執政壽命。

就實際政治運作之角度分析之，在採行二黨制的內閣制國家，如英國。因選民政治文化中「選黨不選人」之影響，使得議員欲連任，往往視黨的提名與否，黨紀也較強；在國會中，同黨議員在投票時也多以黨領導為主。由此，反而形成內閣在領導國會之情況，國會反而像內閣中的一個立法局。此時權力分立上的制衡，就成為執政黨與在野黨、內閣與影子內閣間的「政黨制衡」。

但若採內閣制的國家中為多黨制之態樣，沒有一大黨能有過半數席次來獨立組閣，那便會形成一「聯合內閣」。內閣容易更迭頻繁，行政部門之穩固性較易不足，政策之持續性也缺乏的情況；如法國第三、四共和時期。

為解決此種情況，便有前所提及德國之政制設計，一政黨得票率須超過百分之五，才得以在國會中分配席次，以降低單一議題政黨進入國會之可能，也可使極端議題政黨不易進入國會，增加國會政黨之同質性，趨向政治光譜之中間，政治上便可穩定些。同時，德國另採取建設性不信任（constructive vote of no-confidence），乃指國會如欲以不信任案倒閣，必須也同時以過半數選出一新內閣總理，來避免國會恣意無理地倒閣，提高政治穩定性。

因為德國國會不能只靠不信任案的投票通過而逼使總理下台，除非國會進一步選出明確的新任總理人選，有了新任人選後，現任總理才需要辭職下台。因此，德國的聯合政府大致上可以維持一段相當穩定的運作期間。德國被稱為「兩個加一」政黨制，也就是德國有兩個大政黨與其他小政黨。

德國近代簡史

德國近代簡史

第二次世界大戰後	美蘇英法四強依據柏林協定分別占領德國，並分別成立監督理事會，為最高權力機構
1949年5月23日	制頒基本法，8月14日舉行大選，德意志聯邦共和國（統一前簡稱為西德）成立
1949年10月7日	蘇俄占領區亦宣布成立「德意志民主共和國」（簡稱東德）
1989年11月9日	人民推倒柏林圍牆
1990年10月3日	東德依據西德基本法第23條加盟德意志聯邦共和國，德國正式統一

德國的政黨與內閣

政黨名稱	執政聯盟	內閣首相
基民黨（CDU）	共同組成大聯合政府	基民黨主席梅克爾（Angela Merkel）於2005年11月22日就任聯邦總理
基社黨（CSU）		副總理由社民黨慕特費寧（Franz Muentefering）出任
社民黨（SPD）		
自民黨（FDP）	在野陣營	
左派黨（DIE LINKE）		
綠黨（DIE GRUENEN）		
民社黨（PDS）		

法國第三、四共和

法國第三共和	1870年	普法戰爭造成第二帝國垮台，乃成立第三共和
	1940年	因納粹德國入侵而倒台
法國第四共和	1946年	二戰結束，實施新憲法，成立第四共和
	1958年	因阿爾及利亞危機，國會授予戴高樂將軍（General Charles Andre Joseph Marie de Gaulle）全權，於是戴高樂利用這個機會建立了新的法國政府

UNIT **6-6**
英國政治制度新變革

2010 年英國國會改選，保守黨以限縮政府的權力，擴張社會的功能（shift from big government to big society）為訴求（Smith, 2010），終結工黨長達 13 年的執政，由保守黨與自由民主黨合組新聯合政府，並開啟國會改革。

（一）2010 年國會大選

英國選舉制度採相對多數票當選（first-past-the-post），2010 年英國下議院（House of Commons）選舉，議員席次因選區委員會（Boundary Commission）根據人口分布，重新劃定選舉區分界，致國會議員席次由 646 席增加為 650 席。

2010 年國會大選，值得觀察的面向略有：❶僵局國會：國會改選結果，出現了沒有任何一個政黨獲得議會中絕對多數席位（過半數席位）的情況，即所謂的懸空國會或僵局國會（hung parliament）；❷二戰後首次聯合內閣：在國會中無單一政黨取得過半數席次之僵局國會情況下，由保守黨與自由民主黨合組為聯合內閣（coalition government）；❸首次電視辯論：英國選舉史上第一次的電視辯論於 2010 年 4 月 15 日在曼徹斯特市舉行，由工黨 Gordon Brown、保守黨 David Cameron、自由民主黨 Nick Clegg 三黨黨魁進行辯論。

（二）國會改採固定任期，並規範解散國會條件

英國國會於 2011 年 9 月 15 日通過《固定任期制國會法》（Fixed-term Parliaments Act），國會任期固定為 5 年，本法並明定下次國會大選日期為 2015 年 5 月 7 日（週四）。《固定任期制國會法》通過前，英國首相可洽詢英女皇後解散國會，讓國會全面改選。但《固定任期制國會法》通過後，僅在兩個情況下，可提早改選國會：

❶國會以相對多數通過不信任案，且 14 天內未通過信任案以形成新政府；此新制頗類似於德國的建設性不信任案；❷國會議員三分之二以上通過改選國會之動議（A motion for a general election），計算總數包含缺額議員，目前三分之二的門檻為 434 席。

另外，國會 2011 年亦通過《國會投票制度及選區法》（Parliamentary Voting System and Constituencies Act），由獨立的選區委員會每 5 年檢討國會議員選舉區。《國會投票制度及選區法》並將國會議員總額調整為 600 名。

（三）「增補性投票制」

英國已在地方層級的選舉實施「增補性投票制」（supplementary vote system），如大倫敦市長（Mayor of Greater London Authority）及 2012 年新設置的警察及犯罪事務專員（Police and Crime Commissioners）。

增補性投票制可謂精華版的選擇投票制（Alternative Vote），選票上列出選區內的所有候選人，每個候選人旁邊有兩個欄位，選民在第一選擇的欄位中以單記方式註記（打叉），以選擇第一偏好之候選人；同時亦在第二選擇的欄位中以單記方式註記（打叉），以選擇第二偏好之候選人；第一選擇的欄位強制須圈選，選民可自由選擇是否圈選第二選擇的欄位。計票時，獲得第一選擇欄位得票過半數者當選，若無任一候選人獲得第一偏好過半數之得票，則取得票最高之前兩名進行第二輪計票，其餘候選人（非前二名）不能參與第二輪計票，其選票按第二欄位之偏好，將選舉票分別移轉予得票最高前二名候選人，並將此得票最高前二名候選人之原第一偏好及經移轉取得的第二偏好選票加總後，以得票較高者當選。

英國公民之選舉權

選舉人登記	英國須辦理選舉人註冊登記後始取得選舉人資格	
	選舉人註冊登記須具備	年滿 16 歲可辦理登記，但投票最低年齡為 18 歲（自 1969 年起）
		居住在英國
		英國公民或合格的大英國協或愛爾蘭共和國的公民
		未有不能投票之法定原因
投票方式	親自至投票所投票	於上午 7 時至晚上 10 時間，親自前往投票所投票
	通訊投票	須先向選務機關辦理通訊投票登記，採通訊投票之選民會在選舉日的一個星期前收到選票，如果沒收到選票，可在投票日 17 時前向選務機關申請一張替換選票
	代理投票	事前申請 事前申請代理投票
		緊急申請 投票日前，若有緊急病情需要治療而不能到投票所投票者，可申請因緊急病情之代理投票
開票方式	另設開票所，投票結束後，將選舉票封存後，將各投票所選票運送至指定開票所，集中開票	
	如果計票結果過於接近，或者某位候選人得票率接近 5% 的退還保證金之標準，將重新計票	
女性投票權	1918 年賦權予年滿 30 歲的女性	
	1928 年賦權予年滿 21 歲的女性	
選舉區劃分	獨立選區委員會	分別在英格蘭（England）、威爾斯（Wales）、北愛爾蘭（Northern Ireland）、蘇格蘭（Scotland）設有 Boundary Commission
	每一選舉區之選民數	以選舉人商數（United Kingdom electoral quota）為基準，有上下 5% 之寬容值
	面積限制	每一選舉區之面積不得超過 13,000 平方公里

英國國會的有趣資訊

面積最大	羅斯、斯凱和洛哈伯選區（Ross, Skye and Lochaber）
	約有 12,000 平方公里
面積最小	北伊斯靈頓選區（Islington North）
	約有 735 平方公里
全面改選	二次大戰後迄今共有 18 次
	1974 年在 2 月 28 日及 10 月 10 日一年內兩次改選國會（general election）
快洗國會	快洗國會（"wash-up" period），係指國會已被宣布解散，但離正式解散國會日還有數日的期間，此時內閣會尋求在野黨合作盡速通過尚未審議完成的法案，即法案大清倉

英國新設置「警察及犯罪事務專員」選舉票式樣（2012年11月15日投票）

Election of Police and Crime Commissioner for
your police area

Vote once [X] in column 1 for your first choice, and
Vote once [X] in column 2 for your second choice

	Column 1 first choice	Column 2 second choice
Candidate A		
Candidate B		
Candidate C		
Candidate D		

UNIT **6-7** 總統制的概念

　　總統制以孟德斯鳩三權分立之學說為基礎，中心概念便在分權（separation of powers）與制衡（checks and balances）。在美國獨立戰爭後，新大陸的人民為擺脫過去殖民母國的專制統治及新大陸所崇尚的自由風，便從如何盡量限制政府權力來保障人民自由之觀點入手，採行了當時洛克的「天賦人權」與孟德斯鳩「三權分立」之概念，實行了總統制。

　　孟德斯鳩在其《法意》（*The Spirit of the Laws*）中便說道：「我們的自由和權利，不能仰賴統治者的慈悲，必須不斷懷疑，不斷防範，不斷牽制。」正可說是總統制精神所在。

　　事實上，美國制定憲法之初，Roger Sherman 等人主張應仿效英國，採行內閣制；而 James Wilson 等人主張採用行政機關獨立於立法機關的制度。最後，制憲會議的人士考量到將行政權歸屬於總統一人，才易收行政機關所需之活動力（energy）、迅速（dispatch），及責任集中（responsibility）等益處；又為保障行政機關之獨立，規定總統由總統選舉人團選出。

　　關於總統制的特質，布萊斯（J. Bryce）在《現代民主》（*Modern Democracies*）書中，簡單舉出三點：

❶總統由人民選舉，有一定的任期，除受彈劾而免職之外，不對議會負責。他得任免各部首長，而關於外交內政，均有指揮的權力。

❷一群部會首長亦常稱為內閣，由總統任命並罷免之。他們依總統的命令而工作，並對總統負責，而不對議會負責。他們不得兼任議員。

❸議會由人民選舉，有一定的任期，總統不得解散之。議會通過之議案，總統對之有限制的否決權。

　　日本的杉原泰雄於《權力分立的諸型態與議院內閣制》中，認為美國總統制的特色為：

❶憲法上行政機關的構成要素只有總統，部長或內閣非憲法上行政機關之構成要素。部長只對總統負責，不對議會負責。憲法上並且禁止官吏兼任議員。

❷行政機關之正當性或權威，與立法機關同出一源——人民，不是來自立法機關。

❸嚴格限制立法機關干涉行政機關。總統直接對人民負責，議會不得向總統追究政治責任，亦不得以政治責任為理由罷免總統。

❹嚴格限制行政機關干涉立法機關。總統沒有召集、停止、解散議會之權，也沒有出席議會及發言權。特別一提的是，美國總統制基本精神，日本樋口陽一在其《比較憲法》書中認為：在於防止「立法機關優越之弊害」，故捨「純粹民主政治」（pure democracy），而行「共和」（republic），強調「均衡與限制之政府」（balance and limited government）。

小博士解說

　　權力分立是憲政主義之落實，故不管總統制或內閣制皆有制度上之權力分立；而權力分成行政、立法、司法三權後：

❶司法權是強調其獨立性。

❷行政權與立法權間正當性與運作關係分成總統制與內閣制，總統制二權間屬制衡（checks and balances），內閣制二權間則屬融合（fusion）。

總統制的概念

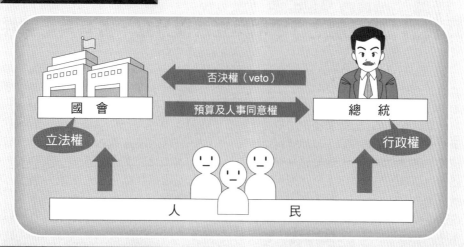

否決權（veto）

國會　←

預算及人事同意權　→　總統

立法權

行政權

人　民

美國近代簡史

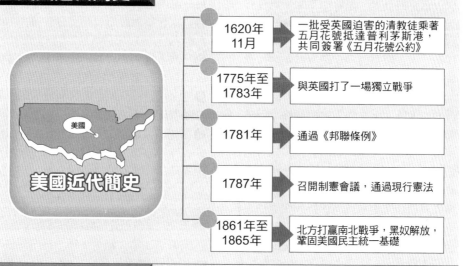

美國

美國近代簡史

1620年11月	一批受英國迫害的清教徒乘著五月花號抵達普利茅斯港，共同簽署《五月花號公約》
1775年至1783年	與英國打了一場獨立戰爭
1781年	通過《邦聯條例》
1787年	召開制憲會議，通過現行憲法
1861年至1865年	北方打贏南北戰爭，黑奴解放，鞏固美國民主統一基礎

美國主要政黨

	民主黨（Democratic Party）	1856年創黨	❶側重社會中下階層利益 ❷首位黑人總統：歐巴馬（Barack Obama）
	共和黨（Republican Party）	1854年創黨	側重社會中上階層利益

UNIT 6-8
總統制之行政權與立法權分立，各有其正當性

圖解政治學

總統制政府（Presidential government）的特徵在於基於權力分立的概念，政府內的立法與行政部門，各有其民意正當性來源。依美國憲法第 2 條第 1 項，「行政權力賦予美利堅合眾國總統。總統任期四年，總統和具有同樣任期的副總統，每州應依照該州州議會所規定之手續，指定選舉人若干名，其人數應與該州在國會之及眾議員之總數相等。」因此掌握行政權的總統，獨立而民選（由選舉人團選出），不僅不用對國會直接負責，國會亦不能任意令其去職。在總統制下，重點在國會對總統的監督制衡，以避免總統濫權。惟就責任而言，主要是透過定期改選向選民負責。

總統的正當性來自於人民的付託，國會的正當性也來自於人民的信任；行政與立法各有其正當性基礎，二者分立而不繫屬。基此，總統與國會議員皆有固定之任期。總統不可解散國會，國會也無倒閣權以強迫總統辭職下台。議員不得同時擔任官吏，以確保行政與立法之分立；而總統所屬的內閣部會首長，完全憑總統個人意志決定去留，僅只向總統一人負責。

在這種嚴格權力分立情形下，行政與立法各依憲法及法律而為，為確保二者的獨立分立性，總統在國會中沒有提案權，因提案權屬立法權之範疇。政府部門的提案，往往委由同黨議員代為提出。是以，總統的咨文權便成為一個揭示重要政策，以尋求支持的重要管道。

因為在總統制的概念下，總統是對國民負責，不須對國會負責。因此，總統所屬的內閣也只對總統負責，閣員憑總統個人意志決定去留。所以，約翰·甘迺迪（John F. Kennedy）當總統時，其弟羅伯·甘迺迪（Robert Kennedy）雖為司法部長，但卻是有著超過國務卿的分量；林肯總統（Abraham Lincoln）時，也有內閣會議之全員反對，一票贊成，本案贊成通過之情況。都說明著，總統是最終且唯一的決定者，而他只向人民負責。

依海伍德觀點，總統制的主要特徵如下：

❶ 行政首長與國會議員各自民選產生，每一部門皆具有憲法上的獨立權力。
❷ 國家元首與政府首長（行政首長）的角色結合於總統一職。
❸ 行政大權皆掌握在總統手中，內閣與各部會首長僅負責擔任總統的諮詢者。
❹ 立法與行政部門之間具有正式的人事分離制度（半總統制例外）。
❺ 選舉時間固定。總統無權得解散國會，亦不會被國會免職或倒閣（除非經由彈劾）。

小博士解說

美國憲法第 2 條第 1 項「每州應依照該州州議會所規定之手續，指定選舉人若干名」之規定，即為美國所特有之「選舉人團」制度。目前以加州之 55 張選舉人票居各州之冠；最少的為 3 張，計有 MT、WY、ND、SD、VT、DE、DC、AK 等州。以 2008 年美國總統大選結果，民主黨歐巴馬取得 52.4％之公民票（votes），馬侃獲得 46.3％公民票；惟在選舉人團票，歐巴馬取得 349 張，馬侃僅得 162 張。

美國總統的權力

主要內政權		主要外交權	
依據	內涵	依據	內涵
憲法第2條規定	任命官員的權力	憲法第2條第2項	簽署條約
憲法第2條第2、3項	總統為行政機構負責人；主要管理者	憲法第2條第2項	任命大使和其他官員
憲法第2條第3款規定	執行法律者	憲法第2條第2項	總司令，可以發動戰爭；惟國會1973年通過《戰爭權力法案》限制總統的戰爭權
1921年頒布的預算及會計法案	籌劃預算	傳統慣例	行政協定
憲法第2條第7款	否決權（覆議權）		
憲法第2條第3款	如果眾議院不同意會議時間，總統可以召集特別會議或下令國會休會		
傳統慣例	行政命令		
傳統慣例：最高法院裁決結果〈美國訴尼克森一案〉	行政特權		

美國選舉人團（Electoral College）

各州選舉人票數目	等於該州在國會之參眾議員數		
	人口多的州，其眾議院議員人數多，同時在總統選舉時擁有的選舉人票也多	如人口最多的加利福尼亞州的選舉人票多達55張，而人口較少的阿拉斯加州只有3張選舉人票	
總數為538張	參議員	100張	
	眾議員	435張	
	華盛頓特區（District of Columbia）	3張	
勝者全拿	某州的選舉人票全部給予在該州獲得相對多數普選票的總統候選人（Maine與Nebraska兩州為例外）		
當選總統	取得過半數（270張）以上選舉人票		
優點	側重小州之州權	體現美國憲法制衡之價值	
缺點	少數總統	如2000年布希取得271張選舉人票，勝過高爾的266張選舉人票，但高爾取得48.38%之公民票，布希取得47.87%之公民票	

UNIT 6-9
總統制之行政權與立法權互相制衡（一）

圖解政治學

美國在創建總統制時，出發點便在於保障人民之自由，儘量免除政府侵犯人權，乃使權力不集於某一機關手中。基此，乃有前述的各賦予行政、立法獨立之正當性的機制設計；進而，讓行政與立法的互相制衡，一方面可以防止雙方的專制權力；一方面也可免除雙方各行其是，有一連結之管道。

此種連結的機制便在於總統可對國會所通過的法案行使覆議權（veto）。經眾議院和參議院通過的法案，在正式成為法律之前，須呈送合眾國總統；總統如批准，便須簽署，如不批准，即應連同他的異議把它退還給原來提出該案的議院，該議院應將異議詳細記入議事紀錄，然後進行覆議。經總統覆議的法律案，國會則需有三分之二的絕對多數，才能維持原議案。總統只要掌握三分之一以上席次議員的支持，便可對總統所反對之議案予以封殺。而總統可藉行政資源之便，更易拉攏議員。如，美國總統的「參議員禮貌」。總統可在法律制定過程中，威脅要覆議，或法案制定後予以覆議以使自己的政策意志能貫徹，讓覆議權是一重要的牽制國會武器。

惟總統的覆議權，也不是漫無限制的。依鄒文海教授在其《比較憲法》書中，說明其限制在於：

❶覆議權必須於法律送達後 10 日內行之，10 日內不交回覆議而議會不在休會中者，該法律案視為已得總統的批准。

❷同一法律案，經總統覆議而仍為議會通過者，不得再行使覆議權。

❸總統覆議須覆議法律案之全部，而不得僅覆議部分條文。

❹總統不得對憲法修正案提出覆議，因其已經議會三分之二絕對多數通過。

其中，正因為覆議案只可全部覆議。美國實際政治運作上，就出現了議員為選區利益，將較不重要且不被行政部門接受的法案混雜於行政部門的重要法案中。這便是有名的夾帶、肉桶立法（Pork Barrel Legislation）。

另外美國總統有權締訂條約，但須爭取參議院的意見和同意，並須出席的參議員中三分之二的人贊成。總統並有權提名，並於取得參議院的意見和同意後，任命大使、公使及領事、最高法院的法官，以及一切其他在美國憲法中未經明定、但以後將依法律的規定而設置之合眾國官員（國會可以制定法律，酌情把這些較低級官員的任命權，授予總統本人、授予法院，或授予各行政部門的首長）。總統為合眾國陸海軍的總司令，並在各州民團奉召為合眾國執行任務時擔任統帥；總統可要求每個行政部門的主管官員提出有關他們職務的任何事件的書面意見，除了彈劾案之外，他有權對於違犯合眾國法律者頒發緩刑和特赦。

🗨 小博士解說

美國之行政權（executive）主要是由總統（president）、副總統（vice-president）、內閣（cabinet）、獨立機構（independent agency）所構成。

美國聯邦政府主要行政機構

內閣	白宮內機構	主要的獨立機構
國務院		
國防部（前身是戰爭部）	白宮辦公廳	核管制委員會
財政部	行政管理和預算局（OMB）	聯邦儲備系統
司法部（1870年設立）	經濟顧問委員會	國家行政總局
內務部（1849年設立）	國家安全委員會	國家航空和航太總局
農業部（1862年設立）	國家內政政策委員會（NSC）	人事管理局
商務部（1913年設立）	環境質量委員會	退伍軍人管理局
勞工部（1913年設立）	貿易談判特別代表辦公室	聯邦電訊委員會
衛生及公共服務部（1979年設立）	科學技術政策辦公室	聯邦貿易委員會
教育部（1979年設立）	行政管理辦公室	州際商業委員會
住房和城市發展部（1965年設立）	政策發展辦公室	聯邦勞工關係局
交通部（1967年設立）	全國毒品管理政策辦公室	證券和交易委員會
能源部（1977年設立）		
退伍軍人事務部（1989年設立）		

說明	司法部長是建國之初就有的內閣成員，但司法部是後來設立的。商務和勞工部最初設立於1903年，後來分為商務部與勞工部。衛生教育和福利部最初設立於1953年，後來分為衛生及公共服務部與教育部。九一一事件後，增設國土安全部，讓內閣總數為16個。 資料來源：http://usinfo.org/chinese_cd/AmGovIntro/BIG5/ch09.htm。

總統制概念簡表

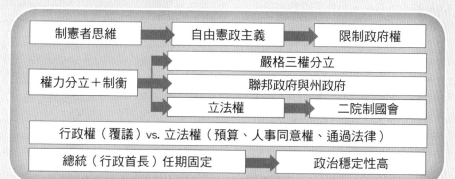

美國期中選舉

意涵	美國總統任期一半時，國會改選	多視為對現任總統施政之期中考
期中選舉結果	二次大戰結束以來，16次的期中選舉	
	執政黨在參議院敗選12次，平均失去3至4席	
	執政黨在眾議院敗選14次，平均失去24席	

141

UNIT **6-10**
總統制之行政權與立法權互相制衡（二）

圖解政治學

　　而國會對總統的牽制方式，重要的概有：預算權、人事同意權、條約批准權、軍事權、國會調查權、通過法律（行政部門須依法行政）等；簡言之，即「人」、「錢」、「法」。

　　按民主政治原理，國會或代表人民之眾議院通常都擁有預算權。所謂「財政為庶政之母」，沒有預算就等於沒有政策。是以，預算權是國會制衡總統的一項重要武器；而在嚴格權力分立的總統制下，各有其正當性，政治僵局不似內閣制可以藉倒閣或解散國會來化解。一旦雙方僵持，惟有透過協商一途。故，美國才有在 1995 年底有國會不通過預算，行政部門無錢而關門不辦公之情形發生。

　　而國會或二院制中上院參議院對政府重要人事的任命同意權，也是一重要節制行政部門之權力。一般說來，在實際政治運作上，國會對總統所任命之內閣部首長多予以尊重，但在法官的人選上就會有較強的意見。而國會對總統所提人選有意見，總統又堅持時，往往藉「休會任命」（recess appointment）來貫徹總統之意志。

　　總統制下總統同時具國家元首與行政最高領導者雙重身分，在外交事務上，往往有著寬廣的揮灑空間。而國會或二院制中之上院參議院可藉條約批准權的行使，來介入外交事務，以免總統之專擅而損害國家利益。但近代實際政治運作之結果，總統常藉「行政協定」（executive agreement）之方式來規避國會之制衡。無論如何，此一條約批准權是一重要制衡總統之武器；最著名之例為美國威爾遜總統因參議院的反對而無法加入國際聯盟，對後世之時局有著莫大的影響。

　　國會對總統之軍事統帥權，可藉軍事權之運用來予以節制。軍隊的編制、兵役的徵集、國防預算等，都須國會的合法化程序。特別是戰爭法案（war of act）的通過，更進一步對美國總統之宣戰媾和、戰爭權予以規範限制，也相對地增加國會之權力。

　　國會調查權是基於立法權而來的，其因在於：❶國會既須制定適當的法案，充分的資料自不可少。而欲有詳實資料，調查權便需要存在；❷國會在行使彈劾權前，應先調查各種證據。而在總統制架構下，此項調查權之運用，除可吸引媒體之關注外；更進而，也可對總統造成實質壓力。如杜魯門時參議院的季富佛調查委員會。

　　而另一國會較頻繁行使的職能便是聽證權（hearing）。蓋「聽證」是源於自然主義（natural justice）法理所衍生的兩大原則：一為「任何人不得就自己的案件當裁判官」（No man shall judge in own case），即排除偏見的原則；另一為「任何人之辯護必須被公平地聽取」（A man's defence must always be fairly heard），即雙方聽或聽另一方意見的原則。而後聽證制由司法權延伸到立法權，便是所謂的「立法聽證」（legislative hearing）；國會為制定合理可行之法律，除了要能符合民意，有益於公眾外；為使法律有效可行，也須聽取專家學者的意見；乃使聽證成為立法過程中重要步驟。

美國國會（Congress）

上議院 參議院
(United States Senate)

→ 代表州權

→ 每州選出2名
共50名

→ 參議員任期6年
每2年有約三分之一的席次改選

下議院 眾議院
(House of Representatives)

→ 代表人民

→ 各州依人口數選出
共435名

→ 眾議員任期2年
全部改選

美國參議院議事拖延

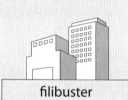

filibuster

→ 利用冗長發言拖延議事

→ 參議院歷史上為拖延議事之最長演講，由Strom Thurmond發表的，演說超過24小時

→ 院內五分之三的議員支持下，可終結辯論，化解拖延議事

我國立法院之調查權

立法院為行使憲法所賦予之職權

⬇

除依憲法第57條第1款及第67條第2項辦理外
得經院會或委員會之決議

⬇

要求有關機關就議案涉及事項提供參考資料，
必要時並得經院會決議調閱文件原本，
受要求之機關非依法律規定或其他正當理由不得拒絕

UNIT **6-11**
總統制之司法權

　　美國三權分立中之司法權所發展出來的違憲審查（Judical Review）概念，對美國的政治結構與實際政治運作，有著重大之影響。法律審查或違憲審查的概念源出自然法觀念，即國會通過之法律與一般正義原則與理性相悖時，應從習慣法。漢彌爾頓（Alexander Hamilton）便說道：詮釋法律為法院適格及特有之範圍，如果憲法與法律互不相容，那麼有高層次的義務與效力者應被採用；也就是說，憲法應高於法律。

　　到了 1803 年，聯邦最高法院院長馬歇爾（John Marshall）在「馬伯里訴麥迪遜」（Marbury v. Madison）一案中，確立了司法審查之制度。

　　馬歇爾在此案的判決書提出了三個問題：

❶訴訟人有無要求任命狀之權利？

❷倘有此權利，權利遭受侵害時，本國法律有無救濟之道？

❸法律倘有救濟，此救濟是否應由聯邦最高法院發出令狀（Writ of Mandamus）為之？

　　依任德厚教授觀點，馬歇爾的判決，乃基於：

❶憲法是最高之法。

❷凡制定的法律違反憲法者乃非法律。

❸於二種衝突的法律中加以抉擇，乃法院的義務。

❹倘法律牴觸位階居最高的憲法，則法院應該拒絕適用。

❺倘法院不拒絕適用，則成文憲法的基礎將無以維持。

　　我們可以從美國黑白種族問題來說明司法審查在政治機制之作用。依 Austin Ranney 於《Governing: an Introduction to Political Science》一書，1986 年在培

西訴佛格生（Plessy v. Ferguson）案例中，最高法院認為只要對每一種族提供相同之待遇，就不違憲。這即是有名的「隔離但平等」（separate-but-equal）；到了 1950 年，施維特控告本特（Sweatt v. Painter）一案中，法院認為若不要讓非裔美人進入德州大學，則須再建立一與德大相同之大學供其就讀。1954 年，布朗控告教育局（Brawn v. Board of Education）一案中，法院推翻「培西公式」，認定只要有種族隔離情況存在就違反憲法第十四號修正案。故，法院一方面可取消政策或創造政策，另一方面也可以節制立法權與行政權。

　　法院可藉司法審查制來判定國會決議的法案無效，也可判決總統所頒發的行政命令與簽署通過的法案無效。如，羅斯福總統推行新政之初，就因保守的最高法院常判決其政策違憲而苦惱。惟相對的，總統也可藉最高法院法官之提名權來制衡司法權，而國會也可藉預算及最高法院法官之人事同意權來制衡司法權。

　　必須說明的是，美國憲法在制憲之初並未設計讓司法權有此司法審查權，而是憲法變遷成長而來的。這如同憲法設計本採「州權主義」，聯邦權是侷限的；但因憲法第 1 條第 8 項第 3 款之國會的州際通商管理權之擴充解釋，乃使聯邦權擴大得以應付時代進步。

小博士解說

　　司法與政治互動關係之關注重點為：❶法官獨立性；❷違憲審查權；❸法官制定公共政策。

美國法院體系

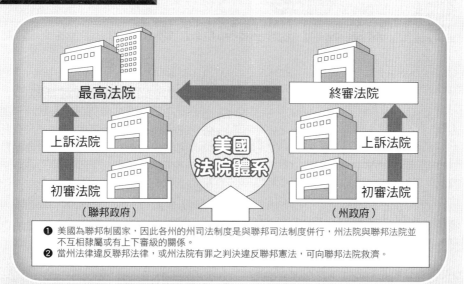

最高法院 ← 終審法院

上訴法院 ← 美國法院體系 → 上訴法院

初審法院 → 初審法院

（聯邦政府） （州政府）

❶ 美國為聯邦制國家，因此各州的州司法制度是與聯邦司法制度併行，州法院與聯邦法院並不互相隸屬或有上下審級的關係。
❷ 當州法律違反聯邦法律，或州法院有罪之判決違反聯邦憲法，可向聯邦法院救濟。

美國聯邦最高法院

	組成	美國聯邦最高法院由9個大法官組成
最高法院	產生方式	由美國總統提名，經過參議院聽證後批准委任
	任期	無任期限制
		去世、辭職、自己要求退休或被美國國會罷免

違憲審查之態樣

違憲審查之態樣	法令違憲審查	以違憲之法令本身為審查對象
		一般地、抽象地審查法令
		經宣示違憲之法令失其效力
	適用違憲審查	就具體個案認定所適用法令之合憲性
		僅就其適用於該個案宣示為違憲

司法權觀念釐清

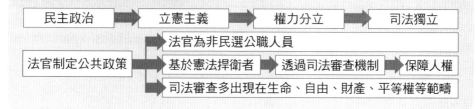

民主政治 ➡ 立憲主義 ➡ 權力分立 ➡ 司法獨立

法官為非民選公職人員

法官制定公共政策 ➡ 基於憲法捍衛者 ➡ 透過司法審查機制 ➡ 保障人權

司法審查多出現在生命、自由、財產、平等權等範疇

UNIT *6-12* 雙首長制（半總統制）概念

圖解政治學

國家行政權由總統及總理共同行使，總統和內閣總理都有權力去介入干涉實際政務；一種介於總統制與內閣制之間的混合政制設計。因雙首長制基本上是總統制與內閣制之混合，所以在總統與內閣總理權力分配上，權力比重較偏向總統一方者，如法國政制，法學者杜瓦傑（Maurice Duverger）、杜哈梅（Olivier Duhamel）便以「半總統制」（Regime Semi-presidentiel）來加以定義。藉由「二元論」或「均衡論」中心思想，內閣居於議會與元首之間，為雙方之代理人，不僅要得到議會信任，還要得到元首信任，也有論者將雙首長制另以「二元型內閣制」或「均衡型內閣制」稱之。而將傳統英國的內閣制，稱為「一元型內閣制」。一元型和二元型內閣制最主要差別在於二元型內閣制之正當性是由議會及總統共同賦予的；一元型內閣制之正當性則完全是由議會所賦予的。

究竟由內閣制與總統制混合而成之雙首長制是怎樣的政制設計呢？

❶行政權力是由總統與內閣所共同行使

在雙首長制下，總統與內閣都有行政實權，都可在憲法中找到獨自行政權之基礎。這不像內閣制下，行政權全然集中於內閣手中，國家元首僅為一無實權之虛位元首；也不像總統制下，行政權完全集中於總統手中，內閣僅為總統諮詢及執行之工具。進一步析之，內閣是同時向議會與總統負責，議會可以監督制衡內閣，總統卻不「直接」受議會之制衡監督，議會僅能間接地透過內閣來監督制衡總統。就此，明顯地不同於總統制下，議會可直接監督制衡總統。同時，雙首長制下，憲法上所稱之「政府」，意指內閣而非總統。

❷總統與議會各有其正當性基礎

總統之正當性來自於選民之賦予，議會之正當性也來自於選民之賦予。在此點上，如同總統制般，總統與議會都是直接由選民處獲得正當性基礎。就此，也明顯與內閣制下，行政部門的正當性是奠基於議會正當性有著極大的差異。

❸內閣之正當性來自於議會及總統之雙重承認

內閣之存續須同時獲得總統及議會之信任，也就是說內閣之正當性是來自於總統與議會之民意正當性之基礎上。是以，當總統或議會其任一正當性發生變化，或是改換時，因內閣原先所依存之正當性業已改變，故內閣也應隨之更迭。申言之，當總統改選時，內閣應改換或重新再次任命；當國會改選時，內閣也應改換或由總統重新再次任命。我國司法院釋字第 387 號及第 419 號解釋可參照。

❹就責任政治之角度來觀之

總統是向選民負其責，國會也是向選民負其責，內閣則向總統與國會負其責。申言之，就實際政治運作上，內閣之產生多藉由總統之力時，內閣往往較依循總統意見；反是，若內閣之產生多藉由國會之力時，內閣往往有與總統分庭抗禮之趨勢。

❺次類型

Matthew Shugart 與 John Garey 將雙首長制（半總統制）分為「總理—總統制」（premier-presidential regime）與「總統—議會制」（president-parliamentary regime）兩種次類型。

雙首長之概念

雙首長之制度設計

雙首長
之制度設計

行政權力
由總統與內閣所共同行使

民意正當性
❶ 總統與議會各有其正當性基礎
❷ 內閣之正當性來自於議會及總統之雙重承認
（總統任命與議會信任）

責任政治
❶ 總統是向選民負其責任
❷ 國會也是向選民負其責任
❸ 內閣則向總統與國會負其責任

「總理—總統制」vs.「總統—議會制」

	總理—總統制 （premier-presidential regime）	總統—議會制 （president-parliamentary regime）
核心概念	總理對議會負責	總理對總統與國會「雙向」負責
特徵	總統由人民普選產生	總統由人民普選產生
	總統擁有相當權力	總統任命內閣總理與部會首長
	同時有一內閣與總統分享 行政權，內閣向國會負責	內閣對國會負責
		總統擁有立法性權力或解散議會之 權，或者兩者兼具

UNIT *6-13*
雙首長制（半總統制）之特徵

（一）雙首長制之特徵

按杜瓦傑所著〈一個新的政治系統模型：半總統制政府〉（A New Political System Model: Semi-Presidential Government）一文中，指出雙首長制（半總統制）之主要特徵為：❶ 總統是經由普選所產生；❷ 總統握有一些重要的權力，非僅是虛位的國家元首；❸ 但有另一位獲得國會信任之內閣總理，亦握有行政和政府的權力。

按葉明德觀點，雙首長制或半總統制之憲政理念似應在於：
❶ 強勢國家元首暨權力分割論──總統制。
❷ 政府向國會負責的理念──議會制。
❸ 提供國家危機時期一個「安全瓣」（safety valve）。

就政治價值而言，第 1 項、第 3 項之總統制理念與危機時安全瓣概念所追求的是「有效的領導」（effective leadership）；第 2 項議會制理念在於體現「民主」，期盼政府能經常反應、附和民眾的意願及利益，即重視政府的「反應力」（responsiveness）之意。

（二）雙首長制與法國第五共和憲法

因法國第三共和及第四共和係採內閣制，在法國多黨體系運作下，聯合內閣之總理更迭頻繁，政治穩定性低。法國第五共和憲法遂以「行政權優勢化」及「理性化內閣制」之思維來設計其政府體制。

❶限縮立法權

①明文列舉立法權範圍，非列舉事項屬行政權：憲法第 34 條列舉國會得享有之立法權範圍；憲法第 37 條則規定，凡法律以外之事項屬於行政命令之範疇。

②法案無效：憲法第 40 條規定，國會議員所提之法案或修正案，若將減少國家財政收入或增加國家財政支出者，無效。

❷擴張行政權

①行政部門於國會授權下，得以行政命令取代法律：憲法第 38 條規定，政府為實現其施政方針，得要求國會授權，在特定期限內以行政命令就原屬法律範圍之事項為必要之行為。

②賦予行政部門得拒絕接受法案之權：憲法第 41 條規定，在立法程序中，議員提案或修正案（Private Member's Bill or Amendment）不屬於法律範圍或違反第 38 條之授權者，行政部門或議長得拒絕接受該法案。其中「議長」部分，係 2008 年修憲新增列。

（三）法國 2008 年修憲

法國於 2008 年 7 月間進行第 24 次修憲，調整原「重行政、輕立法」之設計，以「限制行政權、強化立法權功能、深化人權保障機制」為修憲主軸。

2008 年的修憲，在強化立法權部分略有：
❶ 第 24 條國會職權，除原有立法（pass statutes）、監督政府外，增加參與公共政策之權。
❷ 擴大第 34 條之立法權事項之範圍。
❸ 增列第 34 條之 1，國會得依據 Institutional Act 表決相關議案。
❹ 第 35 條，增強軍事行動之監督密度。

（四）法國 2024 年修憲

法國於 2024 年 3 月修憲，將墮胎權（right to abortion）入憲。

法國總統之產生與權力

總統之職責	總統維護憲法之遵守;由其裁量,保證公權力之正常運作及國家之延續
	確保國家獨立、領土完整,與國家條約及國協協定之遵守
總統之產生	總統由全民直接投票選舉之,任期5年
	共和國總統須獲絕對多數之有效選票始為當選
	若絕對多數無法在第一輪投票中獲得,則須於第14天舉行第二輪投票;僅有在第一輪投票中獲票最多之兩位候選人(票數雖高而自動退出之候選人不予計算)始得參加第二輪投票
	2008年修憲明文規範總統僅得連選連任一次
總統之代理	總統缺位不論其原因為何,或總統因故不能視事而經政府諮請憲法委員會並經絕對多數委員確認,總統職權將由參議院議長暫時代理
	若參議院議長亦不能行使職權時,則由政府代行之

總統之權力	**人事任命權**	共和國總統任命總理,並依總理提出政府總辭而免除其職務
		共和國總統基於總理提議任免政府部長
		中央行政法陪委、典勳院院長、大使、特使、審計院委、省長、海外領地之政府代表、將級軍官、大學區校長、中央行政機關首長之任命由部長會議任命
		共和國總統任派大使及特使駐節外國;並接受外國大使及特使之派遣
	主持部長會議	主持國防最高會議及委員會
	覆議權	共和國總統應於國會肯定通過之法案或其中部分條款予以覆議,國會不得拒絕之
	公民複決權	共和國總統基於政府在國會開會期間所提建議,或國會兩院所提聯合建議而刊載於政府公報者,得將有關公權組織、國協協定之認可或國際條約之批准等任何法案,雖未牴觸憲法但可影響現行制度之運作者,提交人民複決
	解散國會權	共和國總統於諮詢總理及國會兩院議長後,得宣告解散國民會議
	公布法令權	共和國總統簽署部長會議所決議之條例與命令
	緊急處分權	在共和制度、國家獨立、領土完整或國際義務之履行,遭受嚴重且危急之威脅,致使憲法上公權力之正常運作受到阻礙時
		共和國總統經正式諮詢總理、國會兩院議長及憲法委員會後,得採取應付此一情勢之緊急措施
		國會應自動集會
		國民議會在總統行使緊急權力期間不得解散

UNIT **6-14**
雙首長制行政與立法間換軌：左右共治

代表人民主權的國會在政治機制中扮演的角色不容忽視的情況下，若議會中的多數組成是由許多不同利益的政黨，國會中出現各黨分立且無一政黨過半數，而各黨派間又因同質性低、異質性高，不易形成共識；則總統制下之總統，難於推行政務，議會內閣制下之總理，可能更迭頻繁。此時，總統與總理共享權力的政制設計，不失為一較佳之良方。抱持此種觀點的義大利裔美籍政治學者沙托里（Giovanni Sartori）便表示：半總統制就比總統制要好，尤其在分裂多數（split majority）的情況下，前者就比後者好得多。因此，基於謹慎的原則，我主張那些準備放棄總統制的國家，應選擇半總統制，而且這是基於一個事實：從總統制直接跳向議會內閣制，乃是跳入一個完全不同與未知的情況，而轉向半總統制，卻可讓此一國家在已知的經驗與知識範圍內，繼續地運作。

一般談到「左右共治」（cohabitation），都以法國雙首長制之政治運作為代表。1958 年的法國第五共和憲法本是延續法國傳統責任內閣制之精神，而 1962 年的憲法修改，將總統由間接選舉改為直接選舉。從而產生了支持總統當選的多數民意（總統多數，Majorite presidentielle）與支持國會多數當選的民意（國會多數，Majorite parlementaire）二元之政治正當性基礎，於雙首長制政制運作下，進而投射於雙首長制之政制設計上，便有可能因選舉結果致總統與總理分屬不同黨派而須共同分享行政權之情況，即所謂的「左右共治」（La Cohabitation）。

杜瓦傑為左右共治下定義為：共和國總統與政治立場取向不同的國會多數派共存而治之相處狀態。杜歐梅爾（Olivier Duhamel）和梅尼（Yves Meny）則認為，像法國這樣政制設計的國家，總統和國會都是由人民直選而取得民意正當性，如總統與國會是處於一種對立的狀態，便稱之為「左右共治」。

另一般人都以為總統與國會任期上不同是造成共治之主因；但事實上，如美國選民的投票行為一般都有將總統投給共和黨，則國會便投給民主黨之傾向，這與美國政治文化中分權、制衡之觀念密切相關（分裂投票之投票行為）。若法國選民之投票行為也變成如美國選民，則有可能同時進行總統與國民議會之選舉，卻選出一個左派（或右派）總統與右派（或左派）為多數席次之國民議會，則共治依然會發生。故發生共治之原因，不在於總統與國會任期之差異；而在於雙首長政制設計下之行政權二元化之因。也就是說，總統與國民議會這二種可改變政府組成之選舉才是共治之原因。

依法國學者奧宏（Raymond Aron）觀點，第五共和是在總統制與內閣制之間換軌的制度，換軌機制的發動來自於政黨政治之運作與選舉結果；當總統能控握國會多數席次時，是總統制，反之就是內閣制。而李帕特與奧宏都認為法國第五共和政府體制會在總統制與內閣制之間換軌，至於決定制度為何之原因，則在於誰能掌握國會多數席次。

法國政府（內閣）與國會

政　府 （內　閣）	制定並執行國家政策	
	支配行政機構及軍隊	
	對國會負責	
總理權力	指揮政府行動	
	負責國防	
	確保法律之遵行	
	行使規章制定權	
兼職限制	政府閣員不得同時兼任國會議員、全國性之職業代表及其他一切公職或參與職業性之活動	
國　會	參議院	間接選舉選出
		確保共和國所屬各行政區域之代表性
	國民議會	直接選舉選出
國會與政府之關係	法律由國會議決制定	公民權、賦稅課稅基準等涉及人權事項應以法律制定之
		國防組織、社會福利等基本原則由法律訂定之
	行政法規	凡法律範疇以外之一切其他事項
		得於徵詢中央行政法院意見後，以命令修改之
	條例	政府為執行其施政計畫，得要求國會授權在一定期限內，以條例方式採取原屬法律範疇之措施
	優先審議權	國會兩院之議程，優先審議政府所提草案及為其接受之提案
	信任案	總理得就其施政計畫，或於必要時，就一般政策之宣告，經部長會議審議後，向國民議會提出對政府信任案
		須經國民議會至少十分之一議員之連署，始得提出；動議提出48小時之後，始得舉行表決
		不信任案僅就贊成票核計，並須獲全體議員絕對多數始能通過
	法案視同通過	總理得就通過某項法案為由，經部長會議討論審議後，向國民議會提出信任案以決定政府之去留
		在此情形下，除非在24小時內，有不信任案之動議提出，並依本條前款之規定進行表決，否則政府所提法案即視同通過
	不信任案	國民議會通過不信任案，或對政府所提施政計畫，或一般政策之宣告不予同意時
		總理應向共和國總統提出政府總辭

法國左右共治

	總統	國會	內閣	是否發生左右共治
1981年	改選（左派密特朗）	改選（左派）	左派	無
1986年	左派密特朗	改選（右派）	右派	左右共治
1988年	改選（左派密特朗）	解散國會（左派）	左派	無
1993年	左派密特朗	改選（右派）	右派	左右共治
1995年	改選（右派席哈克）	右派	右派	無
1997年	右派席哈克	解散國會（左派）	左派	左右共治

UNIT 6-15
我國憲政體制：雙首長制（釋字第 627 號）

依我國憲法第 35 條，總統為國家元首，對外代表中華民國。第 53 條，行政院為國家最高行政機關。第 37 條，總統依法公布法律，發布命令，須經行政院院長之副署，或行政院院長及有關部會首長之副署；惟憲法增修條文第 2 條第 2 項及第 4 項，總統發布行政院院長與依憲法經立法院同意任命人員之任免命令及解散立法院之命令，無須行政院院長之副署，不適用憲法第 37 條之規定；總統為決定國家安全有關大政方針，得設國家安全會議及所屬國家安全局，其組織以法律定之。

故我國修憲後，在總統權力上有二：❶縮減行政院長之副署權；❷增加總統之國家安全大政方針決定權（並得設國家安全會議及國家安全局）。

再依司法院大法官釋字第 627 號解釋理由書，總統依憲法及憲法增修條文所賦予之職權略為：元首權（憲法第 35 條）、軍事統帥權（憲法第 36 條）、公布法令權（憲法第 37 條、憲法增修條文第 2 條第 2 項）、締結條約、宣戰及媾和權（憲法第 38 條）、宣布戒嚴權（憲法第 39 條）、赦免權（憲法第 40 條）、任免官員權（憲法第 41 條）、授與榮典權（憲法第 42 條）、發布緊急命令權（憲法第 43 條、憲法增修條文第 2 條第 3 項）、權限爭議處理權（憲法第 44 條）、國家安全大政方針決定權、國家安全機關設置權（憲法增修條文第 2 條第 4 項）、立法院解散權（憲法增修條文第 2 條第 5 項）、提名權（憲法第 104 條、憲法增修條文第 2 條第 7 項、第 5 條第 1 項、第 6 條第 2 項、第 7 條第 2 項）、任命權（憲法第 56 條、憲法增修條文第 3 條第 1 項、第 9 條第 1 項第 1 款及第 2 款）等，為憲法上之行政機關。自 1995 年 10 月 27 日以來，歷經多次修憲，我國中央政府體制雖有所更動，如總統直選、行政院院長改由總統任命、廢除國民大會、立法院得對行政院院長提出不信任案、總統於立法院對行政院院長提出不信任案後得解散立法院、立法院對總統得提出彈劾案並聲請司法院大法官審理等。然就現行憲法觀之，總統仍僅享有憲法及憲法增修條文所列舉之權限，而行政權仍依憲法第 53 條規定概括授予行政院，憲法第 37 條關於副署之規定，僅做小幅修改。另總統於憲法及憲法增修條文所賦予之行政權範圍內，為最高行政首長，負有維護國家安全與國家利益之責任。

參照憲法增修條文第 3 條及司法院解釋整理如下：❶總統除「國家元首」身分外，另具有「行政首長」之身分；❷總統之行政首長的身分，所享有之行政權僅在於憲法及憲法增修條文所賦予之行政權範圍內（即國家安全、國防、外交領域）；❸行政權仍依憲法第 53 條規定概括授予行政院；❹行政院院長由總統任命之，總統「無」免職行政院長之權，僅行政院院長「辭職」或「出缺」時，始得任命新的行政院院長。又僅立法院得以提出「不信任案」迫使行政院院長辭職；❺行政院院長對立法院負責，包含：①向立法院提出施政方針及施政報告之責；②接受立法委員之質詢；③議決行政院會議通過之法律案、預算案、戒嚴案、大赦案、宣戰案、媾和案、條約案及國家其他重要事項；❻新任行政院院長應於就職後兩週內，向立法院提出施政方針之報告。行政院遇有重要事項發生，或施政方針變更時，行政院院長或有關部會首長應向立法院院會提出報告，並備質詢（《立法院職權行使法》第 16 條、第 17 條）。

我國總統憲法權力

修憲主要內容	總統直選		行政院院長改由總統任命	
	廢除國民大會		立法院得對行政院院長提出不信任案	
	總統於立法院對行政院院長提出不信任案後得解散立法院		立法院對總統得提出彈劾案並聲請司法院大法官審理	
修憲對總統權限影響	縮減行政院長之副署權			
	增加總統之國家安全大政方針決定權			
總統權限	享有憲法及憲法增修條文所列舉之權限			
	主要大項	元首權	軍事統帥權	公布法令權
		締結條約	宣戰及媾和權	宣布戒嚴
		赦免權	任免官員權	授與榮典權
		發布緊急命令權	權限爭議處理權	任命權
		立法院解散權	國家安全機關設置	提名權
總統角色	國家元首（憲法第35條）			
	總統於憲法及憲法增修條文所賦予之行政權範圍內，為最高行政首長		國家安全	
			國防	
			外交	
行政院長	行政權仍依憲法第53條規定概括授予行政院			

總統 vs. 總統府

總 統	憲法上之行政機關		
總統府	設置依據	中華民國總統府組織法	
		總統依據憲法行使職權，設總統府	
	首長為秘書長	總統府置秘書長一人，特任，承總統之命，綜理總統府事務，並指揮、監督所屬職員	
		中華民國總統府處務規程第5條及第20條	秘書長為本府首長，綜理府內事務，並指揮、監督所屬職員
			以本府名義對外行文，除經秘書長授權各單位主管代行者外，應由秘書長、副秘書長決行

雙首長制重要觀念簡表

法國第三、第四共和政治不穩定 ➡ 以固定任期行政首長 ➡ 提高政治穩定		
內閣制之修正 ➡ 又稱「理性化內閣制」		
仍有內閣制特徵 ➡ 信任 ➡ 內閣須國會多數支持		
總統無法掌握國會多數	現任總統（舊民意）面對新選出國會 ➡ 左右共治	
	新任總統面對現任國會（舊民意）➡ 解散國會	
左右共治 ➡ 總統與國會任期不一致 ➡ 法國修改憲法讓總統與國會任期一致		
我國釋字第627號解釋	總統 ➡ 列舉 ➡ 國家安全、國防、外交	
	行政院長 ➡ 概括授予	

UNIT **6-16**
總統無權主動對行政院免職

臺灣政府體制係採「雙首長」體制，總統有政治實權任命行政院長，但無法主動免除行政院長職務。總統有權任命行政院長之法律依據，為《中華民國憲法增修條文》第 3 條第 1 項，非《中華民國憲法增修條文》第 2 條第 2 項。

（一）任命行政院長之時機

❶憲法規範

《中華民國憲法增修條文》第 3 條第 1 項規定：「行政院院長由總統任命之。行政院院長『辭職』或『出缺』時，在總統未任命行政院院長前，由行政院副院長暫行代理。」同法第 3 條第 2 項第 3 款規定：「立法院得經全體立法委員三分之一以上連署，對行政院院長提出不信任案。不信任案提出七十二小時後，應於四十八小時內以記名投票表決之。如經全體立法委員二分之一以上贊成，行政院院長應於十日內提出『辭職』，並得同時呈請總統解散立法院；不信任案如未獲通過，一年內不得對同一行政院院長再提不信任案。」

❷作為國家最高行政首長的行政院長（憲法第 53 條），殊難想像，在行政院長之上，還有一個更高的行政首長，有權撤換這個行政院長。申言之，依憲法規定，總統僅享有行政院長的任命權，一旦任命行政院長後，總統再有機會任命行政院長，只有兩大類型（三種情況）：

①現任行政院長「辭職」。而行政院長「辭職」，可再分為兩種情況：Ⓐ個人主動辭職；Ⓑ立法院要求（通過行政院長不信任案）而被迫辭職。

②現任行政院長「出缺」。例如，專用飛機在雷達螢幕上突然消失（純屬舉例，絕無不敬之意）。

（二）《中華民國憲法增修條文》第 2 條第 2 項，不得作為免職權依據

憲法增修條文第 2 條第 2 項規定：規定：「總統發布行政院院長與依憲法經立法院同意任命人員之『任免命令』及解散立法院之命令，無須行政院院長之副署，不適用憲法第三十七條之規定。」

❶此條項雖具有「縮減行政院長副署權」之效果，惟條文中所指涉之「任免命令」，尚不得作為免職權之依據。

❷如果總統可依此條項主動以免職權發布命令免除行政院長，那亦可依此條項免除司法院大法官、監察委員、考試委員等經立法院同意任命人員（此類人員受任期制度保障），則權力分立機制不復存在。

❸此條項之免職命令係為總統作為「國家元首」身分（憲法第 35 條）之「儀式性」角色，非政治實權。

❹此種國家元首發布命令之儀式性功能，在英國則由虛位元首（英女皇）執行，稱之為「女皇御准任免」（Royal Assent）。

行憲後歷任總統及行政院長

總統			行政院長	
第一任	蔣中正	1948年5月20日	翁文灝	1948年5月25日至1948年11月26日
	李宗仁 （代總統）	1949年1月21日 至1950年3月1日	孫　科	1948年11月26日至1949年3月12日
	蔣中正	1950年3月1日	何應欽	1949年3月12日至1949年6月13日
			閻錫山	1949年6月13日至1950年3月10日
			陳　誠	1950年3月10日至1954年6月1日
第二任	蔣中正	1954年5月20日	俞鴻鈞	1954年6月1日至1958年7月15日
第三任	蔣中正	1960年5月20日	陳　誠	1958年7月15日至1963年12月16日
第四任	蔣中正	1966年5月20日	嚴家淦	1963年12月16日至1972年6月1日
第五任	蔣中正	1972年5月20日	蔣經國	1972年6月1日至1978年5月20日
	嚴家淦	1975年4月5日		
第六任	蔣經國	1978年5月20日	孫運璿	1978年6月1日至1984年6月1日
第七任	蔣經國	1984年5月20日	俞國華	1984年6月1日至1989年6月1日
	李登輝	1988年1月13日	李　煥	1989年6月1日至1990年6月1日
第八任	李登輝	1990年5月20日	郝柏村	1990年6月1日至1993年2月27日
			連　戰	1993年2月27日至1996年2月24日
第九任 （公民 直選）	李登輝	1996年5月20日	連　戰	1996年2月24日至1997年9月1日
			蕭萬長	1997年9月1日至1999年1月22日 （取消立法院同意權）
			蕭萬長	1999年1月22日至2000年5月20日
第十任	陳水扁	2000年5月20日	唐　飛	2000年5月20日至2000年10月6日
			張俊雄	2000年10月6日至2002年2月1日
			游錫堃	2002年2月1日至2004年5月20日
第十一任	陳水扁	2004年5月20日	游錫堃	2004年5月20日至2005年2月1日
			謝長廷	2005年2月1日至2006年1月25日
			蘇貞昌	2006年1月25日至2007年5月21日
			張俊雄	2007年5月21日至2008年5月20日
第十二任	馬英九	2008年5月20日	劉兆玄	2008年5月20日至2009年9月10日
			吳敦義	2009年9月10日至2012年2月5日
第十三任	馬英九	2012年5月20日	陳　冲	2012年2月5日至2013年2月18日
			江宜樺	2013年2月18日至2014年12月8日
			毛治國	2014年12月8日至2016年2月1日
			張善政	2016年2月1日至2016年5月20日
第十四任	蔡英文	2016年5月20日	林　全	2016年5月20日至2017年9月8日
			賴清德	2017年9月8日至2019年1月14日
第十五任	蔡英文	2020年5月20日	蘇貞昌	2019年1月14日至2023年1月31日
			陳建仁	2023年1月31日至2024年5月20日
第十六任	賴清德	2024年5月20日	卓榮泰	2024年5月20日迄今

第6章 政府論

155

UNIT **6-17**
瑞士政治制度

瑞士位於歐洲的中心，由阿爾卑斯山（Alps）、中央高原（Central Plateau）、汝拉山脈（Jura）等三個地理區構成。1848 年成為聯邦制國家，以新拉丁語的「Confoederatio Helvetica」為正式國名全稱，因而，瑞士簡稱為CH。

（一）多語主義的瑞士

瑞士（Switzerland）是一個多語言的國家，積極實踐多語主義（Multilingualism），法定國家語言（official national languages）包含德語、法語、義大利語和羅曼什語（Romansh）等四種。在聯邦政府層級，官方語言則為德語、法語、義大利語，聯邦的所有官方文字（法律文件、報告、網頁、手冊、建築物的標識）必須用德語、法語、義大利語書寫。

（二）聯邦制

為促使少數群體盡可能參與決策，及促使政治決策盡可能接近公民，政治制度設計採行政、立法、司法三權分立，並施行聯邦制：包含聯邦（Confederation）、州（cantons）、市鎮（communes）三級政府，目前有 26 個州政府、2172 個市鎮政府（communal councils），加上由 7 名聯邦委員（federal councillors）組成的聯邦委員會（Federal Council），作為瑞士的核心治理機制（Presence Switzerland，2024a）。在瑞士聯邦體制下，三級政府權力分配，採輔助性原則（principle of subsidiarity），最基層的市鎮擁有最大可能的自治權；意即，市鎮應盡可能處理自身事務，僅在合理情況下，才將權力委託給上級政府（delegated to the next level up），即各州；各州與聯邦政府關係，亦是如此（Presence Switzerland，2024b）。又各州享有複決權：如果有 8 個州就某一聯邦法律提出要求，可進行公民複決（popular referendum）。

（三）直接民主

瑞士常態性地進行公民投票，每年進行 4 次公民投票，每次公民投票以 4 案為原則。瑞士以公民創制（popular initiative）、選擇性複決（optional referendum）、強制性公複決（mandatory referendum），不但積極實踐直接民主理念，同時結合代議政治，打造出瑞士獨特的政治體制；瑞士聯邦政府與瑞士民主基金會（Swiss Democracy Foundation）於 2021 年發布《瑞士民主護照》稱為：具有強大直接民主權利的現代代議民主特色。

在內阿彭策爾（Appenzell-Ausserrhoden）、格拉魯斯（Glarus）兩州，仍然採取直接民主之民主模式；意即，州投票仍在州首府的廣場上，採露天集會（open-air assembly），透過舉手表決方式，進行州民大會（cantonal assembly）。

瑞士聯邦委員會

理念	共識型民主（consociational model of democracy）精神。
組成及職責	聯邦委員會為瑞士最高行政機構，由七名地位平等的委員組成，由國會選任，任期 4 年。
	聯邦委員會成員的席位，以 2：2：2：1 的比例分配給幾大政黨：根據該比例，全國前三大黨各擁有兩個席位，第四大黨則獲得一個席位。
	每位聯邦委員依其在聯邦委員會任職的資歷（principle of seniority）輪流擔任聯邦主席（President of the Confederation），任期 1 年，由國會選任。聯邦主席負責主持聯邦委員會的會議，並對外代表瑞士，擔任儀式性角色（ceremonial duties）。
	聯邦委員會每週開會一次，處理由各部及聯邦委員會辦公室（Federal Chancellery）擬議的議案。

瑞士國會

兩院制國會（bicameral parliament）	
上議院（upper chamber）為聯邦院（Council of States）	代表州，任期 4 年
	由公民以第一名過關制（first-past-the-post system）選出的 46 位議員組成
	除 Appenzell-Ausserrhoden, Appenzell-Innerrhoden, Obwalden, Nidwalden, Basel-Stadt, Basel-Land 等六個州選出 1 為議員外，其他州，每州選出 2 位議員
	聯府院議員雖代表州的利益，但行使職權不用接受州政府或州議會指令
下議院（lower chamber）為國民院（National Council）	代表人民，任期 4 年
	由公民以比例代表制（proportional representation）選出的 200 位議員組成
	國民院議員分配依各州人口數為原則，但保障每州至少 1 人，Appenzell-Ausserrhoden, Appenzell-Innerrhoden, Obwalden, Nidwalden, Uri and Glarus 都僅 1 位議員
會期	兩院每年各自召開四次會議，每次會議為三週
	兩院聯合會議（United Federal Assembly），每年召開一次，多在 12 月，主要負責選舉聯邦委員（federal councillors）及聯邦法官
半職業議會	國會實施兼職議會制度（semi-professional parliament），多數國會議員同時擔任其他工作

瑞士公民投票類型（Presence Switzerland, 2021）

類型	內涵
公民創制（popular initiative）	公民可以通過發動公民創制案，提交關於修訂或補充憲法的建議。公民創制的效用，在於促使各界就某一具體議題展開政治討論。公民創制案一旦發動，須在 18 個月內收集到 10 萬個簽名，該提案才算有效並可交付全民公投。有關部門可針對某一項公民創制案推出「反提案」（direct counter-proposal），一同交付全民公投，以獲取選民和多數州支持。
選擇性複決（optional referendum）	聯邦法律（Federal acts）和國會其他法令（other enactments of the Federal Assembly）均可進行選擇性公民投票。透過選擇性複決，公民可以要求就國會制定的某一法律進行全民公投。若欲發動選擇性複決，須在該法律公布的 100 天內，收集到 5 萬個簽名。
強制性公複決（mandatory referendum）	國會所通過的憲法修正案，都必須進行強制性公民投票。就瑞士是否加入國際組織，亦須進行強制性公民複決。

UNIT *6-18*
中共政治制度

中共政治權力結構，主要是由「中國共產黨」、「人民政府」、「人民代表大會」、「人民政協」等四個系統所構成。它們彼此之間關係，可用一部戲劇加以說明，「中國共產黨」享有「導演」的地位，綜理全局；「人民政府」是戲中的「演員」，依導演指示演戲；「人民代表大會」是評論戲劇表現的「評分員」，不能上台演戲；「人民政協」則是台下的「觀眾」，可有可無。

（一）中國共產黨

❶**全國代表大會：**黨的全國代表大會每5年舉行一次，由中央委員會召集。在全國代表大會閉會期間，中央委員會執行全國代表大會的決議，領導黨的全部工作，對外代表中國共產黨。

❷**實權機構：**黨的中央政治局、中央政治局常務委員會和中央委員會總書記，由中央委員會全體會議選舉。中央委員會總書記必須從中央政治局常務委員會委員中產生。中央政治局和它的常務委員會在中央委員會全體會議閉會期間，行使中央委員會的職權。另設有中央軍事委員會，組成人員由中央委員會決定。

❸**紀律檢查：**黨的中央紀律檢查委員會在黨的中央委員會領導下進行工作。黨的地方各級紀律檢查委員會和基層紀律檢查委員會，在同級黨的委員會和上級紀律檢查委員會雙重領導下進行工作。

（二）人民政府

中央政府包含「中華人民共和國主席」、「國務院」、「中央軍事委員會」，其中國務院係由總理、副總理若干人、國務委員若干人、各部部長、各委員會主任、審計長、秘書長等所組成；而政府中央軍事委員會與共產黨的中央

軍事委員會事實上是「一個機構、兩塊牌子」（兩塊招牌、一套人馬）。另國務院臺灣事務辦公室與中共中央臺灣工作辦公室、國務院新聞辦公室與中共中央對外宣傳辦公室，一個機構、兩塊牌子，列入中共中央直屬機構序列。

中共「以黨領政」，具體體現在國家主席同時為共產黨總書記及中央軍事委員會主席，俾利黨、政、軍大權三位一體。如習近平於2012年11月共產黨第十八屆全國代表大會中自胡錦濤手中接任共產黨總書記及軍委會主席，但須到2013年3月才接任國家主席。

（三）人民代表大會

❶**職能：**中華人民共和國的國家機構實行民主集中制的原則；國家行政機關、審判機關、檢察機關都由人民代表大會產生，對它負責，受它監督。

❷**結構：**全國人民代表大會由省、自治區、直轄市和軍隊選出的代表組成；各少數民族都應當有適當名額的代表；每屆任期5年；常設機關是全國人民代表大會常務委員會。國家立法權由全國人民代表大會和全國人民代表大會常務委員會行使。

（四）人民政協

❶**職能：**中國人民政治協商會議全國委員會和地方委員會的主要職能是政治協商、民主監督、參政議政。

❷**組織：**中國人民政治協商會議設全國委員會和地方委員會。中國人民政治協商會議全國委員會由中國共產黨、各民主黨派、無黨派人士、人民團體、各少數民族和各界的代表，香港特別行政區同胞、澳門特別行政區同胞、臺灣同胞和歸國僑胞的代表以及特別邀請的人士組成，設若干界別。

中國共產黨組織結構

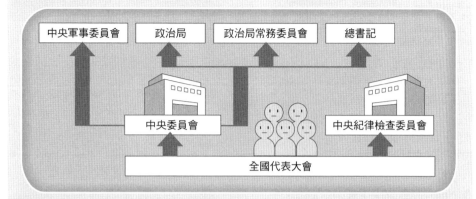

中國共產黨執政理念

核心理念	中國共產黨以馬克思列寧主義、毛澤東思想、鄧小平理論、三個代表重要思想和科學發展觀作為自己的行動指南
毛澤東思想	毛澤東思想是馬克思列寧主義在中國的運用和發展，是被實踐證明的關於中國革命和建設的正確的理論原則和經驗總結，是中國共產黨集體智慧的結晶
鄧小平理論	總結建國以來正反兩方面的經驗，解放思想，實事求是，實現全黨工作中心向經濟建設的轉移，實行改革開放，開闢了社會主義事業發展的新時期
三個代表 （江澤民）	代表中國先進生產力的發展要求、代表中國先進文化的前進方向、代表中國最廣大人民的根本利益
科學發展觀 （胡錦濤）	以人為本、全面協調可持續發展的科學發展觀

中國共產黨在社會主義初級階段的基本路線是：領導和團結全國各族人民，以經濟建設為中心，堅持四項基本原則，堅持改革開放，自力更生，艱苦創業，為把我國建設成為富強民主文明和諧的社會主義現代化國家而奮鬥

全國人民代表大會常務委員會

常務 委員會	組成人員	委員長
		副委員長若干人
		秘書長
		委員若干人
	產生方式	常務委員會的組成人員由全國人民代表大會從代表中選出
委員長 會議	組成人員	常務委員會的委員長、副委員長、秘書長組成委員長會議，處理常務委員會的重要日常工作
	工作事項	決定常務委員會每次會議的會期，擬定會議議程草案
		對向常務委員會提出的議案和質詢案，決定交由有關的專門委員會審議或者提請常務委員會全體會議審議
		指導和協調各專門委員會的日常工作
		處理常務委員會其他重要日常工作

UNIT **6-19**
中共民主集中制與全國人民代表大會

（一）民主集中制

「民主集中制」是民主基礎上的集中和集中指導下的民主相結合，而由「民主原則」與「集中原則」兩個面向所構成。民主集中制之民主原則，係指由人民掌握國家權力；民主集中制之集中原則，係指國家的政治結構之權力集中。

❶中國共產黨之民主集中

按《中國共產黨章程》總綱所揭櫫的四項基本要求：①堅持黨的基本路線。全黨要用鄧小平理論、「三個代表」重要思想和黨的基本路線統一思想，統一行動，深入貫徹落實科學發展觀，並且毫不動搖地長期堅持下去；②堅持解放思想，實事求是，與時俱進；③堅持全心全意為人民服務；④堅持民主集中制。

❷國家建制之民主集中

①民主原則：國家權力掌握在人民手中。

依《中華人民共和國憲法》第 2 條規定，中華人民共和國的一切權力屬於人民。人民行使國家權力的機關是全國人民代表大會和地方各級人民代表大會。人民依照法律規定，通過各種途徑和形式，管理國家事務，管理經濟和文化事業，管理社會事務。

依《中華人民共和國憲法》第 3 條第 2 項規定，全國人民代表大會和地方各級人民代表大會都由民主選舉產生，對人民負責，受人民監督。

②集中原則：國家機關皆由人民代表大會產生。

依《中華人民共和國憲法》第 3 條第 1 項、第 3 項、第 4 項規定，中華人民共和國的國家機構實行民主集中制的原則。國家行政機關、審判機關、檢察機關都由人民代表大會產生，對它負責，受它監督。中央和地方的國家機構職權的劃分，遵循在中央的統一領導下，充分發揮地方的主動性、積極性原則。

依《中華人民共和國憲法》第 57 條規定，中華人民共和國全國人民代表大會是最高國家權力機關。它的常設機關是全國人民代表大會常務委員會。

（二）全國人民代表大會之職權

按《中華人民共和國憲法》第 62 條規定，全國人民代表大會行使下列職權：❶修改憲法；❷監督憲法的實施；❸制定和修改刑事、民事、國家機構的和其他的基本法律；❹選舉中華人民共和國主席、副主席；❺根據中華人民共和國主席的提名，決定國務院總理的人選；根據國務院總理的提名，決定國務院副總理、國務委員、各部部長、各委員會主任、審計長、秘書長的人選；❻選舉中央軍事委員會主席；根據中央軍事委員會主席的提名，決定中央軍事委員會其他組成人員的人選；❼選舉最高人民法院院長；❽選舉最高人民檢察院檢察長；❾審查和批准國民經濟和社會發展計畫和計畫執行情況的報告；❿審查和批准國家的預算和預算執行情況的報告；⓫改變或者撤銷全國人民代表大會常務委員會不適當的決定；⓬批准省、自治區和直轄市的建置；⓭決定特別行政區的設立及其制度；⓮決定戰爭和和平的問題；⓯應當由最高國家權力機關行使的其他職權。

沈中元與周萬來在《兩岸立法制度》一書，援引周旺生的觀點指出，全國人民代表大會在中國立法體制中，具有「最高性」、「根本性」、「完整性」、「獨立性」等特徵。

中國共產黨之民主集中制

中國共產黨之民主集中制	黨員個人服從黨的組織，少數服從多數，下級組織服從上級組織，全黨各個組織和全體黨員服從黨的全國代表大會和中央委員會
	黨的各級領導機關，除它們派出的代表機關和在非黨組織中的黨組外，都由選舉產生
	黨的最高領導機關，是黨的全國代表大會和它所產生的中央委員會。黨的地方各級領導機關，是黨的地方各級代表大會和它們所產生的委員會。黨的各級委員會向同級的代表大會負責並報告工作
	黨的上級組織要經常聽取下級組織和黨員群眾的意見，及時解決他們提出的問題。黨的下級組織既要向上級組織請示和報告工作，又要獨立負責地解決自己職責範圍內的問題。上下級組織之間要互通情報、互相支持和互相監督。黨的各級組織要按規定實行黨務公開，使黨員對黨內事務有更多的瞭解和參與
	黨的各級委員會實行集體領導和個人分工負責相結合的制度。凡屬重大問題都要按照集體領導、民主集中、個別醞釀、會議決定的原則，由黨的委員會集體討論，作出決定；委員會成員要根據集體的決定和分工，切實履行自己的職責
	黨禁止任何形式的個人崇拜。要保證黨的領導人的活動處於黨和人民的監督之下，同時維護一切代表黨和人民利益的領導人的威信

全國人民代表大會之罷免權

	《中華人民共和國憲法》第 63 條規定
全國人民代表大會有權罷免下列人員	中華人民共和國主席、副主席
	國務院總理、副總理、國務委員、各部部長、各委員會主任、審計長、秘書長
	中央軍事委員會主席和中央軍事委員會其他組成人員
	最高人民法院院長
	最高人民檢察院檢察長

全國人民代表大會之身分限制與保障

限制	權力分立上之限制	全國人民代表大會常務委員會的組成人員不得擔任國家行政機關、審判機關和檢察機關的職務
	首長任期上之限制	委員長、副委員長連續任職不得超過兩屆
質詢權		全國人民代表大會代表在全國人民代表大會開會期間，全國人民代表大會常務委員會組成人員在常務委員會開會期間，有權依照法律規定的程序提出對國務院或者國務院各部、各委員會的質詢案。受質詢的機關必須負責答覆
保障	不受逮捕權	全國人民代表大會代表，非經全國人民代表大會會議主席團許可，在全國人民代表大會閉會期間非經全國人民代表大會常務委員會許可，不受逮捕或者刑事審判
	言論免責權	全國人民代表大會代表在全國人民代表大會各種會議上的發言和表決，不受法律追究

第 **7** 章
選舉制度

● 章節體系架構 ▼

UNIT **7-1**
選舉的功能、方式及性質

選舉係指透過書面或其他種類（如電子投票）之投票方式，讓統治者之產生經由被治者同意，是一種讓執政者獲得民意正當性之程序機制，也是人民最主要的政治參與管道。

（一）功能

選舉之主要功能為：

❶提供選民有瞭解及選擇候選人和決定公共政策方向之機會。

❷因為民選官員期待能連任，因此他的施政作為都必須以民意為依歸，對選民負責。

❸透過選舉，造成執政者之更迭與政黨之輪替，釐清執政者之政治責任。

（二）方式

依我國憲法第 129 條規定：「本憲法所規定之各種選舉，除本憲法別有規定外，以普通、平等、直接及無記名投票之方法行之。」一般民主國家之投票選舉方式概都採取這種方式。「普通」，是指年紀達法定年齡（我國是滿 20 歲），除了法定要件之剝奪選舉權外（我國受監護宣告尚未撤銷者），皆可參加選舉成為選舉人。「平等」，即一人一票，票票等值；不因身分、宗教、種族、階級、黨派而有差異，皆應平等。「直接」，係指選舉人之投票能直接產生當選人，是有別於間接選舉的；我國公民直選總統或臺北市居民直選臺北市長，便是直接投票。選民選出國大代表，再由國大代表選出總統，是為間接選舉。「無記名」，即祕密投票，投票權人不須也不能在選票上簽名或以任何符號註記，不得採取舉手或者記名的投票方式，否則可能就成為無效票。

（三）性質

❶自由投票制

選舉投票是公民的天賦人權，是公民與生俱來的，國家必須保障公民之選舉投票權，但公民可以基於自主權決定行使或不行使此項權利。我國係採自由投票制。

❷強制投票制

採強制投票之觀點，係基於投票是公民履行其國家公民之責任，居民身為國家或地方自治團體的構成員，有責任也有義務參與國家或地方自治團體的統治者之選擇與產生。故選舉投票是居民的一項義務，為履行此義務乃採強制投票制。為要求居民履行其投票義務，選民如果無正當理由而未前往投開票所投票，於選舉結束，選務機關會寄出罰單，課予選民行政罰上之罰鍰。

❸兼具強制與自由投票制

認為選舉不單是人民之權利也是人民之義務之觀點，便採兼具強制與自由投票制。如同我國憲法第 21 條之概念（受國民教育是人民之權利與義務）。採取此制者，除了選民可以主張自己之投票權外，國家亦可要求人民履行其投票之義務。

😊 小博士解說

我國法制對於達一定年齡得行使權利規定略為：❶滿 18 歲者，《民法》之成年、《刑法》之完全責任能力、《公民投票法》之公民投票權；❷滿 20 歲者，《公職人員選舉罷免法》、《總統副總統選舉罷免法》之投票權。如欲調降投票權年齡，應修改憲法第 130 條。

選舉權之意涵

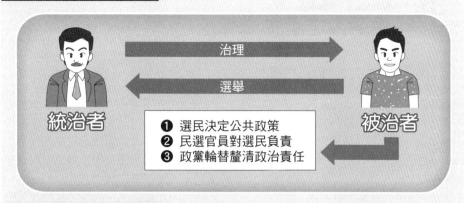

治理

選舉

統治者

被治者

❶ 選民決定公共政策
❷ 民選官員對選民負責
❸ 政黨輪替釐清政治責任

選舉權之方式

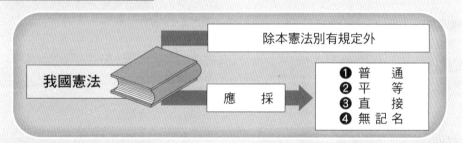

我國憲法

除本憲法別有規定外

應 採

❶ 普 通
❷ 平 等
❸ 直 接
❹ 無 記 名

選舉權之性質

選舉權

自由投票制	強制投票制	兼具強制與自由投票制
權利說	義務說	權利暨義務說

選舉之功能

選舉與民主間關係	有選舉，不一定有民主	有民主，一定有選舉
選舉之功能	政權正當性之提供	
	民意與政策偏好之形成	
	制度化解決衝突之機制	
	民眾政治資訊之取得	
	連結其他政治部門或政黨組織	

UNIT **7-2** 候選人之產生

「選舉」是政治人才甄補（political recruitment）的重要過程，而如何讓選民在選舉票上圈選不同之人選，更是一個有意義選舉（自由競爭的選舉）的重要部分。故候選人的產生（candidate selection），即如何讓有意願參與政治的優秀人士成為選票上之被圈選對象，就是一個值得探討的議題。

一般候選人產生的方式大概可分二個階段：

❶候選人的挑選：第一階段

指政黨決定何人代表該黨成為該項選舉之候選人，這種政黨提名過程，除賄選外（《公職人員選舉罷免法》第 101 條），概屬政黨內部事項，並不受制於法律。

❷成為選票上正式候選人：第二階段

是指選務機關確認政黨提名或自行登記之人選具有公職候選人的資格，並將其名字印在正式選票的法律上程序。

其中第二階段成為選票上正式候選人程序，又可分為：

①個人申請制

由個人基於其參政意願於選務機關公告之登記期間內，依法定方式與程序，向選務機關登記為候選人；通常選務機關會要求登記者須交付一定數額的選舉保證金，如其選票達不到一定票額時，選舉保證金即不予退還。

②政黨提名制

由上次選舉具有一定得票率之政黨來提名（我國是 5％），藉此取得候選人資格。

③公民連署制

由一定數量的公民之簽名連署推薦而取得候選人資格（我國是立法委員選舉選舉人總數 1.5％）。

④選民初選制

即美國所採用「直接初選制」（direct primary），地方政府以公費方式，由選民透過初選產生正式之候選人（全國性大選之候選人）；即政黨將提名候選人的權力，交由全體選民經由民主的程序來行使，並可細分為：

Ⓐ封閉性初選：只有事先登記為某特定政黨黨員的人方可參加初選投票。

Ⓑ交叉性初選：獨立選民只要公開宣稱他們已選擇某政黨，就可參加該政黨初選。

Ⓒ開放性初選：無需做任何政黨的登記或宣告，選民就可以參加其中一個政黨的初選。

Ⓓ綜合性初選：無需做任何政黨的登記或宣告，選民就可以參加二大政黨的初選。

而我國之《公職人員選舉罷免法》，除全國不分區立法委員採「政黨提名制」外，餘皆採用「個人申請制」；《總統副總統選舉罷免法》則採取「政黨提名制」與「公民連署制」。國內在地方公職人員選舉常見的政黨提名，實際上是各政黨內部之程序，獲得了政黨提名並不代表便可印在選舉票上成為候選人，仍須於選務機關公告之登記期間內，依「個人申請制」向選務機關登記為候選人。

候選人產生的方式

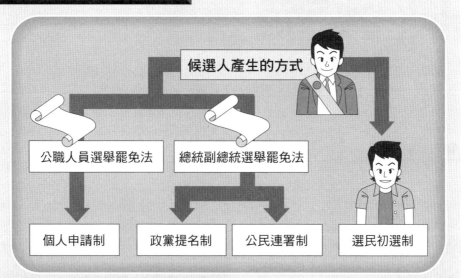

個人申請制	政黨提名制	公民連署制	選民初選制

民進黨提名候選人機制

依據	公職候選人提名條例（2016年4月9日修正）		
資格	入黨連續滿2年者始得登記		未具有消極資格者
提名候選人	先以溝通協調方式產生提名人選		
	無法達成協議時，提名初選	總統副總統、區域立法委員、直轄市長、縣（市）長，採民意調查方式產生	
	艱困選區	立法委員	最近一次同類型公職人員選舉得票率未超過42.5%者
			或無現任立法委員之選區
		由黨主席提名經中央執行委員會同意後徵召	

國民黨提名候選人機制

依據	中國國民黨黨員參加公職人員選舉提名辦法（2007年7月18日修正）	
資格	具備公職人員候選人資格之黨員	
	依規定繳納黨費	
	入黨或回復黨籍滿4個月	
提名候選人	一般候選人	黨員投票（30%）
		民意調查（70%）
		並考量地區特性及選情評估等因素
	原住民立法委員	原住民黨員投票（50%）
		幹部評鑑（50%）
		並考量原住民族群生態及選情評估等因素

UNIT 7-3
選舉制度類型

選舉制度包含應選總名額因素、投票制度（voting system）、選區劃分（electoral district）等面向。本單元僅就投票制度說明如次。

❶第一名過關制

每個選舉區之當選名額只有 1 名（單一選區），選民在選舉票上僅可圈選 1 人（單記投票法）；開票後，以有效票之得票最高者（相對多數）為當選者。因為只有得票最高之第一名能當選，故稱為「第一名過關制」，如英國、美國。

❷二輪投票制

這種制度是頗類似第一名過關制的，惟將當選門檻由相對多數（最高票當選）改為絕對多數（過半數當選）。在第一輪投票中，只要任何一位候選人能獲得過半數選票，該名候選人便宣告當選；如果第一輪投票中，沒有任何一位候選人能獲得過半數選票，則挑選前兩名進入第二輪投票（通常與第一輪間隔二週），故稱之為「二輪投票制」，如法國。

❸偏好投票制

此制某些部分是類似二輪投票制（單一選區與絕對多數當選門檻上是類似於法國的二輪投票制）。但在圈選方式上，則採取偏好投票；選民投票時，可排列選票上候選人之偏好喜愛順序（1 表第一偏好；2 表第二偏好，以此類推），由獲得過半數選民偏好支持的候選人當選，如澳大利亞。

❹複席單記多數決

每個選舉區可選出 2 名以上之候選人（複席或複數選區），選民投票時，僅可在選舉票上圈選 1 人（單記），當選人則按應選席次，由候選人依得票高低順序分配。例如我國第七屆原住民立法委員選舉、我國地方民意代表選舉。

❺可轉讓投票制

每個選舉區可選出 2 名以上之候選人（複席或複數選區），選民投票時，在圈選方式上，則採取偏好投票制（類似澳大利亞），候選人若達到某一商數的當選門檻便可當選。當選門檻：總投票數 ÷（應選席次 +1）。某一候選人超過當選門檻，便宣告當選，則其所多出來（超過當選門檻）的選票可移轉至第二順位的候選人身上，如愛爾蘭。

❻政黨名單比例代表制

政黨提出一份名單給選民，選民投票時只能投一票，是投給政黨，各政黨按其選舉中的得票率，分配應當選之名額；再將各政黨以其名單上的候選人順序，依次分配給特定之當選人。例如，我國 2005 年任務型國民大會代表選舉。

❼混合制

通常是單一選區與政黨名單比例代表制之混合，選民投票時可投二張；一張選舉票投給政黨、一張選舉票投給區域候選人。此種制度又可再分為：

①日本的並立制：政黨名單比例代表與區域代表是分別選出，分開計算當選席次的，兩者之間並無關聯。例如，我國全國不分區立法委員與直轄市（縣市）選出之區域立法委員。

②德國的聯立制：依德國《聯邦選舉法》（Bundeswahlgesetz）第 6 條規定，以政黨票（政黨得票率）為基準來決定各政黨應得的席次，先扣除各政黨在區域代表中已當選的席次，不足部分再以政黨名單比例代表來加以補足分配，故又稱「補償制」。

比較選舉制度

選舉制度		
類型	代表國家	選區規模
相對多數決（第一名過關制）	英國、美國	單一選區
絕對多數決（二輪投票制）	法國	
選擇（偏好）投票制	澳大利亞	
有限投票制（複席單記多數決）	我國地方民意代表	複數選區
可轉讓	愛爾蘭	
政黨名單比例代表制（百分百比例代表制，一票制）	以色列、比利時、盧森堡	複數選區
並立制	日本、義大利	混合制（二票制）
聯立制	德國、紐西蘭	

法國國會與主要政黨

法國國會與主要政黨				
國會	參議院（Sénat）	共331席	2003年修法後任期由9年改為6年	每3年以間接選舉方式改選二分之一席次
	國民議會（Assemblée Nationale）	共577席	任期5年	以直接民選方式選出
主要政黨	❶ 人民運動聯盟（UMP）　❷ 社會黨（PS） ❸ 法國民主同盟（UDF）　❹ 公民運動黨（MDC） ❺ 自由民主黨（DL）			

德國國會（German Bundestag）聯立制下之席次分配

本屆（第17屆）國會於2009年9月27日改選（首次使用Sainte-Laguë / Schepers分配法）			
總席次	法定598席	其中299席由299個單一選區（區域）選出	
		其中299席由政黨名單產生	
	實際為622席	有24席之超額席位（overhang mandates），皆由CDU/CSU取得	
國會各政團（政黨聯盟）席次分布	CDU/CSU	239席	區域218席，政黨名單21席
	SPD	146席	區域64席，政黨名單82席
	FDP	93席	區域0席，政黨名單93席
	Left Party	76席	區域16席，政黨名單60席
	Alliance90/The Greens	68席	區域1席，政黨名單67席

UNIT 7-4
選區劃分與公平代表

選舉區劃分是具有高度政治性的議題，美國就曾出現麻州州長傑利將選區劃分成奇形怪狀的「變形蟲」，使敵營的地盤遭切割而分散力量，讓投票結果有利於己，政治學上稱之為「傑利蠑螈」（gerrymandering）。

依李帕特的觀點，在專研選舉制度的專家間有著廣泛的一致看法：從選舉結果的比例代表性以及政黨體系這兩個主要結果來看，選舉制度最重要的兩個向度為選舉公式和選區規模。選舉公式的三個主要類型為：❶多數決制（主要子類型為相對多數決制、兩輪投票制、選擇投票制）；❷比例代表制（可細分為最大餘數法、最高平均數法、單記可轉讓投票制）；❸半比例代表制（如累積投票制與限制連記法）；選區規模被定義為一個選區應選的名額。

依道格拉斯看法，選舉區（electoral districts）係指：匯集政黨或候選人所獲得之選票而將選票轉換成議會席次的單位。另依謝瑞智教授觀點，選舉區之劃分有以「地」為基礎的，又有以「人」為基礎的。凡以地為基礎而劃分者，即以地方區域為選舉區而產生代表者，稱為地域代表制；凡以人為基礎，已屬於某種團體性質的選舉人為劃分基準而產生代表者，稱為職業代表制。

依李帕特認為，選區劃分不應違背「公平代表的標準」（criteria of fair representation），在這個標準下，其羅列出選區劃分的 16 項標準，包括：

❶對每一位公民而言，皆應有平等的代表。

❷選區的疆界應盡量與地方的行政疆界一致。

❸選區在地域上必須是簡潔且連續的。

❹選區劃定應兼顧政治少數之意見。

❺選區劃分時應保障少數族群的參政權利。

❻選舉系統不應對任一政黨特別有利而有所偏差。

❼選舉系統不應對任何族群特別有利而產生偏差。

❽選舉系統應對選民在政黨偏好上的改變具有廣泛的回應。

❾選舉系統應有一種「經常的轉換比例」，即政黨所獲席次與選票數目的比例應對稱。

❿對任何特定的種族團體而言，其所得票數與席次之間應具有比例性。

⓫選區劃分應使其具競爭性，也就是每個政黨在每個選區都有當選的機會。

⓬每一位選民所投的票對選舉結果應具有同樣的影響力。

⓭每一位選民所投的票應盡可能被運用到，而盡量不要產生廢票。

⓮每一位立法者在立法機關中的權力應與代表選民的人數相稱。

⓯應有相等數目的代表為相等數目的選民進行服務的工作。

⓰大多數的選民應該可透過其代表控制立法結果，而少數的選民不應選出大多數的代表，此即基本多數原則。

我國立法委員選舉區劃分可參考指標

我國立法委員選舉區劃分可參考指標		
依循憲法規範	憲法第十一章地方制度，對直轄市、縣（市）這些「地方自治團體公法人」（大法官釋字第467號、第553號解釋）採「憲法保障」之機制設計	不考慮票票等值之價值（縣市層級）
在同一縣市（如臺北市）間劃分選舉區時	應優先考量票票等值	各選區人口差距應儘量縮小
基於票票等值（憲法第129條）的考量	可以分割鄉（鎮、市、區）之行政區域	因為鄉（鎮、市）之「地方自治團體公法人」地位並非憲法所賦予（憲法第十一章地方制度之設計並未有鄉鎮市）；鄉（鎮、市）公法人地位係由「地方制度法」所賦予的
如果要分割鄉（鎮、市、區）之行政區域	以既有的生活圈或選區為依據	如臺北市的次分區或高雄市的議員選區
	以鐵路或大馬路或溪流為依據	如新北選區劃分，將板橋區以縣民大道、湳子溝作為依據劃分成兩個選舉區
	從數個鄉（鎮、市、區）中選取一或二個行政區域來分割時	應採「切大不切小原則」
		即優先分割人口數較多的鄉（鎮、市、區）之行政區
	其他可參考其他行政機關的轄區	如警察局、戶政事務所、地政事務所等
		與選民日常生活相關且容易識別的標的
	為求選區劃分能符合未來人口數增長	劃分時可將過去人口成長趨勢列入考慮
		並考量未來重大建設或都市計畫之市地重劃所引進的人口

立法委員選制變革對原住民與僑居國外國民保障之影響

我國立法委員選舉區劃分指標之建議			
立法委員類別	第6屆立委	第7屆立委	保障強度變化
原住民	8	6	強化
僑居國外國民	8	視各政黨提名	弱化

選舉制度要素

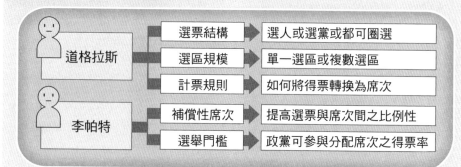

道格拉斯
- 選票結構 ➡ 選人或選黨或都可圈選
- 選區規模 ➡ 單一選區或複數選區
- 計票規則 ➡ 如何將得票轉換為席次

李帕特
- 補償性席次 ➡ 提高選票與席次間之比例性
- 選舉門檻 ➡ 政黨可參與分配席次之得票率

UNIT **7-5** 選區劃分原則

「選區」係為候選人與選民間進行政治契約場域，由一定數量選民投票產生特定當選人之區域。行政首長的選舉，如總統、縣（市）長，為單一席位選舉，以行政區域為選區，無另行劃分選區之必要。民意代表的選舉，為多席位的選舉，是否劃分選區，及如何劃分選區，受投票制度之影響。例如，皆採單一選區兩票制的我國及日本，我國全國不分區立法委員，以政黨名單比例代表制產生，全國為 1 個比例代表制選區；惟日本眾議院 465 名議員中的 176 席，以政黨名單比例代表制產生，並劃分為 11 個比例代表制選區。

（一）英國

採行單一國體制的英國，依《國會投票制度及選區法》（Parliamentary Voting System and Constituencies Act 2011）第 11 條規定，選區劃分之原則為：❶人口數原則（numerical rule）：以全英人口分配基數（United Kingdom electoral quota）為基準，任一選區不得超過該基數的 105％，亦不得低於該基數的 95％；❷四大區域內原則（parts of the United Kingdom）：英國（United Kingdom）由英格蘭（England）、威爾斯（Wales）、蘇格蘭（Scotland）、北愛爾蘭（Northern Ireland）四個區域所構成，任一選區必須全部在上開四大區域之一內，不得跨越；❸選區面積原則：任一選區的面積不得超過 13,000 平方公里；❹其他原則：包含選區地理性（大小、形狀、可及性）、地方議會議員選舉區、現有選區邊界、選區變更對地方鏈結之破壞、選區變更對地方造成的不便性等。

（二）美國

採行聯邦國體制的美國，依美國憲法第 1 條規定，立法權由參議院及眾議院共同行使（二院制國會），各州參議院議員固定為 2 人，各州眾議院議員人數依據各州人口數，於每 10 年人口普查（decennial census）後，重劃國會議員選區。國會議員選區劃分，屬州議會（state legislatures）職權；各州之州議會，依其州憲法或州法律，定其選區劃分機關及劃分原則。基本上，美國各州選區劃分原則可分為：

❶傳統選區劃分原則（traditional districting criteria），如最短距離（compactness）、地理相連（contiguity）、縣或市或鎮行政區域完整（preservation of counties and other political subdivisions）、保障社區居民政治利益（preservation of communities of interest）、維持既有選區（preservation of cores of priordistricts）、避免現任者競爭（avoiding pairing incumbents）等（NCSL, 2019）。

❷新興標準（emerging criteria），2000 年以降，有部分州推行新的選區劃分原則，如禁止有利或不利於特定政黨或候選人（prohibition on favoring or disfavoring an incumbent, candidate or party）、禁止使用政黨性資料（prohibition on using partisan data）、競爭性（competitiveness）等（NCSL, 2019）。

立法委員可分為區域別及身分別

區域別

自由地區直轄市、縣市73人
每縣市至少1人

直轄市、縣（市）選出者，應選名額1人之縣（市），以其行政區域為選舉區；應選名額2人以上之直轄市、縣（市），按應選名額在其行政區域內劃分同額之選舉區

憲法增修條文
第4條

公職人員選舉
罷免法第35條

身分別

自由地區平地原住民及山地原住民各3人

平地原住民及山地原住民選出者，以平地原住民、山地原住民為選舉區

全英人口分配基數

規範	英國國會（下議院）共600席，《國會投票制度及選區法》定有4個保障選區（protected constituencies）	
	全英人口分配基數（United Kingdom electoral quota）	以英國選舉權人數除以596個選區
實作	英格蘭選區邊界委員會（Boundary Commission for England）於2018年9月5日提出選區檢討建議指出，全英選舉權人為44,562,440人，除以596，獲致全英人口分配基數為74,769人	

選舉制度之類型

選舉制度之類型	比例代表（proportional）與贏者全拿（winner-take-all），前者如政黨名單比例代表制；後者如美國總統選舉人團（electoral college）
	單一席次當選者（single-winner）與多席次當選者（multi-winner），前者如單一選區多數決制；後者如我國原住民立法委員
	多數制（plurality/majority system）、比例代表制（proportional representation system）、混合制（mixed system）等

UNIT **7-6**
選區劃分機關與傑利蠑螈

就制度比較，選區劃分機關，約略可分為三種類型：❶設置獨立選區邊界委員會（Boundary Commission）者，如英國《國會選區法》（Parliamentary Constituencies Act 1986）、加拿大《選區調整法》（Electoral Boundaries Readjustment Act）等；❷選區劃分機關歸屬於行政部門者，如日本《眾議院議員選區劃定審議會設置法》、我國中央選舉委員會等；❸選區劃分由議會進行者，如美國喬治亞州議會選區重劃委員會（Committee on Reapportionment and Redistricting）、賓夕法尼亞州議會選區重劃委員會（Pennsylvania Legislative Reapportionment Commission）等。事實上，美國許多州之選區劃分係由州議會為之，若特定政黨掌握議會多數席次，選區劃分常出現保障特定群體或利益之傑利蠑螈，不論是種族（族群）性傑利蠑螈（racial gerrymandering）或政黨性傑利蠑螈（partisan gerrymandering）之選區劃分，多滋生重大政治爭議（王保鍵，2020b）。

美國最高法院（Supreme Court of the United States）早期視選區劃分為政治問題，不介入審查，如 1946 年的科爾格羅夫對格林案（Colegrove v. Green, 328 U.S. 549, 1946）。惟至 1960 年代，美國最高法院轉變態度，開始介入選區劃分的審查，如 1962 年貝克對卡爾案（Baker v. Carr, 369 U.S. 186, 1962）建構認定政治問題之原則，並認定本案非政治問題，法院可介入選區劃分之審查。又如 1963 年格雷對桑德斯案（Gray v. Sanders, 372 U.S. 368, 1963）關於一人一票原則（one person, one vote），或 1964 年雷諾茲對辛氏案（Reynolds v. Sims, 377 U.S. 533, 1964）關於選區劃分與憲法平等保護條款（equal protection clause）。1980 年代，最高法院進一步審查選區劃分之傑利蠑螈問題，如 1986 年 6 月 30 日戴維斯案（Davis v. Bandemer, 478 U.S. 109, 1986）。

美國近年來，有許多州為處理傑利蠑螈問題，陸續設置獨立選區重劃委員會（Independent Redistricting Commission），如亞利桑那州（Arizona Independent Redistricting Commission）、加州（California Citizens Redistricting Commission）、密西根州（Michigan Independent Citizens Redistricting Commission）等。州議會為反制獨立選區重劃委員會之機制，以援引聯邦憲法第 1 條第 4 項選舉條款（elections clause）所定參眾議員選舉時間、地點、程序為州議會之權，提請司法訴訟；案經美國最高法院於 2015 年 6 月 29 日判決（Arizona State Legislature v. Arizona Independent Redistricting Commission, No. 13-1314），認為由獨立選區重劃委員會進行選區重劃，並未違反聯邦憲法第 1 條第 4 項規定。

實作經驗顯示，英國、加拿大的選區劃分機關雖隸屬於議會，但組成結構及職權行使具獨立公正性（independent and impartial），所產出的選區劃分，較少發生傑利蠑螈爭議；而美國設置獨立選區重劃委員會經驗，亦顯示以獨立委員會進行選區檢討，有助於營造政黨公平競爭之政治環境。

英國選區邊界委員會

依據		英國1986年《國會選區法》附錄一（Schedule 1）規定，選區邊界委員會由委員4人組成
組成	主席（chairman）1人	由下議院議長（Speaker of the House of Commons）擔任
	副主席1人	英格蘭、威爾斯由高等法院法官擔任，係由上議院的法律貴族（Lord Chancellor）選任；而蘇格蘭由最高民事法院（Court of Session）法官出任，係由蘇格蘭最高民事法院院長（Lord President of the Court of Session）選任；至於北愛爾蘭由北愛爾蘭高等法院法官擔任，係由北愛爾蘭首席大法官（Lord Chief Justice of Northern Ireland）選任
	委員2人	經公開徵選程序，由內閣大臣（Secretary of State）任命
現況		目前設有英格蘭選區邊界委員會、威爾斯選區邊界委員會（Boundary Commission for Welsh）、蘇格蘭選區邊界委員會（Boundary Commission for Scotland）、北愛爾蘭選區邊界委員會（Boundary Commission for Northern Ireland）等四個

加拿大選區邊界委員會

依據		依加拿大2019年修正《選區調整法》第4條規定，各省的選區邊界委員會3人
組成	主席（chairman）1人	由該省首席法官（Chief Justice）所任命的法官擔任
	委員2人	由眾議院議長（Speaker of the House of Commons）任命

選區重劃定期檢討

選區重劃定期檢討（periodically reviewed）	依定期人口普查之時間間隔	加拿大依《選區調整法》（Electoral Boundaries Readjustment Act）第3條規定，每10年人口普查後，檢討選區並重劃
		美國憲法第1條所定每10年人口普查
	依國會議員任期之時間間隔	英國2011年制定《固定任期制國會法》（Fixed-term Parliaments Act 2011）及《國會投票制度及選區法》（Parliamentary Voting System and Constituencies Act 2011），將國會議員任期定為5年，並規定每5年定期檢討選區
		我國區域立法委員選區「每10年重新檢討一次」規定，為政治協商結果，與定期人口普查並無直接相關

UNIT **7-7**
我國中央民代選舉區劃分機制

有關我國相關法制所規範之選舉區劃分機制及其思考略述如下：

（一）公職人員選舉罷免法

依《公職人員選舉罷免法》第 37 條規定，立法委員選舉區之變更，中央選舉委員會應於立法委員任期屆滿 1 年 8 個月前，將選舉區變更案送經立法院同意後發布。立法院對於前項選舉區變更案，應以直轄市、縣（市）為單位行使同意或否決。如經否決，中央選舉委員會應就否決之直轄市、縣（市），參照立法院各黨團意見修正選舉區變更案，並於否決之日起 30 日內，重行提出。立法院應於立法委員任期屆滿 1 年 1 個月前，對選舉區變更案完成同意，未能於期限內完成同意部分，由行政、立法兩院院長協商解決之。前項選舉區，應斟酌行政區域、人口分布、地理環境、交通狀況、歷史淵源及應選出名額劃分之。

道格拉斯依上開新修正之公職人員選舉罷免法規定，讓原本係專屬行政權之選舉區劃分，納入了國會參與之機制。同時，並將選區劃分之法定原則增加「歷史淵源」之新原則。

（二）中選會所訂定之選舉區劃分原則

依中央選舉委員會所訂定之《第七屆立法委員直轄市縣市選舉區劃分原則》第 3 點規定，各直轄市、縣市其應選名額一人者，以各該縣市行政區域為選舉區。各直轄市、縣市其應選名額二人以上者，應考量地理環境、人口分布、交通狀況並依下列規定劃分其選舉區：

❶應於各該直轄市、縣市行政區域內劃分與其應選名額同額之選舉區。

❷每一選舉區人口數與各該直轄市、縣市應選名額除人口數之平均數，相差以不超過 15％為原則。

❸單一鄉（鎮、市、區）其人口數超過該直轄市、縣市應選名額除人口數之平均數者，應劃為一個選舉區。其人口數如超過平均數 15％以上時，得將人口超過之部分村、里與相鄰接之鄉（鎮、市、區）劃為一個選舉區。

❹人口數未超過前款平均數之鄉（鎮、市、區），應連接相鄰接之二以上鄉（鎮、市、區）為一個選舉區。必要時，得分割同一（鄉、鎮、市、區）行政區域內之村里劃分之。但不得將不相鄰接區域劃為同一選舉區。

（三）依其他既有的選舉區作為劃分依據

一般在劃分選舉區時皆會以現有公職人員選舉區（如縣市議員選舉）或曾經運行過的公職人員選舉區（如國民大會代表、省議員選舉）作為劃分準據，略作說明如下：

❶縣市議員選舉

高雄市針對第七屆立法委員選舉區之劃分則是以該市之市議員選舉之選舉區為基礎來劃分立法委員單一選舉區。

❷國大代表選舉

第七屆立法委員選舉區之劃分，雲林縣的劃分草案就是參酌該縣國大代表之選舉區劃分，劃分為山線及海線兩個選舉區。

我國立法委員產生與特殊保障機制

我國立法委員產生與特殊保障機制			
國會減半	立法院立法委員自第七屆起113人		任期4年
113席之分配	直轄市、縣市	73人	依各直轄市、縣市人口比例分配,並按應選名額劃分同額選舉區選出
	平地原住民	3人	仍採複數選區
	山地原住民	3人	
	全國不分區及僑居國外國民	34人	依政黨名單投票選舉之,由獲得百分之五以上政黨選舉票之政黨依得票比率選出
婦女保障	政黨選舉票		各政黨當選名單中,婦女不得低於二分之一
地方自治團體保障	直轄市、縣市選出 ➡		每縣市至少1人

第八屆立法委員選舉區變更爭點

第八屆區域立法委員選舉區,因縣(市)改制或與其他直轄市、縣(市)合併改制為直轄市,致各直轄市、縣(市)應選名額變動,乃有必要變更選舉區,中選會 2010 年5月20日中選務字第09931001231號函送「第八屆區域立法委員選舉區變更案」予立法院,立法院於2010年8月19日立法院臨時會通過《公職人員選舉罷免法》第35條及第37條,每10年重新檢討一次立法委員選舉區變更

第八屆立法委員選舉區變更爭點

選舉

爭點一
應選名額分配基礎以「改制前25個直轄市、縣(市)」或「改制後22個直轄市、縣(市)」

→ 「改制前25個直轄市、縣(市)」,各直轄市、縣(市)選舉區應選名額不變

→ 「改制後22個直轄市、縣(市)」,各直轄市、縣(市)選舉區應選名額有變動

爭點二
應選名額分配計算公式以「最大餘數法」或「修正式最大餘數法」

→ 循第七屆立委選區變更之「修正式最大餘數法」,高雄市減少1席、臺南市增加1席

→ 循地方民意代表之「最大餘數法」,南投縣減少1席、臺南市增加1席

爭點三
選舉區10年不變是否違憲

→ 違憲說:❶公職人員選舉罷免法第35條之修正逾越憲法增修條文第4條「依各直轄市、縣市人口比例分配」規定之文義範圍;❷違反憲法「票票等值」之基本原則

→ 合憲說:❶公職人員選舉罷免法第35條之修正係屬立法裁量範疇,尚未逾越憲法所容許之界限;❷每10年重新檢討一次可建構立法委員選舉區安定性

UNIT **7-8**
選舉區劃分比較制度與論證對話

（一）主要民主國家之國會議員選舉區劃分制度表

國內學界與實務界在做比較研究時多以大陸法系的德國、日本與海洋法系的美國、英國作為探討對象，本書從席次分配方式、劃分機關之組成、選舉區重劃週期及劃分原則來比較上述四個國家之選舉區劃分制度如右表。

（二）選舉區劃分之公開性——論證對話

選舉制度攸關執政權的移轉、國政的發展與社會的穩定，是以在進行選舉區劃分時，應給予正反雙方經過充分的對話及論證的過程。為廣納社會各界意見以對選舉區劃分進行論證對話，在選舉區劃分過程吾人建議應注意事項為：

❶公聽會之召開

①在劃分選舉區前，選舉區劃分機關應邀請政黨、立法委員、學者專家等，召開公聽會廣泛徵詢意見。

②匯集各界的意見後，選舉區劃分機關應擬具選舉區劃分初稿（含理由）公告周知。

③選舉區劃分初稿之公告須有相當期間，以讓社會各政黨、利益團體、大眾輿論進行思考及對話。

④初稿公告期滿應針對各政黨、利益團體、大眾輿論所提意見，再次召開公聽會匯集民意後，擬具選舉區劃分草案（含理由及劃分圖說）。

⑤公聽會之召開應依行政程序法第十節聽證程序辦理。

❷選舉區劃分草案之預告

選舉法規既具有準憲法的地位，而選舉區重劃本質上可說是選舉法規的變動，應以更慎重方式處理。故應比照《行政程序法》第 154 條之預告程序將選舉區劃分草案於政府公報或新聞紙公告，並應以適當之方法，將公告內容廣泛周知。

透過公聽會之召開及草案之預告，可使選舉區之劃分過程，讓各政黨、利益團體、大眾輿論得以論證對話；並讓選舉區劃分程序具有高度公開性。

❸國民主權之落實：人民正當合理之信賴

司法院大法官釋字第 499 號解釋理由書略以：蓋基於國民主權原則（憲法第 2 條），國民主權必須經由國民意見表達及意思形成之溝通程序予以確保。易言之，國民主權之行使，表現於憲政制度及其運作之際，應公開透明以滿足理性溝通之條件，方能賦予憲政國家之正當性基礎。

選舉制度是人民藉以行使國民主權的主要方式，而選舉區重劃又是選舉制度核心部分；故應透過公聽會之召開及選舉區劃分草案之預告的手段，來達到公開透明以滿足理性溝通之條件，並滿足全國國民之合理期待與信賴。

😊實例說明

依中央選舉委員會 2005 年 8 月間所訂定之《第七屆立法委員直轄市縣市選舉區劃分原則》第 4 條第 3 項規定：「各級選舉委員會研擬選舉區劃分，應邀請政黨、立法委員、學者專家、社會賢達等，召開公聽會廣泛徵詢意見。」

選區劃分之制度比較

國別	席次分配方式	劃分機關之組成	選舉區重劃週期	劃分原則
日本	眾議院465席： ❶ 289席由單一選舉區選出。 ❷ 176席由政黨比例代表制選出。	由設置於總理府之眾議院議員選舉區劃分審議會負責擬訂規劃，交由首相（內閣總理大臣）向國會提出。審議會由委員 7 人組成，委員選自國會議員以外，學驗豐富，對修改眾議院單一選舉區劃分具有公正判斷能力者，經國會參眾兩院同意後由首相任命之，其任期為 5 年。	每10年依人口調查結果檢討修正一次。	❶ 單一選舉區部分，就全國47個都道府縣，先每一都道府縣分配 1 人，再依人口數，將全國劃分為 300個單一選舉區，每一選舉區選出議員 1 人。 ❷ 政黨比例代表選舉部分，將全國劃分為11個選舉區，每一選舉區選出名額最少 7 人，最多33人，依各政黨於各選舉區得票率比例分配當選名額。 ❸ 選舉區劃分須謀求各選舉區人口之均衡，各選舉區人口數高低以不超過二倍為原則，並應綜合合理考慮其行政區劃、地勢、交通等情形。
德國	聯邦眾議院598席： ❶ 二分之一（299席）由單一選舉區選出。 ❷ 二分之一（299席）由政黨比例代表制選出。	❶ 聯邦設置常設性之單一選舉區委員會，就全國選舉地區人口數之變動提出報告，並就是否須變更某些單一選區劃分提出說明。 ❷ 單一選區委員會由聯邦總統任命，其成員是由聯邦統計局統計長、聯邦行政法院法官 1 人及其他 5 人組成。	單一選區委員會應於眾議院任期開始後15個月內，向聯邦內政部長提出報告，聯邦內政部長應即將報告轉送眾議院，並在聯邦公報上公布。	❶ 應以各邦邦境為界。 ❷ 單一選區之人口數，與各單一選區平均之人口數，應以相差不超過15%上下為原則；相差超過15%者，應另重新劃分。 ❸ 各邦內單一選區數目，應儘可能配合其人口分布。 ❹ 各單一選區應形成一相連之區域。 ❺ 應盡可能配合各鄉鎮行政區（Gemeinde），縣（Kreis）及不屬於縣之獨立城市（Kreisfreie Stadt）之界線劃分。
美國	眾議院435席，由單一選舉區選出。	大部分州由州議會劃分選舉區，少數州由另外設置之選舉區劃分委員會劃分之。	每10年重新劃分一次。	❶ 每10年依各州人口數比例分配各州之應選名額。 ❷ 各州斟酌其行政區域的完整性、人口的分布、社區利益等因素劃分選舉區。
英國	國會650席，由單一選舉區選出。	英格蘭、蘇格蘭、威爾斯、北愛爾蘭各設立獨立選區邊界委員會	每 5 年重新檢討劃分一次。	選舉劃分，應考量行政區界、選舉人數、地理環境及交通狀況等因素。

UNIT **7-9**
應選名額分配方式

分配名額採取不同的計算方式就會有不同的分配結果，依王業立教授觀點，在比較立法例上目前常見的計算方法略有：

（一）最大餘數法（Largest Remainder System）

此種計算方式是先決定一個當選基數，然後以此當選基數除以（跨過當選門檻的）各政黨所得的有效票總數，取整數部分作為各政黨當選名額，如果還有議席尚未分配完畢，即比較各政黨剩餘票數的多寡，依序分配，直到所有議席分配完畢為止。常見的當選商數有四：

❶黑爾基數（Hare Quota）

將選舉的有效票總數（V），除以選區應選名額（N），所得的商數就是分配基數（Q），其公式為 Q=V/N。奧地利與比利時的區域選舉及德國第二票政黨議席採用此制。

❷哈根巴赫基數（Hagenbach-Bischoff Quota）

將選舉的有效票總數（V），除以選區應選名額加一（N+1），所得的商數就是分配基數（Q），其公式為 Q=V/N+1。希臘的區域選舉、盧森堡、瑞士運用此制。

❸族普基數（Droop Quota）

將選舉的有效票總數（V），除以選區應選名額加一（N+1），所得的商數再加一作為分配基數（Q），其公式為 Q=（V/N+1）+1。愛爾蘭採用此制。

❹因皮立亞里基數（Imperiali Quota）

將選舉的有效票總數（V），除以選區應選名額加二（N+2），所得的商數即為分配基數（Q），其公式為 Q=V/N+2。1993 年選舉制度改革前的義大利便是採用此制。

（二）頓特最高平均數法（d'Hondt Highest Average System）

凡得票超過當選基數的政黨，可先分配一席，如果還有議席尚未分配完畢，則凡是已當選一席的政黨，將其總票數除以二後，再比較各政黨的平均數，以分配剩餘的席次；如果還有議席尚未分配完畢，則凡是已當選二席的政黨，將其總票數除以三後，再比較各政黨的平均數，以分配剩餘的席次。以此類推，直至所有議席分配完畢。芬蘭、以色列、荷蘭、西班牙、葡萄牙等採用此制。

（三）聖提拉噶最高平均數法（Sainte-Lague Highest Average System）

聖提拉噶最高平均數法的席位分配過程與頓特最高平均數法完全相同，唯一的差別是：在頓特最高平均數法下，是以已分配到的席次數加一作為除數，其除數序列為 1，2，3，4……（即 N+1，N 為分配到的席次數）；在聖提拉噶最高平均數法下，其除數序列為 1，3，5，7……（即 2N+1）。此法由於除數的增大，對於已經分得席次的政黨再分配到席次的困難度增加；相對地，對尚未分配到席次的小黨，增加其獲得分配之機會。丹麥、瑞典、挪威等採用此制。

排除深度偽造聲音及影像影響選舉結果

公職人員 選舉罷免法 第 53 條之 1	深度偽造，指以電腦合成或其他科技方法製作本人不實之言行，並足使他人誤信為真之技術表現形式
	選舉公告發布或罷免案宣告成立之日起至投票日前一日止，擬參選人、候選人、被罷免人或罷免案提議人之領銜人知有於廣播電視、網際網路刊播其本人之深度偽造聲音、影像，得填具申請書表並繳納費用，向警察機關申請鑑識
	經警察機關鑑識之聲音、影像具深度偽造之情事者，擬參選人、候選人、被罷免人或罷免案提議人之領銜人應檢具鑑識資料，以書面請求廣播電視事業、網際網路平臺提供者或網際網路應用服務提供者，停止刊播或限制瀏覽、移除或下架該聲音、影像

選舉制度與政黨體系連結─杜瓦傑定律

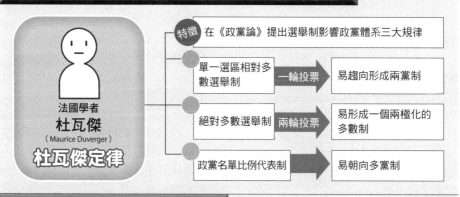

法國學者
杜瓦傑
（Maurice Duverger）

杜瓦傑定律

特徵 在《政黨論》提出選舉制影響政黨體系三大規律

單一選區相對多數選舉制 —一輪投票→ 易趨向形成兩黨制

絕對多數選舉制 兩輪投票 易形成一個兩極化的多數制

政黨名單比例代表制 易朝向多黨制

選舉制度本身之扭曲性

David Farrel

名額不公平之分配 → 有些選區人口數遠多於其他選區

傑利蠑螈之政治操作 → 受到特定政治立場操作影響

選舉門檻之不當設定 → 有利大黨，而不利小黨

選舉與政黨法規之限制 → 如候選人保證金的法律規定

投票行為之研究途徑

生態學研究途徑	從整體選民投票結果來論述個別選民之投票行為	
	同一群體中的個別選民間，有著類似之投票傾向	
社會學研究途徑	投票行為受大眾傳媒、次級團體與其個人人際關係影響	
	強調受個人的媒介使用習慣與資訊溝通管道之影響	
社會心理學途徑	投票行為受到其個人心理因素之影響	
	Campbell與Converde	美國選民
	漏斗狀因果模型	最主要受政黨認同影響
經濟學途徑	理性分析各政黨或候選人之條件	
	Downs民主的經濟理論	理性投票模型

UNIT 7-10
投票行為理論

政治學的研究從傳統主義時期轉變為行為主義時期，借用了自然科學的研究方法（如觀察、量化、統計、分析、假設、驗證等），讓選舉研究（投票行為研究）成為重要的研究課題。

依彭懷恩教授之論述，在行為主義影響下，美國學者於 1940 年代末期開始對選民從事大量的經驗研究，產生了一系列的重要著作，包括《人民的抉擇》（*The People's Choices*, 1994）、《投票》（*Voting*, 1954）、《美國選民》（*The American Voters*, 1960）、《轉變中的美國選民》（*The Changing American Voter*, 1976）等。在英國，學者巴特勒（D. Butler）與史多克斯（D. Stokes）也出版了《英國政治變遷》（*Political Change in Britain*, 1969），透過心理學、社會學等來研究人民的投票行為，產生了「選舉學」。

政治學者提出的解釋選民行為的途徑相當多，但基本上可分為三途徑：

❶途徑一，是從選民之社會背景因素，諸如階級、信仰、種族、族群、職業、性別等人口變項，來探討分析不同屬性選民之投票行為差異。

❷途徑二，則是根據選民在投票前的社會心理感受，諸如他們對主要政黨的認同、對候選人的喜好、對政治議題的偏好等，來說明或預測他們投票行為之取向。

❸途徑三，則是基於理性選擇之觀點，把選民當作在經濟市場上選擇適合產品（候選人）之理性消費者。

政治行為的研究一向致力於界定影響選民投票抉擇的可能因素，以及這些因素之間的因果關係。就分析的理論架構而言，「心理─政治研究途徑」〔psycho-political approach；亦稱之為「社會心理學研究途徑」（social psychological approach）、「態度研究途徑」（attitudinal approach），或者「認知研究途徑」（cognitive approach）〕一般被認為是瞭解選民政治行為的重要切入點。

依徐火炎之觀點，1960 年 Angus Campbell 等密西根學派學者出版《美國選民》一書，以漏斗狀的分析架構，把影響選民最後投票抉擇的種種長短期因素，包含在選民關於政黨、選舉議題與候選人等三種的投票考慮之中。在分析上，選民以政黨認同為投票主要依據的，被稱為政黨取向的投票；議題或政見取向投票的選民，則以候選人的政見及選舉議題的態度來決定投票給誰；候選人取向的投票，則指選民根據他們對候選人的能力與人格特質的評價，來決定是否投票給他。事實上，在現實世界中，選民的投票考慮不會只取決於單一的因素，只是對其中不同的投票考慮有所側重而已。另外，在時間上的區分而言，選民的政黨認同，早在選舉以前就存在的，因此就特定選舉的選民投票行為來看，是屬於長期性的影響因素；然而，候選人與政見或議題，則是因不同選舉而發生的短期性影響因素。

在台灣，受民主轉型及族群人口結構影響，省籍因素、統獨議題、族群認同等，也會影響選民的投票取向。惟近年來，省籍因素之影響力，逐漸下降。

投票行為取向概念

	認同種類	長短期性因素
選民投票取向	政黨認同	長期性影響因素
	政見認同	短期性影響因素
	候選人認同	

一致性政府與分立性政府

一致性政府（unified government）	行政部門與立法部門皆由同一政黨所控制		
	選民未產生分裂投票		
分立性政府（divided government）	行政部門與立法部門分屬不同政黨所掌握	一院制	議會由不同於行政部門之所屬政黨占有多數議席
		二院制	只要任何一院由不同於行政部門之所屬政黨擁有多數議席
	選民分裂投票（split-ticket voting）	選民在行政首長與議員選舉中分別投給不同黨籍之候選人（獨立選民）	

選民投票取向與影響投票行為之因素

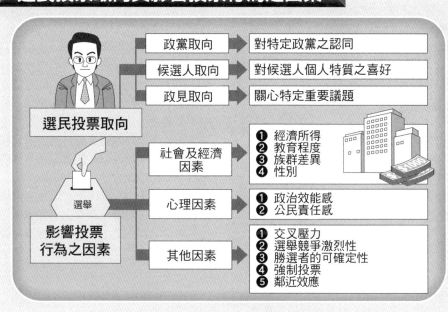

選民投票取向

- 政黨取向 → 對特定政黨之認同
- 候選人取向 → 對候選人個人特質之喜好
- 政見取向 → 關心特定重要議題

影響投票行為之因素

選舉

- 社會及經濟因素
  - ❶ 經濟所得
  - ❷ 教育程度
  - ❸ 族群差異
  - ❹ 性別
- 心理因素
  - ❶ 政治效能感
  - ❷ 公民責任感
- 其他因素
  - ❶ 交叉壓力
  - ❷ 選舉競爭激烈性
  - ❸ 勝選者的可確定性
  - ❹ 強制投票
  - ❺ 鄰近效應

UNIT **7-11**
全國性公民投票

依據憲法主權在民之原則，為確保國民直接民權之行使，我國於 2003 年 12 月 31 日制定《公民投票法》。

（一）國民之直接民權體現

❶公民投票的英文用語有兩個，一為 referendum；另一為 plebiscite。兩者之區別在於 plebiscite 較常用來指涉及主權議題（例如國號或新憲法）。依公民投票法草案總說明，公民投票（referendum）係指公民就被提議之事案，表明贊成與否時所舉行之投票；按 referendum 一詞在我國憲法學中，稱之為複決，與罷免（recall）創制（initiative）合稱為直接民權，有別於「選舉」之代議民主。《公民投票法》第 1 條規定，係依據憲法主權在民之原則，為確保國民直接民權之行使。

❷全國性公民投票，依憲法規定外，適用事項為：①法律之複決；②立法原則之創制；③重大政策之創制或複決；④預算、租稅、薪俸及人事事項不得作為公民投票之提案。

（二）公民投票案之提案

❶**公民連署**：依《公民投票法》第 9 條至第 13 條規定辦理。
❷**行政院交付**：依《公民投票法》第 14 條規定辦理。
❸**立法院交付**：依《公民投票法》第 15 條規定辦理。
❹**總統交付**：依《公民投票法》第 16 條規定辦理。

（三）公民連署提案

❶公民投票案之提出，除另有規定外，應由提案人之領銜人檢具公民投票案主文、理由書及提案人正本、影本名冊各一份，向主管機關為之。

❷公民投票案提案人人數，應達提案時最近一次總統、副總統選舉選舉人總數萬分之一以上（第一階段）。經審議委員會審核通過後，進行第二階段連署（1.5%）。

（四）公民投票日

公民投票日定於 8 月第四個星期六，自 2021 年起，每 2 年舉行一次。公民投票日應為放假日。另主管機關辦理全國性公民投票，得以不在籍投票方式為之，其實施方式另以法律定之。

（五）全國性公民投票案之結果

❶公民投票案投票結果，有效同意票數多於不同意票，且有效同意票達投票權人總額四分之一以上者，即為通過。有效同意票未多於不同意票，或有效同意票數不足前項規定數額者，均為不通過。

❷公民投票案經通過者，中央選舉委員會應於投票完畢 7 日內公告公民投票結果，並依下列方式處理：①有關法律之複決案，原法律於公告之日算至第三日起，失其效力；②有關法律立法原則之創制案，行政院應於 3 個月內研擬相關之法律提案，並送立法院審議；立法院應於下一會期休會前完成審議程序；③有關重大政策者，應由總統或權責機關為實現該公民投票案內容之必要處置；④依憲法之複決案，立法院應咨請總統公布。

全國性公民投票之概念架構

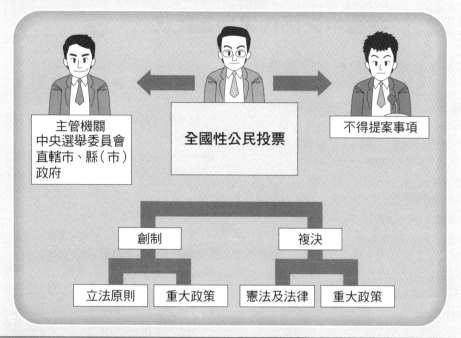

主管機關
中央選舉委員會
直轄市、縣(市)
政府

全國性公民投票

不得提案事項

創制		複決	
立法原則	重大政策	憲法及法律	重大政策

全國性公民投票案之兩階段連署

全國性公民投票案之提出	類別	門檻
第一階段連署	提案人數	萬分之一以上
第二階段連署	連署人數	百分之一點五以上

選舉人及投票權人

選舉人及投票權人	選舉人	投票權人
依據	公職人員選舉罷免法	公民投票法
年齡	年滿20歲	年滿18歲
居住期間	居住四個月	居住六個月

UNIT 7-12
我國中央民代與地方民代

圖解政治學

（一）我國中央民代之複數國會階段

❶依司法院大法官釋字第 76 號解釋，就憲法上之地位及職權之性質而言，應認國民大會、立法院、監察院共同相當於民主國家之國會。

❷依憲法第 26 條第 1 款，每縣市及其同等區域各選出代表 1 人，但其人口逾 50 萬人者，每增加 50 萬人，增選代表 1 人。縣市同等區域以法律定之。第 62 條，立法院為國家最高立法機關，由人民選舉之立法委員組織之，代表人民行使立法權。第 91 條，監察院設監察委員，由各省市議會，蒙古西藏地方議會，及華僑團體選舉之。

❸是以，在我國憲法以增修條文方式修憲前，中央民意代表係指國民大會代表、立法委員、監察委員。國民大會代表與立法委員由人民直接選舉產生；監察委員則以間接選舉方式，由地方議會選出。

（二）我國中央民代之單一國會階段

❶在 1990 年 5 月 20 日，李登輝總統宣示進行憲政改革後，國民黨便提出「一機關二階段修憲」之主張。一機關指國民大會，二階段指先由第一屆國民大會做「形式修憲」，再由新選出的第二屆國民大會進行「實質修憲」。

❷於 1992 年 5 月，第二屆國民大會第一次臨時會議決通過憲法增修條文（憲法第二次增修），將監察院改為準司法機關。2005 年 6 月，憲法第七次增修，其要旨為：

　①立委席次由 225 席減為 113 席。

　②立委任期由 3 年改為 4 年。

　③立委選制改為單一選區兩票制。

　④廢除國民大會，改由公民複決憲法修正案。

　⑤總統與副總統的彈劾改由司法院大法官審理。

❸是以，在 2005 年憲法第七次增修後，我國國會由複數國會轉變為單一國會（立法院），立法委員成為唯一的中央民意代表。

（三）我國地方民意代表

❶依憲法本文設計，我國地方自治團體主要為「省」及「縣」。第 113 條，省設省議會，省議會議員由省民選舉之。第 124 條，縣設縣議會，縣議會議員由縣民選舉之；屬於縣之立法權，由縣議會行之。

❷依《地方制度法》之設計，「省」則變成為行政院之派出機關（《地方制度法》第 2 條第 1 款）。直轄市議會議員、縣（市）議會議員、鄉（鎮、市）民代表會代表分別由直轄市民、縣（市）民、鄉（鎮、市）民依法選舉之，任期 4 年，連選得連任（《地方制度法》第 33 條第 1 項）。

💬 小博士解說

我國立法委員對原住民保障係採取「外加」之方式，即區域立委 73 席與不分區 34 席外，外加 6 席原住民立委。惟地方民代對原住民保障係採取「內含」之方式，即地方民代總額內，如因原住民人口達一定人數而須增加原住民地方民代時，會同時減少非原住民地方民代之席次（即總額不變）。

我國中央民代與地方民代之比較

	中央民代		地方民代	
	複數國會	單一國會	憲法	地方制度法
種類	國民大會代表	立法委員 （第七屆）	省議會議員（已廢）	直轄市議會議員
	立法委員		縣（市）議會議員	縣（市）議會議員
	監察委員		直轄市議會議員	鄉（鎮、市）民代表會代表
				直轄山地原住民區民代表會代表

我國立法委員與地方議員之保障

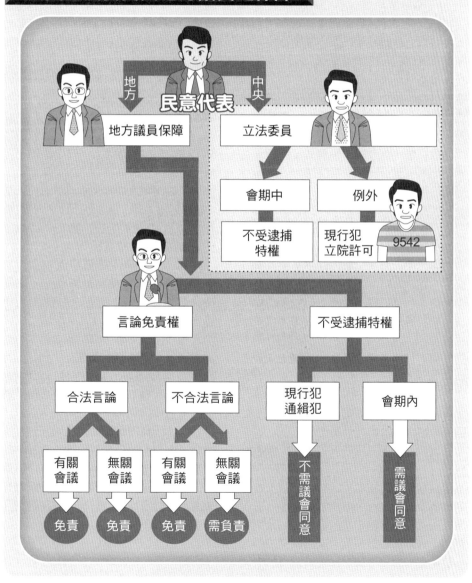

UNIT **7-13**
重新計票

圖解政治學

　　世界上多數國家，為便利選民行使投票權，多提供較長的投票時間，例如，美國加州的投票時間為上午07：00至晚上20：00，伊利諾州的投票時間為上午06：00至晚上19：00；又如英國的投票時間多為週四上午07：00至晚上22：00。這些以較長時間，便利選民投票的國家，在投開票作業程序上，大多採取「分散投票、集中開票」的投開票作業模式，投票所工作人員僅處理投票作業，投票時間截止，各投票所將選票包封，運往開票中心，由另一批開票工作人員，集中開票。然而，臺灣的投開票作業程序，係採取國際上少見的「分散投票、分散開票」模式，將投、開票作業，整合於同一投開票所，由同一組工作人員處理。

　　我國選民在進行投票，早已習慣到投票所投下實體票，投票結束，也要在同一地點親眼檢視開票過程。縱使如此地公開與透明，選民仍會對開票結果有所疑義（如2004年總統大選所引發之選舉訴訟）。當選舉結果僅微幅差距的情況，常有選舉訴訟之發生；我國得票差距在1%以內之中大型選舉，如右表。對於開票結果爭議，我國以往概依《公職人員選舉罷免法》第120條，採取司法訴訟之司法驗票方式，但曠日費時（各審受理法院有6個月審理期間）；因而，遂增加重新計票制度。

　　在制度設計上，重新計票可採「行政驗票」、「非訟驗票」、「司法驗票」。我國採取「非訟驗票」，依《公職人員選舉罷免法》第69條第1項規定，區域立法委員、直轄市長、縣（市）長選舉結果，得票數最高與次高之候選人得票數差距，或原住民立法委員選舉結果得票數第三高與第四高之候選人得票數差距，在有效票數千分之三以內時，次高票或得票數第四高之候選人得於投票日後七日內，向管轄法院聲請查封全部或一部分投票所之選舉人名冊及選舉票，就查封之投票所於二十日內完成重新計票，並將重新計票結果通知各主管選舉委員會。各主管選舉委員會應於七日內依管轄法院重新計票結果，重行審定選舉結果。審定結果，有不應當選而已公告當選之情形，應予撤銷；有應當選而未予公告之情形，應重行公告。

　　實作上，2018年11月24日臺北市市長選舉，當選人柯文哲（得票數580,820票）與落選人丁守中（得票數為577,566票），相差3,254票，經丁守中向臺灣臺北地方法院聲請重新計票（2018年度選聲字第2號事件）。另《總統副總統選舉罷免法》第63條之1，亦有重新計票之規定。

　　然而，《公職人員選舉罷免法》第69條第1項法院重新計票規定，僅限特定選舉，經司法院憲法法庭2023年憲判字第18號認定違憲。憲法法庭判決違憲理由為：❶選舉相關規範存有差別待遇者，須為追求重要公共利益，且其分類與規範目的之達成間，須存有實質關聯；❷選罷法所定法院重新計票制度僅限特定種類，其差別待遇不具正當目的，所採分類與規範目的間無實質關聯，有違憲法平等權保障。意即，凡公職人員選舉結果，得票數最高之落選人，其得票數與當選最低票數差距在有效票千分之三以內時，均可聲請重新計票。

我國得票差距在1%以内之中大型選舉

年度	選舉別	候選人	所屬黨籍	得票率（%）	是否訴訟
2007	第7屆立委（金門縣）	陳福海	無黨籍	37.31%	適用重新計票新制，但未提出
		吳成典	國民黨	37.04%	
2006	高雄市長	陳菊	民進黨	49.41%	是
		黃俊英	國民黨	49.27%	
2004	總統選舉	陳水扁	民進黨	50.11%	是
		連戰	國民黨	49.89%	
1998	高雄市長	謝長廷	民進黨	48.71%	是
		吳敦義	國民黨	48.13%	
1997	雲林縣長	蘇文雄	國民黨	34.93%	否
		張榮味	無黨籍	34.04%	
1997	南投縣長	彭百顯	無黨籍	31.61%	否
		林宗男	民進黨	30.08%	
		許惠祐	國民黨	30.11%	

我國中央民代選舉制度變革

我國中央民代選舉制度變革		
2005年修憲前（複數選區一票制）	立法院立法委員自第四屆起225人	
	自由地區直轄市、縣市168人	
	自由地區平地原住民及山地原住民各4人	
	僑居國外國民8人	採政黨比例方式選出之
	全國不分區41人	
2005年修憲後（單一選區兩票制）	立法院立法委員自第七屆起113人	
	自由地區直轄市、縣市73人	依各直轄市、縣市人口比例分配，並按應選名額劃分同額選舉區選出之
	自由地區平地原住民及山地原住民各3人	
	全國不分區及僑居國外國民共34人	依政黨名單投票選舉之，由獲得百分之五以上政黨選舉票之政黨依得票比率選出之

UNIT **7-14**
婦女保障名額機制

圖解政治學

❶法制規範

依憲法第 134 條，各種選舉應規定婦女當選名額，其辦法以法律定之。依《地方制度法》第 33 條第 5 項及第 6 項，各選舉區選出之地方民意代表名額達 4 人者，應有婦女當選名額 1 人；超過 4 人者，每增加 4 人增 1 人。地方民意代表之原住民名額在 4 人以上者，應有婦女當選名額。

❷區域議員選區劃分與婦女保障名額之關係：以金門縣議員選區劃分為例

金門縣選委會針對第五屆縣議員選舉區變更，先於 2008 年 12 月間提出一個大幅變革的選舉區變更案（從全縣為 1 個選舉區變更為 5 個選舉區）；惟案經中選會第 383 次委員會議決議：「金門縣選舉委員會選舉區變更留待下次會議再討論。」嗣後，金門縣選舉委員會基於地方各界對於選舉區恢復第一屆以鄉鎮為選舉區，婦女保障名額將由 4 席減少為 2 席；經再檢討後，金門縣選委員會爰於 2009 年 2 月間再提出另一個版本的選舉區變更案（從全縣為一個選舉區變更為 2 個選舉區），而可維持既有之 4 席婦女保障名額。

基此，在婦女名額與選舉區劃分間產生了一個弔詭的關聯：可以透過選舉區劃分來強化或弱化婦女保障名額機制。

❸原住民縣議員婦女保障名額於選區間之「浮動性」

查《公職人員選舉罷免法》第 36 條第 1 項第 1 款規定，地方民代選舉，其由原住民選出者，以其行政區域內之原住民為選舉區，並得按平地原住民、山地原住民或在其行政區域內劃分選舉區。故上開縣市之原住民選舉區實際上已劃分至鄉鎮市，一縣之內的平地或山地原住民會再細分不同選舉區，會造成婦女保障名額之「浮動性」，成為一個極具爭議性之問題。

所謂的浮動性，係指依《地方制度法》第 33 條規定，對於原住民縣議員婦女保障名額，採取「全縣」應選名額數達 4 人，給予婦女保障名額 1 名。而對於區域縣議員婦女保障名額，採取「各選舉區」應選名額數達 4 人，給予婦女保障名額 1 名。因為「原住民」與「區域」縣議員規範機制有別，形成原住民婦女保障名額究竟會落在哪一個選舉區之「浮動性」。

以花蓮縣平地原住民為例，該縣平地原住民應選 7 名，分別由第 5 選舉區（居住花蓮市、新城鄉、秀林鄉、吉安鄉之平地原住民）選出 3 名、第 6 選舉區（居住壽豐鄉、鳳林鎮、萬榮鄉、光復鄉、豐濱鄉之平地原住民）選出 2 名、第 7 選舉區（居住瑞穗鄉、玉里鎮、富里鄉、卓溪鄉之平地原住民）選出 2 名；則婦女保障名額 1 名該如何分配？

答案是，必須等到選舉結果出來，如果花蓮縣平地原住民當選人中，無一當選人為女性，就必須檢視平地原住民 3 個選舉區（第 5、6、7 選舉區）中，婦女參選人最高票者；如果這個最高票之婦女是在第 5 選舉區，則第 5 選舉區（應選 3 名）第 3 位當選人由這位最高票婦女取代；如果這個最高票之婦女是在第 7 選舉區，則第 7 選舉區（應選 2 名）第 2 位當選人由這位最高票婦女取代；而被這位最高票婦女所取代之原當選人（男性）便宣告落選，成為落選頭。

金門縣議員選舉區變更案（5個選區）：婦女保障名額減少

本屆縣議員選舉區					下屆縣議員選舉區				
選舉區別	範圍	應選名額	婦女保障名額	人口數	選舉區別	範圍	應選名額	婦女保障名額	人口數
金門縣	金城鎮 金湖鎮 金沙鎮 金寧鄉 烈嶼鄉 烏坵鄉	18	4	68,265	1	金城鎮 烏坵鄉	7	1	29,075
					2	金湖鎮	4	1	15,272
					3	金沙鎮	3	0	18,571
					4	金寧鄉	3	0	13,369
					5	烈嶼鄉	2	0	7,331
		18	4	68,265			19	2	83,619

註　事實上，金門縣於1992年11月7日解除軍事管制，回歸地方自治體制，初期以縣政諮詢會改制為臨時縣議會，至1994年1月29日選舉第一屆縣議員16人，成立縣議會，此為金門縣自38年實施軍管之首次縣議員選舉，選舉區係以鄉鎮劃分為金城（含烏坵鄉）、金湖、金沙、金寧、烈嶼等5個選舉區。到了第二屆議員選舉，考量賄選嚴重，乃改為以全縣行政區域為一個選舉區。
資料來源：金門縣選舉委員會2008年12月23日金選一字第0972650285號函。

金門縣議員選舉區變更案（2個選區）：婦女保障名額相同

本屆縣議員選舉區					下屆縣議員選舉區				
選舉區別	範圍	應選名額	婦女保障名額	人口數	選舉區別	範圍	應選名額	婦女保障名額	人口數
金門縣	金城鎮 金湖鎮 金沙鎮 金寧鄉 烈嶼鄉 烏坵鄉	18	4	68,265	1	金城鎮 烏坵鄉 金湖鎮	12	3	51,246
					2	金沙鎮 金寧鄉 烈嶼鄉	7	1	32,373
		18	4	68,265			19	4	83,619

註　金門縣選舉委員會另提出此版本之理由為：❶基於憲法增修條文促進兩性地位實質平等精神，以及地方制度法對婦女名額保障，當不因選舉區之劃分而受影響，採取2個選區劃分方案屬最能維持既有之婦女保障機制；❷金門縣地方制度層級設有縣及鄉鎮兩級，民意機關分別為縣議會及鄉鎮民代表會，兩者層級及職權有別，採取5個選區劃分方案，兩者選舉區範圍相同，無法區別其民意代表性；❸歷史因素：溯於1947年金門行政區編制民政處，下設第一民政處，轄沙、碧湖、滄湖及瓊浦等地區；第二民政處轄城廂、金城、金盤、古寧等四區；第三民政處設烈嶼，僅轄烈嶼一區。與現行2個選區劃分案之計分兩選舉區之方式相似，有其歷史淵源。
資料來源：金門縣選舉委員會2009年2月19日金選一字第0982650020號函。

UNIT **7-15**
不在籍投票

圖解政治學

根據各國實務經驗之統計,選舉人行使不在籍投票,其方式大致可分為六種,即通訊投票、代理投票、提前投票、特設投票所投票、移轉投票、電子投票,略述如下(高永光,2004;黃東益,2005:24-25;立法院法制局,2009;內政部,2009):

❶通訊投票

通訊投票(Postal Voting),意指選舉人於投票當日無法親自前往指定之投票所投票時,可事前向選務機關申請以郵寄投票的方式,代替親自前往投開票所投票;選務機關於審定申請人的選舉人資格後,寄出選舉票予符合規定者,選舉人依法秘密圈選完畢後,於法定日期前密封郵寄送還選務機關。此種投票方式適用於政府駐外人員、派駐海外軍人及其眷屬或僑居海外之選舉人;或失明、顏面傷殘、不良於行之身心障礙選舉人;或重病在醫院之選舉人。

❷代理投票

代理投票(Proxy Voting),意指選舉人於投票當日無法親自前往指定之投票所投票時,可事前向選務機關申請委託他人代表投票;經選務機關審定申請人的選舉人資格後,由代理人於投票當日持委託書至投票所代替本人投票。此種方式適用於失明、不願出門顏面傷殘、不良於行等之身心障礙選舉人。

我國《總統副總統選舉罷免法》第14條第4項及《公職人員選舉罷免法》第18條第3項規定,身心障礙者可由家屬代為圈投,可說是「半套式」的代理投票。

❸提前投票

提前投票(Early Voting),意指選舉人於投票當日不在其國內或選舉區,得向選務機關申請於投票日前數日先行投票。投票日期及投票所係由選務機關安排,並由選務人員管理與監督。

❹特設投票所投票

特設投票所投票(Polling Booths in Special Institutions),意指對於某些特定身分之選舉人,選務機關在其工作或生活場所另予設置特別投票所,以方便此類選舉人行使投票權。最常使用在監所服刑的受刑人、在療養機構就養的老年人或軍人。

❺移轉投票

移轉投票(Constituency Voting),意指選舉人得向選務機關申請在其工作地或就學地所屬之投票所投票,並將選舉票移轉至其指定地點,於投票日當日,讓選舉人就近投票。

❻電子投票

電子投票(Electronic Voting),包含「投票所線上投票」、「資訊亭投票」、「遠距投票」等。如愛沙尼亞於2007年首開先例,在中央層級之國會選舉,採行網路投票,讓選民可以遠距投票。

上開各種不在籍投票方式,在一般民主國家,如英國採行通訊投票與代理投票;法國則完全採行代理投票;德國以通訊投票為主,兼採行特設投票所投票及移轉投票;美國由於是聯邦制,各州的規定並不一致,上述各種投票方式都有,甚至也有些州同時採行數種方式。至我國主管機關規劃先從總統副總統選舉實施不在籍投票,內政部所規範不在籍投票有三大類型:①選舉人申請移轉至戶籍地以外之直轄市、縣(市)投票之「移轉投票」;②矯正機關收容之選舉人,應於矯正機關內設置之投票所投票之「指定投票所投票」;③投票所工作人員,應於工作地之投票所投票之「工作地投票」。

革新選舉投票制度：應採集中開票

我國現制	「分散投票、分散開票」
	即採於投票完畢，即於現地唱名開票
西方國家	「分散投票、集中開票」
	即各投票所於投票時間截止後，由工作人員將選舉票包封後，送往選務作業中心（鄉鎮市區公所）指定之開票所集中開票
集中開票優點	可延長投票時間：選民便利性高
	降低賄選：端正選風助益性高
	投開票分離：計票正確性高
	減少有效票與無效票認定爭議：無效票認定結果一致性高

日本、韓國不在籍投票制度比較表

國家	種類	資格	投票方式
日本	提前投票	❶選舉人從事職務或業務或總務省令所指定之任務者。 ❷選舉人因任務或事故，在其所屬投票區市町村區域外旅行中或滯留中。 ❸選舉人因疾病、負傷、妊娠、衰老、殘障及生產而步行顯著困難或被收容於監獄、少年院及婦女輔導院者。 ❹居住或滯留於交通困難島嶼或其他經總務省指定之地區居住或滯留者。 ❺選舉人在其所屬投票區之市町村區域外之住所居住者。	親至投票所投票
	駐外使館投票	僑居海外選舉人（僅限眾議員及參議員選舉）	親至投票所投票
	通訊投票	僑居海外選舉人於駐外使館投票有困難者（僅限眾議員及參議員選舉）	居家通訊投票
		身體障礙者、戰傷病者	
	海上投票	搭乘指定船舶，航行日本外海，從事職務或業務或總務省令所指定之任務之船員（僅限眾議員及參議員選舉）	傳真投票
韓國	特設投票所與通訊投票	醫院、療養院、收容所、監獄	選舉人親至投票所投票後寄回戶籍地集中開票
	通訊投票	❶軍人、警察之營區或勤務地點距離遙遠，無法於不在籍投票所投票者。 ❷在醫院或療養院住院，無法行動者。 ❸身體重大障礙而無法行動者。 ❹居住於交通困難島嶼，無法於不在籍投票所投票者。 ❺居住於無法設置不在籍投票所之選舉人者。	

UNIT *7-16*
電子投票

參考行政院研究發展考核委員會2005年3月編印之《電子化民主之研究》委託研究報告（RDEC-RES-093-011），將電子投票加以整理介紹如下。

❶線上投票

①投票所線上投票（poll-site online voting）：投票權人可以在其戶籍所在地之同一公職人員候選人的選舉區內的任一投票所投票。

②資訊亭投票（kiosk voting）：除了在投票所外，投票權人還可以在其他被監督管理的公共場所進行投票，如公立圖書館。

③遠距投票（remote voting）：投票權人可以不用在指定的地方投票，而可藉由許多不同的電子設備，如電話、手機簡訊、網路等方式來進行投票。例如，英國在2002年5月地方選舉在利物浦選區兼採手機簡訊與線上投票。

❷電子計票系統（electronic counting system）

投票權人仍需至投票所投票，而在投票權人投票後，透過電腦自動計算實體選票，藉以縮短開票、計票流程。

❸電腦輔助投票（computer-assise voting）

投票權人仍需到投票所投票，而在投票所中，藉用電腦電子設備（如滑鼠、觸碰式電子螢幕）來進行投票。這種方式又可分為：

①印出實體選票以供投票權人確認。

②不印出實體選票，直接由電腦加總計算。

🙂實例說明

日本於2001年1月11日通過《電子投票法》，並於2002年6月間，於關西的岡山鄉新見市長及市議員選舉中，在日本首次採用電子投票。依實踐大學謝相慶教授之說明，其作業流程略為：選務機關先將投票入場券寄給有投票權的選舉人，選舉人必須持券進入投票所，經驗明身分後，以入場券換取電子投票卡，將投票卡插入投票機（類似自動提款機ATM），電腦螢幕即顯示所有候選人的姓名及相片，每位候選人旁邊有按鈕，只要按下自己要選的候選人，即完成投票，投票卡自動退出。整個投票結束後，選務工作人員從投票機中取出儲存投票資料的磁碟片，裝入特製箱子運送到開票中心，透過統計程式即可計算出每位候選人得票數，並決定當選名單。這套投票作業由於宣傳得早，老年人可以很輕易地投票；殘障者坐輪椅也可使用這種機器。投票機可列印出投票單，以備有爭議時驗票用。

而在我國則是在選務前端與末端皆採用電子化作業，僅有中間（選民投票）採取人工之方式。我國選務前端之選舉人名冊造報與投票通知單印製都是藉由電腦化之全國戶役政系統來產生，選務末端之計票，投開票所人工計票結果，送到鄉鎮市區選務作業中心，透過電腦計票系統核算後，送到直轄市、縣市選舉委員會，也是透過電腦計票系統核算，再送到中央選舉委員會。

電子投票的型態

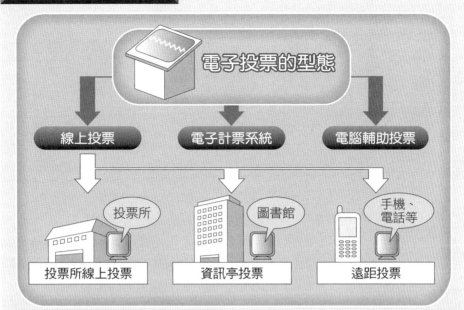

我國選務電子化作業

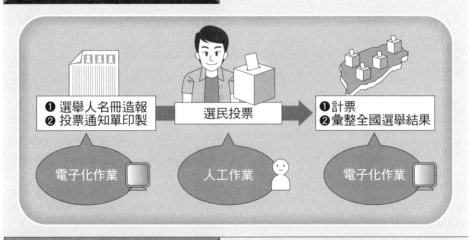

我國選務電子化作業

- ・主要政黨的接受度
- ・選民之支持度
- ・執行機關配合度
- ・選務辦理公信度
- ・電腦能力養成度

第 8 章
政黨的意義與功能

●●●●●●●●●●●●●●●●●●●●●●●●●●●● 章節體系架構 ▼

UNIT **8-1**
政黨的意義與功能

圖解政治學

政黨（Political Party）係為尋求政治權力，透過推薦候選人，從事競選活動，以期合法控制政府人事及政策之政治性組織。與利益團體最大的差別，在於政黨目的要取得執政權；利益團體只是影響特定公共政策。依薩托利（G. Sartori）觀點，一個具有政治作為能力的政黨需具備二要件：❶聯合內閣潛力（coalitional potential），即在聯合內閣領域上，具有「執政相關性」的政黨；❷政治勒索潛力（blackmail potential），即在反對陣營領域上，具有「競爭相關性」。

就外國立法例而言，德國政黨法第 2 條規定，政黨為國民結社之團體，在聯邦或一邦之內，持續或長期影響政治決策之形成，代表人民參與德國聯邦眾議院或各邦議會。韓國政黨法第 2 條規定，政黨係指為國民之利益，推動負責任之政治主張及政策，並推薦或透過支持公職選舉候選人，參與國民政治意思凝聚為目的之國民自發性組織。我國政黨法制規範，在憲法層次，為憲法增修條文第 5 條第 5 項；在法律層次，為《人民團體法》。嗣後，為建立政黨公平競爭環境，確保政黨之組織及運作符合民主原則，以健全政黨政治，我國於 2017 年 12 月 6 日制定《政黨法》。

依《政黨法》第 3 條規定，本法所稱政黨，指由中華民國國民組成，以共同民主政治理念，協助形成國民政治意志，推薦候選人參加公職人員選舉之團體。

有關政黨之功能，可略述如下：

❶利益表達與匯整

在伊斯頓的政治系統論，輸入（input）經過政府之權威性價值分配而輸出（output），其中社會上各種意見，如何能進入政府之決策機制，有一個過濾或守門人之關卡，能通過這個守門人之關卡，才能進入政府決策系統，這個守門人就是政黨（或利益團體）；政黨扮演了匯整各方意見，而形成具體之政見或政策方案。

❷政治領導的甄拔

政黨為推出優秀之候選人，會發掘社會中政治人才，並透過政黨有計畫的栽培下，增加其經驗與政治聲望，再透過政黨的提名及助選，成為政府組織的菁英。

❸政治願景的擬定

每個政黨都應該有其政治願景或美好的政治藍圖，為實現其政治願景，各政黨都會提出行動策略，而具體呈現在該黨的「黨綱」上。通常正式的黨綱是由黨的代表大會通過之政黨行動或策略綱領。非正式的黨綱是指政黨在議會或總統競選中提出的競選綱領、施政綱領等。

❹組織與控制政府

民主政治是一種透過自由競爭之選舉制度，讓統治者的產生經由被治者同意之制度性機制；故多數民意支持之政黨便可取得執政權，來組織與控制政府。

❺資訊公開與提供

不論執政黨或在野黨都有機會參與政府決策，可知曉相關資訊，為增進人民對公共事務之瞭解、信賴及監督，並促進民主參與，並保障人民知的權利，便利人民共享及公平利用政府資訊，政黨可將相關資訊公開或提供。

人民團體法與政黨法

		政黨為《人民團體法》之政治團體	
人民團體法	人民團體之組織與活動	不得主張共產主義	
		不得主張分裂國土	
	人民團體有3種	職業團體	以協調同業關係，增進共同利益，促進社會經濟建設為目的
			由同一行業之單位、團體或同一職業之從業人員組成之團體
		社會團體	以推展文化、學術、醫療、衛生、宗教、慈善、體育、聯誼、社會服務
			其他以公益為目的
			由個人或團體組成之團體
		政治團體（包含政黨）	以共同民主政治理念，協助形成國民政治意志，促進國民政治參與為目的
			由中華民國國民組成之團體
	符合右列規定之一者為政黨	全國性政治團體以推薦候選人參加公職人員選舉為目的，依本法規定設立政黨，並報請中央主管機關備案者	
		已立案之全國性政治團體，以推薦候選人參加公職人員選舉為目的者	
	人民團體法對政黨規範	得依法推薦候選人參加公職人員選舉	
		政黨以全國行政區域為其組織區域，不得成立區域性政黨	
		依據民主原則組織與運作，其選任職員之職稱、名額、任期、選任、解任、會議及經費等事項，於其章程中另定之	
		依法令有平等使用公共場地及公營大眾傳播媒體之權利	
		不得在大學、法院或軍隊設置黨團組織	
		不得收受外國團體、法人、個人或主要成員為外國人之團體、法人之捐助	
	政黨審議	內政部設政黨審議委員會，審議政黨處分事件	
		政黨審議委員會由社會公正人士組成	具有同一黨籍者，不得超過委員總額二分之一
政黨法	《政黨法》第43條規定，本法施行前已依人民團體法備案之政黨，其組織、章程及相關事項與本法規定不符者，應於本法施行後2年內依本法規定補正；屆期未補正者，經主管機關限期補正而不遵從或經補正後仍不符規定者，得廢止其備案。本法施行前已依人民團體法立案之政治團體，應於本法施行後2年內依本法規定修正章程轉換為政黨；屆期未修正者，經主管機關限期修正而不遵從或經修正後仍不符規定者，得廢止其立案		
	《政黨法》第45條規定，公職人員選舉罷免法第43條第6項及人民團體法有關政黨之規定，自本法施行日起，不再適用		

UNIT **8-2** 政黨體系

所謂政黨體系（party system）通常是指一個政治體系中的政黨，其彼此間關係所構成的模式。一般探討政黨體系多從政黨數目、目標、力量、結構以及支持來源的比較來分析，在此主要從政黨數目角度來探討。

（一）一黨體系

一黨體系可再分為兩種態樣：❶獨裁政體中的極權政黨，如希特勒（Adolf Hitler）統治下的德國「納粹」（Nazi）黨或史達林（Joseph Stalin）統治下的蘇聯共產黨；❷民主政體中的一黨獨大政黨或支配性政黨。

一黨獨大政黨或支配性政黨（dominant political party system）係指雖然所有政黨在選舉時都可以自由競爭，但最後總是由某個政黨贏得選舉並且長時間執政。如日本的自由民主黨便可說是一黨獨大的代表例子；在二戰以後，除了少數時候未能取得眾議院大多數席位外，日本的執政黨均為自民黨。

（二）二黨體系

兩黨體系乃是指有兩個主要政黨在政治上彼此競爭，勝選之政黨掌握執政權、敗選之政黨則在野監督；但這個在野黨通常會在下一次的改選中成為執政黨，形成一個輪流執政的情況。美國的民主黨（Democratic Party）與共和黨（Republican Party），英國的工黨（Labour Party）與保守黨（Conservative Party）就分別是這兩個國家的主要政黨。

但需要注意的是，在兩黨體系下，還是有其他小黨的存在，只是無法獲得執政權。如英國的自由民主黨為英國第三大黨，其他還有蘇格蘭民族黨（Scottish National Party）、威爾士民族黨（Plaid Cymru）等。

（三）多黨體系

多黨體系是指執政權由兩個以上政黨所組成的執政聯盟所掌握的，通常是在採用內閣制之國家。國會改選後，沒有一個政黨可以完全控制國會，因此在大選後要組成政府（內閣）時，通常要由許多不同政黨結合才能產生。

依薩托利（Giovanni Sanori）的觀點，多黨體系又可分為溫和多黨體系（moderate multi-party system）與極端多黨體系（extreme multi-party systems）二種。所謂「溫和多黨體系」指在政治光譜上各政黨有其意識型態之差距，但彼此間尚不會出現極化與對立，對公共政策議題仍能取得共識。所謂「極端多黨體系」，指在政治光譜上各政黨出現兩極化之對立情況，各政黨分別朝向光譜兩邊集中分散。

另外，還有一種特別的「二個半政黨體系」，係指主要的兩大黨並無法單獨在議會中取得過半數之席次，而必須與一個長期存在、規模中等的第三黨組成聯合內閣。如德國目前主要的政黨依意識型態的光譜，從左到右排列為：民主社會黨（前東德共產黨）、社會民主黨、綠黨、自由黨、基督民主聯盟／基督社會聯盟等五個政黨。德國社民黨和德國基督教民主聯盟（CDU/CSU）兩黨，長期以來都無法單獨在議會中取得過半數之席次，因此必須取得第三黨（自由黨）的支持才能組閣，自由黨幾乎永遠可以執政。

政黨體系模式

指標		政黨型態	
數目	一黨體系	❶ 極權政黨 ❷ 一黨獨大政黨或支配性政黨	
	二黨體系		
	多黨體系	❶ 溫和多黨體系　❷ 極端多黨體系	
目標	理念型政黨		
	掮客型政黨		
結構	領導政黨的少數菁英與黨員大眾	❶ 菁英黨　　❷ 群眾黨	
	國會內與國會外的政黨組織	❶ 內造政黨　❷ 外造政黨	

交通號誌（traffic light）內閣

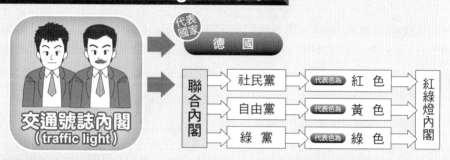

政黨起源

比利時之族群性政黨：荷語與法語

比利時 憲法	第1條	比利時乃由各文化體與自治行政區所組成的聯邦國家
	第2條	比利時分為三個文化體：荷語文化體（Flemish Community）、法語文化體（French Community）和德語文化體（German-speaking Community）
	第4條	官方語言共有荷語、法語及德語，比國語言制度來自於四個語言區： ❶法語區；❷荷語區；❸德語區；❹布魯塞爾荷、法雙語區
政黨	荷語	荷語自由黨（VLD）、荷語社會黨（SPA）、荷語基民黨（CD&V）、荷語佛拉芒利益黨（VB）
	法語	法語社會黨（PS）、法語改革運動（MR）、法語民主人道中心（CDH）、法語生態黨（ECOLO）

UNIT **8-3**
政黨的財務來源

政黨的財務來源視各個國家國情不同有別；在某些國家，政府會以公費補助候選人經費來競選公職；在某些國家，政黨經費收入都須從私人募集。依我國《政黨法》第 19 條規定，政黨之經費及收入，其來源如下：❶黨費；❷依法收受之政治獻金；❸政黨補助金；❹政黨為宣揚理念或從事活動宣傳所為之出版品、宣傳品銷售或其權利授與、讓與所得之收入，如銷售紀念幣、紀念衣帽等用品；❺其他依本法規定所得之收入；❻由前五款經費及收入所生之孳息。

（一）政治獻金

依《政治獻金法》第 2 條第 1 款定義「政治獻金」，指對從事競選活動或其他政治相關活動之個人或團體，無償提供之動產或不動產、不相當對價之給付、債務之免除或其他經濟利益。但黨費、會費或義工之服務不包括在內。同法第 5 條規定，得收受政治獻金者，以政黨、政治團體及擬參選人為限。

（二）政黨補助金

政黨補助金係指，政黨係為公共目的而成立，為使政黨事務之推動正常化，避免其受制於金權，喪失獨立運作能力，政府機關得編列年度預算補助政黨。《政黨法》第 22 條，主管機關對於最近一次全國不分區及僑居國外國民立法委員選舉得票率達百分之三以上之政黨，應編列年度預算補助之。前項補助，依最近一次全國不分區及僑居國外國民立法委員選舉各該政黨得票數計算之，每年每票補助新臺幣 50 元，並按會計年度由主管機關核算補助金額，通知政黨於 2 個月內掣據向主管機關領

取，至該屆立法委員任期屆滿為止。政黨未於規定期限內領取補助者，主管機關應催告其於 3 個月內具領；屆期未領取者，視為放棄。

另參酌 1996 年國家發展會議達成「國家對於政黨之補助應以協助政黨從事政策研究及人才培育為主」共識，內政部訂頒之政黨及政治團體財務申報要點規定，以及德國政黨法第 24 條、韓國政治資金法第 28 條立法例，爰規定政黨補助金，應用於競選費用、人事費用、辦公費用、業務費用、政策研究費用及人才培育費用。

（三）禁止經營黨營事業

政黨係以共同民主政治理念，協助形成國民意志，促進國民政治參與為目的，非以營利為目的，自不得藉本身權力與民爭利，方符合公平正義原則，《政黨法》第 23 條規定：「政黨不得經營或投資營利事業。」

就政黨本質而言，無論直接或間接經營或投資營利事業，均不符合其存立目的，《政黨法》第 23 條禁止規定，自包括「直接」或「間接」經營或投資營利事業在內；至所稱經營係指對於該營利事業擁有實質控制或具有控制能力，或者擔任該營利事業負責人；所稱投資係指持有股份或出資額、設立營利事業或為前二者提供一定期間之貸款等相關行為而言。

（四）禁止購置不動產

為避免政黨購置不動產謀利，《政黨法》第 24 條規定：「政黨不得購置不動產。但供辦公使用之處所，不在此限。」

政治獻金捐贈者最高額的限制

對於同一政黨、政治團體每年捐贈總額	個人	不得超過 30 萬元
	營利事業	不得超過 300 萬元
	人民團體	不得超過 200 萬元
對不同政黨、政治團體每年捐贈總額	個人	不得超過 60 萬元
	營利事業	不得超過 600 萬元
	人民團體	不得超過 400 萬元
政黨對其所推薦同一（組）擬參選人之金錢捐贈	總統、副總統	不得超過 2,500 萬元
	立法委員	不得超過 200 萬元
	直轄市長、縣（市）長	不得超過 300 萬元
	直轄市議員、縣（市）議員	不得超過 50 萬元
	鄉（鎮、市）長、直轄市山地原住民區長	不得超過 30 萬元
	鄉（鎮、市）民代表、直轄市山地原住民區民代表、村（里）長	不得超過 10 萬元

政黨收受政治獻金之用途

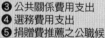

❶ 人事費用支出
❷ 業務費用支出
❸ 公共關係費用支出
❹ 選務費用支出
❺ 捐贈費推薦之公職候選人競選費用支出
❻ 雜支支出
❼ 返還捐贈支出
❽ 繳庫支出

不得從事營利行為

政黨會計制度

採權責發生制	年度收入與費用分配應公平合理	
	正確反映其損益	
《政黨法》草案第 19 條	政黨之會計年度採曆年制，會計基礎採權責發生制，並應設置帳簿，詳細記錄有關會計事項	各項會計憑證應自該年度結束起保存 7 年，會計帳簿應自該年度結束起保存 10 年
《政黨法》草案第 20 條	政黨應於每年 5 月 31 日前，向主管機關提出上一年度財產及財務狀況表	決算報告書
		收支決算表
		資產負債表
		財產目錄
	主管機關應將財產及財務狀況決算書表彙整列冊，刊登政府公報或新聞紙，並公開於電腦網路	

UNIT **8-4**
政黨之組織及活動

（一）黨員

為落實憲法保障人民結社之自由，任何人非依本人自由意思之承諾，不被強制加入或脫離政黨。但對黨員開除黨籍之處分則不在此限。有關黨員在我國《政黨法》第 11 條規定，國民有加入或退出政黨之自由。政黨不得招收未滿 16 歲之國民為黨員；非基於國民之自由意願，不得強制其加入或退出政黨。但對黨員為除名之處分者，不在此限。黨員身分之認定，以登載於黨員名冊者為準。

（二）章程

政黨之章程係其組織運作之主要規範，依《政黨法》第 12 條規定，政黨之章程，應載明下列事項：
❶名稱。有簡稱者，其簡稱。
❷有標章者，其標章。
❸宗旨。
❹主事務所所在地。
❺組織及職權。
❻黨員之入黨、退黨、紀律、除名、仲裁及救濟。
❼黨員之權利及義務。
❽負責人與選任人員之職稱、名額、產生方式、任期及解任。
❾黨員大會或黨員代表大會召集之條件、期限及決議方式。
❿章程變更之程序。
⓫黨費之收取方式及數額。
⓬經費來源及會計制度。
⓭其他依法律規定應載明之事項。

（三）最高意思機關

政黨係黨員意志之集結，一般以黨員大會為最高意思機關。我國《政黨法》規定，政黨以黨員大會為最高意思機關。黨員大會至少每 2 年召開一次；另得依章程規定由黨員選出代表，召開黨員代表大會，行使黨員大會職權。黨員大會或黨員代表大會之決議，應有黨員或黨員代表二分之一以上之出席，出席人數二分之一以上之同意行之。但下列事項應經出席人數三分之二以上決議：❶章程之訂定或變更；❷政黨之合併或解散。政黨應設專責單位，處理章程之解釋、黨員之紀律處分、除名處分及救濟事項。

（四）活動規範

為免政黨於機關、法院、軍隊或學校設置黨團組織，影響行政中立，政黨不得在機關、法院、軍隊或學校設置黨團組織。惟基於當前立法院已有黨團組織之設置，而為順應地方立法機關運作之實際需求，地方立法機關組織準則並已增訂得設置黨團之依據，故各級民意機關可設置黨團組織。

為實現政黨公平競爭原則，並避免公器私用，影響行政中立，故公務員及教育人員不得於工作時間、場所或運用公有資源從事政黨活動。另依憲法或法律規定須超出黨派以外者（考試委員、大法官、監察委員、公務人員保障暨培訓委員會委員、公平交易委員會委員、法官及軍人等人員），不得從事政黨活動。

政黨之設立（政黨法第7條至第9條）

我國政黨法草案		
應由申請人於政黨成立大會後30日內	申請書	主管機關申請備案，經完成備案者，主管機關應發給圖記及證書
	章程	
	100人以上黨員簽名或蓋章之名冊、負責人名冊	
	成立大會及負責人選任會議紀錄	
政黨成立大會之召開	至少應有 50 人以上之黨員參加	並應於15日前通知主管機關
政黨負責人	鑑於政黨負責人之良窳，攸關政黨之存立與發展	明定政黨負責人之消極資格條件
政黨名稱	政黨名稱乃政黨之重要表徵	為與其他政黨之區別
		且能彰顯其性質及成立宗旨
	司法院釋字第479號解釋	對政黨名稱選用之限制，應以法律或法律明確授權之命令始得為之
	政黨之名稱或簡稱，不得有右列情形	與已設立之政黨名稱或簡稱相同或類似者
		於已設立之政黨名稱或簡稱附加文字者
		足以使人誤認為政府機關或營利事業機構者
		有歧視性或仇恨性者
法人登記	完成備案之政黨，應依法向主事務所所在地方法院聲請辦理法人設立登記，並於完成法人登記後30日內，將法人登記證書影本送主管機關備查	
政黨章程變更或負責人異動	政黨章程變更或負責人異動時，應於30日內向主管機關備案	
	已完成法人登記之政黨，於主管機關備案後，應向法院聲請辦理變更登記，並於完成變更登記後30日內，將變更後之登記書影本送主管機關備查。	
民主原則	就外國立法例而言，韓國政黨法第29條規定，政黨為維持民主之內部秩序，應設置反映黨員意志之意思機關及執行機關。德國基本法第21條規定，政黨之內部秩序應符合民主基本原則。因此，德國政黨法第二章內部秩序專章並明文規定，政黨章程應載明事項（第6條）、政黨黨員大會或黨員代表大會之設置及其職權之行使（第8條、第9條）、黨員之權利（第10條）、政黨仲裁委員會設置（第14條）等，以為落實	
	《政黨法》第5條規定，政黨之組織及運作，應符合民主原則	
平等原則	《政黨法》第6條規定，政黨使用公共場地、大眾傳播媒體及其他公共給付，應受公平之對待，不得為無正當理由之差別待遇	

UNIT **8-5**
政黨之處分、解散及合併

（一）政黨之處分

❶主管機關（內政部）

政黨之處分及相關事項，應由公正超然人士以合議方式審議之；《政黨法》第 25 條規定，主管機關為審議政黨之處分事件、政黨之名稱、簡稱或政黨標章備案疑義之認定及相關事項，應遴聘社會公正人士以合議方式辦理之。合議制之成員具有同一黨籍者，不得超過總額三分之一，且任一性別不得少於三分之一。

《政黨法》第 26 條規定，政黨有憲法增修條文第 5 條第 5 項之情事應予解散者，由主管機關檢具相關事證，聲請司法院憲法法庭審理之。

❷司法院大法官

依憲法增修條文第 5 條，政黨之目的或其行為，危害中華民國之存在或自由民主之憲政秩序者為違憲；由司法院大法官組成憲法法庭審理，並依《憲法訴訟法》第 77 條至第 81 條規定進行判決。

《政黨法》第 30 條規定，經司法院憲法法庭宣告解散之政黨，應自判決生效之日即停止一切活動，並不得成立目的相同之代替組織。經宣告解散之政黨，不得以同一政黨之名稱或簡稱，再設立政黨或從事活動。

（二）政黨廢止備案

政黨設立後，自應依規定組織與運作，如多年未召開黨員大會或黨員代表大會，無法繼續運作，已失去設立之目的；另政黨係以推薦候選人參加公職人員選舉為目的，如多年未推薦候選人參選，亦顯示該政黨無積極參與政治活動，已喪失政黨設立之意義。《政黨法》第 27 條規定，政黨有下列情形之一者，廢止其備案：❶連續 4 年未召開黨員大會或黨員代表大會，經主管機關限期召開仍不召開；❷連續 4 年未依法推薦候選人參加公職人員選舉；❸備案後 1 年內未完成法人登記。

（三）政黨之合併

《政黨法》第 28 條規定，政黨得依黨員大會或黨員代表大會之決議，解散或與其他政黨合併。政黨解散後，應於 30 日內報主管機關備案。政黨與其他政黨合併而設立新政黨者，原政黨之權利義務並由新政黨承受；因合併而解散者，由合併後存續之政黨，解散政黨之權利義務並由合併後存續之政黨承受。

《政黨法》第 31 條規定，政黨合併者，其依政黨比例方式產生之全國不分區及僑居國外國民立法委員資格，不受影響。如有出缺時，依出缺人原屬政黨合併前登記之候選人名單按順位依序遞補。政黨合併者，其各該合併政黨之得票率未達政黨補助金之規定者，不因合併後已達政黨補助金規定予以補助。

（四）選舉賄選之處罰

民主國家政黨與政府間具有緊密之連結關係，政黨可透過推薦候選人贏得選舉，取得執政地位，組成政府，影響施政，是政黨辦理負責人、中央、直轄市及縣（市）級選任人員，例如主席、副主席、中央常務委員、中央常務執行委員、中央執行委員、中央評議委員、中央委員、黨員代表、直轄市、縣（市）黨部主任委員、副主任委員等之選舉風氣端正與否，攸關政黨之存立發展，且影響民主政治發展甚鉅。《政黨法》第 33 條規定，政黨辦理負責人、中央、直轄市及縣（市）級選任人員之選舉，有選舉賄選情形者，處行為人 3 年以下有期徒刑，得併科新臺幣 30 萬元以下罰金。

政黨解組與政黨重組

政黨動員 （party dealignment）	透過政黨組織與心理的認同來動員選民		來加強選民支持所屬政黨的投票意向
政黨解組 （party alignment）	選民的政黨認同普遍降低（獨立選民增加）		
	或對政黨忠誠感減弱		
	或傾向於不具黨派的政治心理		
關鍵性選舉	「關鍵性選舉」（critical election）是政黨認同改變的選舉		
政黨重組	選民依附集結在不同政治立場的政黨旗幟下		逐漸產生黨派認同的政治心理
	要　　素	關鍵性選舉發生	
		關鍵性選舉造成政黨支持的選民結構的改變	
		選民結構的長期改變	
	原　　因	有重大的國家危機	
		議題的對立	
		第三黨的出現	
		投票參與的增加	

寡頭鐵律與政黨民主

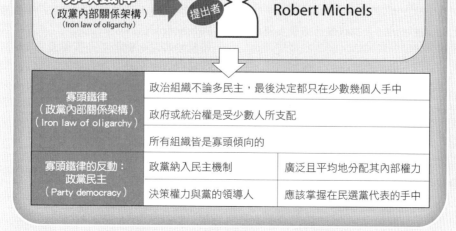

寡頭鐵律 （政黨內部關係架構） （Iron law of oligarchy）	政治組織不論多民主，最後決定都只在少數幾個人手中	
	政府或統治權是受少數人所支配	
	所有組織皆是寡頭傾向的	
寡頭鐵律的反動： 政黨民主 （Party democracy）	政黨納入民主機制	廣泛且平均地分配其內部權力
	決策權力與黨的領導人	應該掌握在民選黨代表的手中

UNIT **8-6**
政黨輪替之正功能

所謂「政黨輪替」，係指原本在野職司監督角色的政黨，透過選舉取得多數的民意正當性支持而成為執政黨，原執政的政黨則失去執政權而成為在野黨，這種執政黨更替的過程，就是政黨輪替。

政黨輪替的前提在於朝野政黨的政治實力相去不遠，也就是說在野政黨具有相當程度的民意支持，在議會中握有接近半數的席次，該政黨有能力且也有機會透過選舉而取得執政權。而有關政黨輪替之正功能略述如下：

❶制衡

透過政黨輪替使得執政之權力在朝野二大主要政黨間擺盪，今日的執政黨有可能成為明日的在野黨，今日的在野黨有可能成為明日的執政黨；正是這種可能性的存在，使得政黨間得以彼此牽制制衡，而落實權力分立之民主政治理念。

❷避免腐化

藉由政黨輪替之機制能避免腐化之原因係在於執政黨必須與在野黨競爭，執政黨一旦施政無法獲得人民支持，就必須讓出執政權而交由在野黨執政。正是因為這種可能失去執政權的擔憂，讓政黨必須隨時自我惕勵，而能避免沉淪腐化。是以，透過政黨輪替之機制能產生一個「負責的政黨制度」（responsible party system），讓政黨在制定政策與施行政府政務時，必須充分對選民負責；選民以選票來檢驗政黨，乃使得政黨比較不易腐化墮落。

❸政府施政作為更具回應性

一個政黨執政愈久，愈易有寡頭傾向，通常就較偏重於強勢利益團體之需求；相對地，對一般普羅大眾需求之回應性便降低。而透過政黨輪替，便可矯正這個缺失，使得政黨能更加注意一般掌握選票之普羅大眾，也會傾聽弱勢團體的聲音，讓弱勢者之需求能通過政黨之篩選進入政治系統成為政策產出。故政黨輪替可使政府施政作為更具回應性。

❹釐清政治責任

每個政黨都有其基本價值及意識型態，並將其意識型態正式化後形諸於政黨之黨綱。在選舉時，每一政黨都提出其黨綱及政策主張來獲取選民之認同，能獲得多數選民支持之政黨，便取得執政之權力來將其黨綱落實為政策產出，讓人民去檢驗政黨施政之良劣，作為下一次選舉時，選民投票時之參酌依據，不能符合選民期待，便需交出執政權予其他政黨，透過這種「政黨主導的政府」制度（a system of party government）來釐清政治責任。

❺促使政府更公開

政黨輪替是讓政府更公開化之快速方式。鮮明的例子就是發生在臺灣的政黨輪替經驗，在民進黨執政後，過去在國民黨主政下列為機密的二二八事件檔案及戒嚴時代許多白色恐怖之史料，現在都能解密而攤在陽光下供大眾及史學家研究以還原歷史之真相。如果不是政黨輪替，這些涉及前執政黨過去作為之檔案史料，可能無法如此快便公開於大眾。

政黨主導的政府

政黨主導的政府

主要政黨有清晰的政策主張	獲得人民的委任	政府向選民負責的方式
⬇	⬇	⬇
提供選民在許多潛在的政府之間進行有意義的選擇	享有足夠的意識型態、向心力和組織團結度	得以維持政府的責任性
	⬇	⬇
	實現其政綱的訴求	具強有力反對黨的存在可充當平衡權力的功能

Sartori的政黨體系

意識型態上距離	離心式競爭（centrifugal）	政黨間意識型態距離大
	向心式競爭（centripetal）	政黨間意識型態距離小
類型	一黨制（one party）	僅容許執政黨存在
	霸權一黨制（hegemonic party）	除執政黨外，還有其他裝飾性的小黨
	優勢一黨制（predominant paety）	除執政黨外，容許其他小黨存在（但無政治實力挑戰執政黨）
	兩黨制（two party）	有輪流執政之可能
	溫和多黨制（limited party）	有3至5個意識型態距小之政黨
	極端多黨制（extreme party）	有5個以上政黨，且意識型態差距大
	原子化多黨制（atomized pluralism）	政黨數多，但無任何政黨具單獨之政治影響力

政黨體系變遷

社會學觀點	馬克思階級論	➡ 不同政黨代表不同階級
	Lipset與Rokkan之論述	➡ 社會結構分化與政治分歧產生不同政黨
制度論觀點	特有制度對政黨與政黨體系產生長期或短期之影響	
	政府體制設計	➡ 聯邦或單一國
	選舉法規	➡ 如杜瓦傑定律
	政黨之特殊地位	➡ 政府預算補助政黨
席次轉換率	政黨在兩次或多次選舉中的支持度與議會席次之變化	

UNIT **8-8** 政黨輪替之負功能：兼述政黨輪替與民主鞏固

圖解政治學

（一）政黨輪替之負功能

❶輪替過於頻繁，影響政治穩定性

政黨輪替如果過於頻繁，甫執政之政黨尚未將其黨綱落實為公共政策，就必須交出政權下台，勢必影響到政治的安定性。現代國家的政治與經社環境間有著高度的依存性，政治上的變動或政局處於一個不確定的情況，社經層面就會產生疑慮、恐慌；最明顯的就是當政局不穩定時，股匯市便會產生非理性的波動。政治上的不穩定，對國家的整體發展是一大延宕，也增加了許多社會成本，更會造成公民的疏離感。

❷政黨競爭過於劇烈，易成惡鬥政治

惡鬥政治（adversary politics）一詞，是由芬納（Finer）所提出，用以形容英國政黨間的競爭態勢；芬納認為英國政黨政治往往「譁眾取寵、二黨互鬥以吸引群眾注意」，而長期激烈的惡鬥只會內耗而造成政府無心施政。

❸政黨為討好選民，易提出短視的政策

就選民投票行為相關理論之研究，可以發現選民之投票行為並不理性，不一定會基於最大多數人之最大利益做出投票選擇；選民真正投下那一票時，多是基於自利之傾向。是以，政黨為爭取這些自利選民之支持便會競開選舉支票，競相在福利政策上加碼，甚至會提出免稅之訴求，而增稅之政見則鮮少有政黨敢提出。

當政黨輪替之可能性極高時，政黨之政策決策過程便極可能失去理性評估，政策取向以能換取多少選票為選擇標準，為了討好選民而提出短視、無理性規劃之政策。

（二）政黨輪替與民主鞏固間之關係

依 Rod Hague 的觀點，民主化過程大致可分為三個階段：

❶自由化時期

威權菁英放鬆對政治的箝制，允許反對黨派組織成立。

❷轉型時期

舊有政治解體，新政府體制經由選舉等民主手段逐漸確立。

❸民主成熟鞏固

全民已經習於民主政治運作，民主成為唯一的政治遊戲規則。而 Juan Linz 的看法，在民主鞏固的狀態下，沒有任何主要的政治人物、政黨，或有組織的利益團體、勢力，或法律上機關想要以非民主的手段來獲取政治權力；同時，沒有任何的政治組織或團體主張、從事於推翻、變更經民主機制之政策決定者之決策作為、不作為。

一個國家中，長期執政的政黨一旦發生政黨輪替，檢驗這個國家是不是一個民主鞏固的國家關鍵所在：「政權是否能和平移轉」。長期執政之政黨是否願意交出政權、各種既得利益是否願意放棄既得權力、軍隊是否能支持新政權等都會影響著政權能否和平移轉，這便考驗這個國家民主是否已經鞏固。

政黨組織結構

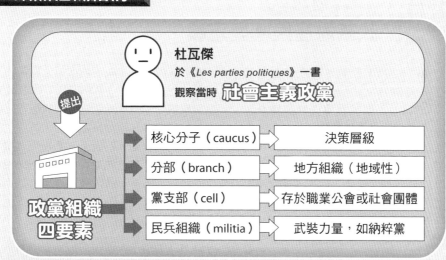

杜瓦傑
於《Les parties politiques》一書
觀察當時 **社會主義政黨**

提出

政黨組織
四要素

政黨組織四要素	
核心分子（caucus）	決策層級
分部（branch）	地方組織（地域性）
黨支部（cell）	存於職業公會或社會團體
民兵組織（militia）	武裝力量，如納粹黨

政黨之社會基礎

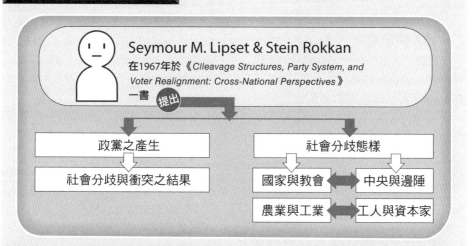

Seymour M. Lipset & Stein Rokkan
在1967年於《Clleavage Structures, Party System, and
Voter Realignment: Cross-National Perspectives》
一書 提出

政黨之產生
社會分歧與衝突之結果

社會分歧態樣
國家與教會 ⬌ 中央與邊陲
農業與工業 ⬌ 工人與資本家

我國第七屆立法委員選舉政黨選舉票（首張彩色選票）

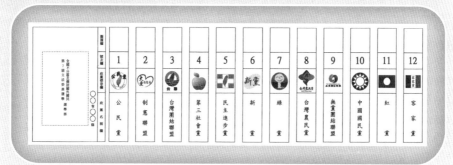

UNIT **8-8**
政黨財產與轉型正義

2016 年 2 月 1 日第九屆立法委員就職，民進黨為立法院多數黨；2016 年 5 月 20 日，民進黨蔡英文就職總統，產生行政權與立法權同為一政黨的一致性政府（unified government）。政府為調查及處理政黨、附隨組織及其受託管理人不當取得之財產，建立政黨公平競爭環境，健全民主政治，以落實轉型正義，於 2016 年 8 月 10 日制定公布《政黨及其附隨組織不當取得財產處理條例》。嗣後，為促進轉型正義及落實自由民主憲政秩序，於 2017 年 12 月 27 日制定公布《促進轉型正義條例》。

（一）名詞定義

《政黨及其附隨組織不當取得財產處理條例》所稱「政黨」，指於 1987 年 7 月 15 日前成立並依動員戡亂時期人民團體法規定備案者。所稱「附隨組織」，指獨立存在而由政黨實質控制其人事、財務或業務經營之法人、團體或機構；曾由政黨實質控制其人事、財務或業務經營，且非以相當對價轉讓而脫離政黨實質控制之法人、團體或機構。所稱「不當取得財產」，指政黨以違反政黨本質或其他悖於民主法治原則之方式，使自己或其附隨組織取得之財產。

（二）不當取得財產之範圍及移轉

❶範圍

《政黨及其附隨組織不當取得財產處理條例》第 5 條規定，政黨、附隨組織自 1945 年 8 月 15 日起取得，或其自 1945 年 8 月 15 日起交付、移轉或登記於受託管理人，並於本條例公布日時尚存在之現有財產，除黨費、政治獻金、競選經費之捐贈、競選費用補助金及其孳息外，推定為不當取得之財產。政黨、附隨組織自 1945 年 8 月 15 日起以無償或交易時顯不相當之對價取得之財產，除黨費、政治獻金、競選經費之捐贈、競選費用補助金及其孳息外，雖於本條例公布日已非政黨、附隨組織或其受託管理人所有之財產，亦推定為不當取得之財產。

❷移轉

《政黨及其附隨組織不當取得財產處理條例》第 6 條規定，經不當黨產處理委員會認定屬不當取得之財產，應命該政黨、附隨組織、受託管理人，或無正當理由以無償或顯不相當對價，自政黨、附隨組織或其受託管理人取得或轉得之人於一定期間內移轉為國有、地方自治團體或原所有權人所有。財產移轉範圍，以移轉時之現存利益為限。但以不相當對價取得者，應扣除取得該財產之對價。不當取得之財產，如已移轉他人而無法返還時，應就政黨、附隨組織、其受託管理人或無正當理由以無償或顯不相當對價，自政黨、附隨組織或其受託管理人取得或轉得之人之其他財產追徵其價額。

❸善意第三人

《政黨及其附隨組織不當取得財產處理條例》第 7 條規定，善意第三人於前條應移轉為國有、地方自治團體或原所有權人所有財產上存有之租賃權、地上權、抵押權或典權等權利，不因此而受影響。

促進轉型正義條例

促進轉型正義委員會	職掌	開放政治檔案
		清除威權象徵、保存不義遺址
		平復司法不法、還原歷史真相，並促進社會和解
		不當黨產之處理及運用
		其他轉型正義事項
	組成	促轉會置委員9人，由行政院長提名經立法院同意後任命之
		行政院長為提名時，應指定1人為主任委員，1人為副主任委員。主任委員、副主任委員及其他委員3人為專任；其餘4人為兼任
		全體委員中，同一政黨之人數不得逾3人；同一性別之人數不得少於3人
	性質	任務型編制，非常設性質
名詞定義	政治檔案	指由政府機關（構）、政黨、附隨組織及黨營機構所保管，於威權統治時期，與二二八事件、動員戡亂體制、戒嚴體制相關之檔案或各類紀錄及文件；已裁撤機關（構）之檔案亦適用之
	政黨	指依據政黨及其附隨組織不當取得財產處理條例第4條第1款所稱者
	附隨組織	指依據政黨及其附隨組織不當取得財產處理條例第4條第2款所稱者
	黨營機構	指獨立存在但現由政黨實質控制其人事、財務或業務經營之法人、團體或機構
	政府機關（構）	指中央、地方各級機關、行政法人及受政府機關委託行使公權力之個人、法人或團體，及各級機關設立之實（試）驗、研究、文教、醫療等機構、財團法人或公營事業機構

行政救濟

《政黨及其附隨組織不當取得財產處理條例》	依第5條第1項推定為不當取得之財產，自本條例公布之日起禁止處分之。但有右列情形之一者，不在此限：	履行法定義務或其他正當理由	範圍認定有爭議	利害關係人得於收受通知後30日內向本會申請復查；對於復查決定不服者，得於收受通知後2個月不變期間內提起行政訴訟
		符合本會所定許可要件，並經本會決議同意	不服決議者	
	不服本會經聽證所為之處分者，得於處分書送達後2個月不變期間內，提起行政訴訟			
《促進轉型正義條例》	對於促轉會之行政處分不服者，得於收受處分書後30日內向促轉會申請復查；對於復查決定不服者，得於收受決定書後2個月內提起行政訴訟			

威權統治時期與戒嚴時期

威權統治時期	依《促進轉型正義條例》第3條第1款規定，指自1945年8月15日起至1992年11月6日止之時期	
戒嚴時期	依《戒嚴時期不當叛亂暨匪諜審判案件補償條例》第2條規定，本條例所稱戒嚴時期，臺灣地區係指自1949年5月20日起至1987年7月14日止宣告戒嚴之時期；金門、馬祖、東沙、南沙地區係指1948年12月10日起至1992年11月6日止宣告戒嚴之時期	
重要時點	1945年8月15日	二次大戰，日本戰敗，宣布投降
	1948年5月10日	公布《動員戡亂時期臨時條款》
	1948年12月10日	金門、馬祖、東沙、南沙地區戒嚴
	1949年5月20日	臺灣地區戒嚴
	1987年7月14日	臺灣地區解嚴
	1991年5月1日	廢止《動員戡亂時期臨時條款》
	1992年11月6日	金門、馬祖、東沙、南沙地區解嚴

第 9 章

民意、政治參與、利益團體、政治文化與政治社會化

●●●●●●●●●●●●●●●●●●●●●●●● 章節體系架構 ▼

UNIT **9-1**
民意之形成與議題設定

民意（public opinion），遠在古羅馬時代的西塞羅（Cicero）在一封於西元前 50 年給阿提庫斯（Atticus）的信上為了一項錯誤替自己辯護時，便強調他只是依據民意「publicamopinionem」來決定其作為。不同學者提出不同之民意的定義，如「民意是具有相當數量的一群人，在特定議題上呈現其複雜偏好的綜合」或「民意是指在政治事務或議題上，人民認為政府應該做或不應該做之立場或觀點；表面來看，它是群體的意見，事實上它是個人意見的集合體」，「某一特定人群在某一段特定時間與特定地點，對特定議題所表示的共同意見」等等。依凱伊（V. O. Key）所定義之民意，是指那些由私人意見所構成，而政府應慎重加以注意的意見。

民意基本上包含兩個面向，一為「偏好」，即對特定議題或政策持贊成或反對之價值偏好的立場；另一為「強度」，即對特定政策不管持贊成或反對，其贊成或反對之強度為何（極贊成、贊成、極反對、反對）。民意之特徵，具體說明如下：

❶民意可能只有部分性

民意是部分人群意見的綜合，所以對一個公共政策會有不同的意見，不同的民意，這些民意間可能是對立的。

❷民意不是完全理性

民意會帶有偏見與特定立場，可能會受過去經驗或特定意識型態之影響。

❸民意具有流動性

有俗語說：「民意如流水」，民意是經常變動的，不同時間對同一個議題之民意趨向會不同。

❹民意有顯性與隱性

在特定議題上，顯性民意，社會上許多人明確地表明其立場；但大多數人保持沉默時，則是一種隱性的民意。

民意是不會自然發生，並進入政治系統中的，是需要特定人或團體的推動；亦即透過「議題設定」（agenda-setting）之方式，可以形成民意。而議題如何設定？如何形成民意？我們可以將公民分成四種類型：

①能在政策形成過程中發揮影響力之「菁英」。

②平日會從事政治參與之「興趣人士」。

③平日不關心政治之「一般大眾」。

④完全政治冷感之「冷漠人士」。

而民意的形成，通常是由菁英對特定公共政策議題提出看法，透過大眾傳播媒體喚起大眾與利害關係人之關注，進而形成集體的共同意見，藉以影響政策的過程，此即「議題設定」。亦即是由菁英動員興趣人士，來影響一般大眾與冷漠人士之過程，是一種「由上而下」之動員民眾與形成民意過程。

🙂小博士解說

民意曲線

❶U 型民意曲線：支持與反對兩方立場強烈且人數眾多，中立者少，屬分歧之民意分布。倒 U 型民意曲線（鐘型曲線），則屬無分歧亦無共識的民意（民意趨向中間），政府的決策有較大的選擇的空間。

❷J 型民意曲線（倒 L 型民意曲線）：絕大多數人支持特定政策，屬有共識的民意分布。

❸注意不同曲線所反映的「民意趨向」及「政府決策空間」為何。

不同學者對民意之界定

提出者	書名	概念
Key	Public Opinion and American Democracy, 1961	政府要特別注意的民眾之意見
Hennessy	Public Opinion, 1985	在一個特定之重要議題上，由一群顯著之群體所表現之偏好總合
Zaller	The Nature and Origins of Mass Opinion, 1992	民意是資訊與既存態度之結合，即「Receive－Accept－Sample, RAS」模型
Yeric & Todd	Public Opinion: The Visible Politics, 1996	一群民眾對共同關心事物所形成之共同意見

選舉民意調查

出口民調 exit poll	選民投完票，剛離開投票所時所做之民調
基點民調 benchmark survey	候選人決定參選後所做之民調
模擬對決民調 trial and heat survey	針對兩位可能競爭候選人所做之民調
滾動樣本民調 rolling sample survey	以固定數目之樣本，每天訪問，增加樣本數量，一定週期後，再刪除第一天
壓迫式民調 push poll	民調人員以扭曲之資訊，強迫受訪者回答特定選項（已失去可信性）
審議式民調 deliberative opinion poll	邀請一定數量且具代表性選民，進行討論後，所做之民調

民意的變動性

CHEONG WA DAE
OFFICE OF THE PRESIDENT

民意的變動性

南韓總統李明博（Lee Myung-bak），於2008年以CEO治國訴求贏得大選 獲得 53.4% 支持度

就職屆滿10天，批准開放美國牛肉，引發南韓國內強烈反彈聲浪

民意支持度 暴跌至 22.1% 其內閣並在上任107天總辭

217

UNIT 9-2
民意之形成與測量

圖解政治學

一般說來，測量民意之方式略有：
❶從大眾傳播測量民意。
❷從利益團體遊說活動中測量民意。
❸從選舉結果測量民意。
❹從人際傳播中測量民意。
❺以民意調查（poll）測量民意。

其中，民意調查是多數公認最有效的測知民意的方法；透過將自然科學的統計方法應用到人文及社會科學領域的方式，藉由「抽樣」之科學方法，可以讓執政者探知「母體」（population）之民意趨向。即透過機率取樣的方式，選出與母體特徵相近之「代表性樣本」（representative sample）是影響民意調查信度（reliability）與效度（validity）的重要關鍵。

整個民意調查的步驟，依《行政院所屬各機關民意調查作業要點》之規範，可分為：
❶確立調查目的。
❷調查設計（包括確定調查地區、對象、樣本數、抽樣設計及調查方法）。
❸問卷設計及試測。
❹調查執行。
❺資料整理。
❻統計分析。
❼撰寫報告。

而調查報告應包括主辦機關及調查機構、調查主旨、調查過程與方法、調查發現與建議、問卷、其他必要事項。而在進行民意調查時應注意：
❶樣本是否能代表母體。
❷問卷設計上是否適當，避免引導式問卷。
❸調查方法上應注意調查時間、調查對象、調查方式、抽樣方法、樣本數、抽樣誤差及信賴區間、資料處理及分析方法等。

民意調查之進行方式，略有派員訪問（面訪）、郵寄問卷、電話民調、網際網路等方式。依劉應興教授觀點，派員訪問的方式可以與受訪者做較長時間的訪談，這對瞭解深層的民意內容及傾向是重要的。訪員和受訪者面對面溝通，可以混合利用言語、視覺及輔助工具。當問項較複雜或問卷較長時，訪員面對面溝通通常是最適當的方式。郵寄問卷曾是許多研究者在經費、人力不充分或為圖方便而經常採用的方法。如果能配合對尚未回收個案的追蹤訪查，郵寄法仍能獲得適當的資料。電話訪查最大的好處在於時效。近年來，由於電腦科技的發展，「電腦輔助電話訪查」已成了電話訪查的標準模式。惟電話訪查有一項大問題，即有許多用戶未在電話簿登錄，使得從電話簿抽樣欠缺代表性。目前網路調查的方式有，蒐集電子信箱清單寄發問卷、在新聞群組或電子佈告欄貼問卷，以及全球資訊網路設置調查網頁等。

😀 案例分析

電視台之即時民調是否可信？

電視台之即時民調係要求觀眾針對某些事件或議題打電話去表示贊成或反對之意見。因為特定觀眾會收看特定電視節目，且係由特定積極觀眾主動打電話，在樣本與調查方法上皆有瑕疵，「即時民調」自然是不可信。

影響民意調查可信度之重要因素

影響民意調查可信度因素

| 樣本是否能代表母體 | 問卷設計上是否適當 |
| 代表性樣本 | 是否為引導式問卷 |

各種民意調查之方法

量化	面訪	優點	可以與受訪者做較長時間的訪談，可瞭解深層的民意內容及傾向
		缺點	費用較高、受訪者因隱私權而拒訪
	郵寄問卷	優點	在經費受限與人力不充足採行
		缺點	問卷回收率低
	電話民調	優點	快速、有效率
		缺點	有許多用戶未在電話簿登錄（樣本代表性不足）
	網際網路民調	優點	經費經濟
		缺點	因為「數位落差」而不能或不會使用電腦者無法納入樣本（樣本代表性不足）
質化	提出者	Anselm Strauss & Juliet Corbin	Basics of qualitative research: Techniques and procedures for developing grounded theory
	概念	意指非由統計程序或其他量化方法來獲得研究發現的任何類型研究；指涉詮釋資料的非數量化歷程，目的在於發現原始資料間的概念（concepts）和關係（relationships），然後將之組織成一個理論性的解釋架構（theoretical explanatory scheme）	
	研究方法	文化描述（description）	現象理解（understanding）
		意義詮釋（interpretation）	理論建立（theory building）
		批判行動（action）	建構改變（change）
	蒐集民意	焦點團體訪談法	邀請屬性相近之參與者，參與座談會

UNIT 9-3 代議政治理論

民意代表係代表民眾參與立法、監督政府預算與施政。關於民意代表應如何代表民眾,有四種不同理論,分述如下。

(一)託付說(mandate theory)

將政黨視為選民的託付(mandate)者,一旦政黨贏得選舉,則該政黨便取得人民的託付,授權該政黨正當性,讓其實現競選活動期間所揭櫫的政策或計畫;政黨所屬之國會議員必須受黨紀約束,並根據政黨指示投票。我國的全國不分區及僑居國外國民立法委員即採此種「託付說」。

依司法院大法官第 331 號解釋理由書:「按政黨比例方式選出僑居國外國民及全國不分區中央民意代表之規定,旨在使中央民意機關有部分代表,於行使職權時,不為地區民意所侷限;而能體察全國民意之所在,發揮維護國家整體利益之功能;並使政黨在其所得選票總數比例分配之全國不分區當選名額內,選出才德俱優,聲譽卓著之黨員任中央民意代表,為國家民主憲政建設,貢獻其心力。惟此種民意代表既係由所屬政黨依其得票比例分配名額而當選,如喪失其所由選出之政黨黨員資格時,即失其當選之基礎,自應喪失其中央民意代表之資格(參照司法院大法官審理案件法第三十條第一項,關於被宣告解散之政黨,其依政黨比例方式產生之民意代表喪失其資格之規定),方符憲法增設此一制度之本旨。至其所遺缺額之遞補,應由法律定之,以維政黨政治之正常運作。」

(二)委託說(trustee theory)

又稱自由代表說或獨立判斷說。柏克(Edmund Burke)於 1774 年對布里斯托(Bristol)選民的演講(Speech to the Electors of Bristol on Being Elected)中指出,國會議員雖然須重視選區選民的需求和感受,但國會議員並非選區選民的意見的傳聲筒,而應該是以國家的整體利益為首要考量;政府和立法事務所牽涉的是專業之理性判斷,而不是取決於偏好傾向(inclination),故國會議員絕不該為了選區選民的利益而犧牲或放棄「他的不偏頗的意見、他的成熟的判斷、他的開明的良知」。

亦即將國會議員視為選民的委託者(trustee),因為國會議員是受過教育,具有道德與智識的菁英,由他們基於其慎重的判斷(mature judgement)與開明的良知(enlightened conscience)來替選民決定公共事務。

(三)委任說(delegate theory)

議員一旦被選出後,即需根據選民明確的指示投票或發言,無權自行判斷選民之意向;亦無權行使自我的判斷或偏好。代議士僅是選民的傳聲筒。

(四)反映說(resemblance theory)

又稱鏡子說(mirror theory),議員係扮演功能性代表角色,代表其所宣稱代表之團體發言或投票。亦即民意代表應該象徵或相似他們宣稱所代表的團體。例如,原住民代表就必須具有原住民身分,才能瞭解原住民的需求,提出原住民真正需要的政見。

政治參與（社會運動）理論

相對剝奪論 （結構緊張論）	強調社會結構中存在某種形式的結構性緊張	造成個人心理的不安
	可能參加社會運動來轉移這種心理不安	
資源動員論 （菁英論）	相信外來資源或外力的幫助	
	促使弱勢團體能夠發起社會運動之重要因素	
政治過程論 （菁英論）	認為社會運動屬於一種政治現象（非心理現象）	
	社會運動產生的因素	受壓迫人口之間的組織準備性
		受壓迫人口之間對於挑戰成功的可能性的集體評估
		外在政治環境中的政治結盟情形

客家族群政治參與運動：「1228還我母語運動」

1988年12月28日	在客家風雲雜誌的主導下，結合各地客家社團及工農運人士臨時組成客家權益促進會	發動萬人的「還我母語大遊行」
對＜母語運動＞基本態度宣言（部分內容）	我們認為母語是人出生的尊嚴，原無貴賤高低之分，堅持完整母語權之目的，即在維護完整的人性尊嚴	
	這是客家人維護母語尊嚴及語群延續的運動，故其目的實非對臺灣社會人群的分類運動	
影響	讓過去處於「邊緣化」或「隱形化」的客家族群，透過找回其客家母語之訴求	
	產生「新个客家人」的相關論述	新个客家人要有「新的胸襟，新的識見，新的行動」
		應勇敢宣示客家人的身分，積極參與臺灣社會
		大聲説客家話並傳承母語
	基本思維	認同客家自然會去學習語言，語言是族群生存最基本的標誌
「哈客」	要讓客家人與非客家人認同與接受客家文化，進而喜愛客家文化	
	例如擂茶、陳永濤的歌曲、客家美食或客委會所辦理的油桐花季活動等就是哈客的行為	

UNIT **9-4**
政治傳播

圖解政治學

政治傳播（political communication）又稱政治溝通，乃政治與傳播兩個概念的結合。依 Richard Perloff 於《*Political Communication: Parties, Press, and Public in America*》一書中界定，政治傳播是一個國家領袖、民眾及媒體針對公共政策相關決策之訊息，所進行之交換與議價過程。

（一）政治傳播的組成要素

政治傳播之組成略有：❶溝通者（communicators）；❷訊息（messages）；❸媒介（media）；❹接收者（recievers）；❺反應（responses）。其中反應又包含啟發、轉變、加強、付諸行動。

（二）大眾媒介

大眾傳播（Mass communication）是一種信息傳播方式。根據 Gerhard Maletzke 的定義，大眾傳播須符合以下特徵：❶公開的，接受訊息者並不為人際交往範圍所限制；❷利用科技方式傳遞訊息；❸間接的，在發送者（媒體）與接受訊息者之間存在時間空間距離；❹單向的，在發送者（媒體）與接受訊息者之間不發生角色互換；❺網路等新媒體的出現，改變了大眾傳播的單向性，互動性是網路傳播的最顯著特徵；❻面對分散的群體，接受訊息者是匿名的，無階層和群組之分。

若依我國《通訊傳播基本法》之定義，通訊傳播指以有線、無線、衛星或其他電子傳輸設施傳送聲音、影像、文字或數據者。而通訊傳播事業指經營通訊傳播業務者。

（三）國家管理大眾媒介之思考

❶電視廣播

①管理機關：美國管制廣播電視主要單位是「聯邦傳播委員會」（Federal Communications Commission, FCC），該委員會主要的武器是它核發執照的權力。

我國則在 2004 年制定公布《通訊傳播基本法》，並於該法第 3 條明定為有效辦理通訊傳播之管理事項，政府應設通訊傳播委員會，依法獨立行使職權。隨後《國家通訊傳播委員會組織法》通過，2006 年 2 月 22 日成立國家通訊傳播委員會（NCC）。

②管理方式：聯邦傳播委員會在審酌廣播電視執照之換發思考上，係基於「平等機會原則」（equal opportunity rule），即如果某電視台將特定時段賣給特定的政黨或候選人，則媒體有義務提供同等數量之時段給其他競爭政黨或候選人。

我國《通訊傳播基本法》第 10 條，通訊傳播稀有資源之分配及管理，應以公平、效率、便利、和諧及技術中立為原則。

❷印刷文字

1791 年 12 月 15 日生效之美國憲法增修條文第 1 條：「國會不得制定關於下列事項之法律：①設立宗教或禁止信教自由；②限制或剝奪人民言論及出版之自由；③剝奪人民和平集會及向政府請願救濟之權利。」是以，印刷媒體（指報紙、雜誌等）可以根據其立場與偏好，不受限制地自由地報導政治新聞（僅受誹謗罪的法律限制）。

政治傳播對民意之影響

議題設定效果 agenda-setting effect	傳播媒體所選擇或關心之新聞議題，會影響民眾對特定議題之感受（媒體是否報導／報導強度）
預示效果 priming effect	傳播媒體對新聞報導之內容，會影響選民判斷政府、政治人物之觀感
框架效果 framing effect	傳播媒體所報導事件之歸因，會影響民眾之態度取向
樂隊花車效果 bandwagon effect	民眾傾向支持民調較高之候選人，而放棄不可能當選之候選人（即棄保效應）
沉默螺旋 spiral of silence	不贊同大多數意見（儘管只是表面的大多數意見）的民眾，選擇對論題保持沉默的立場
兩級傳播流程 two-steps flow of communication	有效的傳播是大眾傳播先將訊息傳給意見領袖（opinion leaders），再由意見領袖以面對面的口頭傳播方式再傳給其他民眾（接受者對意見領袖具有信任性或專業性之信賴）
第三人效果 third-person effect	傳播媒體對新聞報導之內容，對自己或與自己相似者之影響，是遠低於其他人（第三人）的

美國聯邦傳播委員會（Federal Communications Commission，FCC）

依據	Communications Act of 1934		
組成	由5位委員組成	由總統提名	
		參議院（Senate）同意	
		任期5年	
		同一黨籍不得超過3人	
	單位	7個業務單位（seven operating Bureaus）	Consumer & Governmental Affairs Bureau Enforcement Bureau
			International Bureau
			Media Bureau
			Wireless Telecommunications Bureau
			Public Safety & Homeland Security Bureau
			Wireline Competition Bureau
		10個幕僚單位（ten Staff Offices）	

接近使用傳播媒體權利（司法院釋字第364號解釋理由書）

傳播媒體	廣播電視係人民表達思想與言論之重要媒體，為憲法第11條所保障之範圍
	廣播電視之電波頻率為有限性之公共資源，國家應對電波頻率之使用為公平合理之分配
接近使用傳播媒體（the right of access to the media）	指一般民眾得依一定條件，要求傳播媒體提供版面或時間，許其行使表達意見之權利而言
	以促進媒體報導或評論之確實、公正
	應在兼顧媒體編輯自由之原則，予以尊重

UNIT **9-5**
政治參與

圖解政治學

（一）政治參與之定義

政治參與（political participation）係指公民以各種途徑，努力影響政府決策的活動。依 Sidney Verba 和 Norman H. Nie 於《*Participation in America*》一書觀點，公民們以直接或間接之方式來影響政府領導者產生或公共政策產出，並以此為其活動目標，從而採取各種行動策略。其主要內涵略有：

❶政治參與是一種具體之行動策略。
❷政治參與是公民之自願性活動。
❸政治參與是假定公民有自由選擇的機會與權力。
❹政治參與之目的在於影響政府之人事與決策。

郭秋永援引 Samuel P. Huntington 的觀點指出，政治參與程度之衡量指標為：

❶「廣度」（scope），參與活動人數多寡。
❷「強度」（intensity），參與活動的規模、持續性及重要性。

（二）政治參與之類型

合法的政治參與，是指依循國家法律規範所為之慣常性（conventional）政治參與活動；可細分為兩種態樣：

❶試圖影響政府中人事之活動（即與選舉產生公職人員有關的活動）。
❷試圖影響政府決策或公共政策作成之活動。

依參與的層次，可分為：❶決策活動，如作為公職候選人；❷過渡型活動，如捐款給特定政黨或候選人；❸旁觀型活動，如參加選舉投票。

若依參與的形式，可分為：❶代議政治之選舉及罷免；❷直接民主之創制及複決（公民投票）；❸表意自由之著作出版及集會結社；❹其他形式之組織人民團體、遊說、政治獻金等。

（三）政治參與之新途徑

❶電子請願（E-petition）

如英國公民可連結至國會網站（https://petition.parliament.uk/）就特定議題或公共政策提出請願，獲得 10,000 份連署，政府會正式回應其訴求；而獲得 100,000 份連署，國會將研議是否討論其提案。我國政府也設有公共政策網路參與平台（https://join.gov.tw/），讓我國國民就公共政策相關議題進行提案。

❷參與式預算（participatory budgeting）

旨在深化公民之公共參與，透過民主的程序，讓公民直接參與政策規劃，決定公共預算的支出方式，使得公民在公共資源的分配扮演更直接的角色。依《臺北市推動參與式預算制度公民提案與審查作業程序》，參與式預算之推動程序分為：

①推廣：辦理公民提案說明會；②提案審查：徵求提案構想、公民大會（提案人與民眾討論）、提案審議工作坊（機關加入協助修正計畫）、提案計畫公開展覽、提案票選；③預算評估：可分「當年度預算可納入者即執行」，「當年度預算無法納入，但急迫者則動支第二預備金」，「當年度預算無法納入，且不急迫者則循預算編列程序」三種情形；④預算審查；⑤議會監督。

評估政治參與之標準

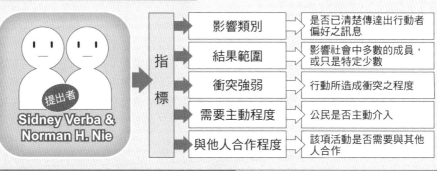

提出者	指標		
Sidney Verba & Norman H. Nie		影響類別	是否已清楚傳達出行動者偏好之訊息
		結果範圍	影響社會中多數的成員，或只是特定少數
		衝突強弱	行動所造成衝突之程度
		需要主動程度	公民是否主動介入
		與他人合作程度	該項活動是否需要與其他人合作

影響政治參與之各種因素

個人因素	個人介入政治活動所需之資源	財富	有錢的人，較有閒暇時間，政治參與度較高
		教育	教育程度高者，具有較高之「政治效能感」，政治參與度較高
		社會關係	社會關係或社會網絡中之意見領袖，政治參與度較高
	介入政治所能獲得之報酬與利益		與個人直接利益密切相關，政治參與度較高
			個人基於其較強烈之政治偏好，政治參與度較高
			個人若有較強烈之公民責任感，政治參與度較高
整體心理因素	政治不滿感		公民對政治人物或政治制度不具有信心
	相對剝奪感		非客觀條件之評估，而係主觀上與他人比較之結果
	政治功效意識	內在功效意識	感覺個人有去參與政治之能力
		外在功效意識	感覺政府有回應個人需求之能力
制度因素	平等性之增加		票票等值、政治獻金的限制、投票之自動登記制等
	選舉法規		選票與席次間之關聯性，影響選民之政治參與（投票）
	年齡		投票之法定年齡規範

政治參與形式

代議政治式	選舉	
	罷免	
直接民主式	創制	
	複決	
表意自由式	著作出版	
	集會結社	
其他	參與民主式	審議民主式
	組織政黨	
	《政治獻金法》	《遊説法》

UNIT 9-6
公民不服從

美國作家梭羅（Henry David Thoreau）曾經因為拒絕繳稅被麻州政府拘禁，並於 1849 年發表一篇短文〈公民不服從〉（civil disobedience）。〈公民不服從〉一文指出，「在一個監禁正義之士的政府統治之下，正義之士的真正棲身之地也就是監獄」；「不公正的法律仍然存在：我們必須心甘情願地服從這些法律，還是努力去修正它們、服從它們直至我們取得成功，或是立刻粉碎它們呢？在當前這種政府統治下，人們普遍認為應等待，直到說服大多數人去改變它們。人們認為，如果他們抵制的話，這樣修正的結果將比原來的謬誤更糟。」事實上，梭羅所揭櫫的「公民不服從」概念，影響著後來的印度國父甘地（Mohandas Karamchand Gandhi）及黑人民權領袖金恩博士（Martin Luther King）。

（一）公民不服從之定義

公民不服從，係指公民依照道德良知所從事的非暴力之公開行動，以對抗政府的不公正的法律（unjust law）或不義的公共政策，然而，此非暴力之和平行動是違反當時國家法律規範。

（二）公民不服從之要件

依臺灣臺北地方法院於 2015 年矚訴字第 1 號妨害公務等案判決書之見解指出，公民不服從之要件為：❶抗議對象係與政府或公眾事務有關之重大違法或不義行為；❷須基於關切公共利益或公眾事務之目的為之；❸抗議行為須與抗議對象間具有可得認識之關聯性；❹須為公開及非暴力行為；❺適當性原則，即抗議手段須有助於訴求目的之達成；❻必要性原則：無其他合法、有效之替代手段可資使用；❼狹義比例原則：抗議行動所造成之危害須小於訴求目的所帶來之利益，且侷限於最小可能之限度。

（三）概念釐清：不合法的政治參與

不合法的政治參與，指個人或團體所從事之政治參與活動，是違反當時國家法令規範者，可從其活動是否具有「道德正當性」而異其評價。

❶具道德正當性之公民不服從：非暴力的和平手段（體制內）

面對當時政府所制定及執行的法律是不具有正當性，是不公正的，政治參與者以非暴力之和平手段挑戰並對抗之。例如，在過去民主發展史上，為了對抗國家當時存在不合理的法律、制度，會有許多民權領袖不惜違反當時的法令來進行抗爭，藉以吸引社會輿論的關注，迫使政府修改不合時宜的法律，而展現公民不服從之精神。

❷不具有道德正當性：非和平之暴力恐怖活動（非體制內）

如果政治參與的活動不但違反當時國家法律，且其所採取之手段是非和平的，以恐怖主義（terrorism）、顛覆（subversion）、叛亂（sedition）等暴力行為的反體制活動，則是一種「非常態」、「非憲政」或「非慣常」（unconventional）之政治參與。

梭羅之人與事（The American Reader）

梭羅之人與事

背景 → ❶梭羅（1817-1862）是位雜文家、詩人、自然主義者、改革家和哲學家。
❷他出生在麻薩諸塞州的康科德，畢業於哈佛大學。在擔任了數年小學校長之後，梭羅決定以作詩和論述自然作為他終生的事業。他是愛默生的信徒，是先驗主義運動的一位領袖。與浪漫主義和改革結合在一起的先驗主義推崇感覺和直覺勝過理智，宣揚個人主義和內在的心聲：完整和自然的聲音。

論公民不服從 → ❶1846年7月，梭羅居住在沃頓塘時，當地的警官找他，叫他支付投票稅，儘管他已經數年未行使這個權利了。梭羅拒絕支付稅款。當夜，警官把他關在康科德的監獄裡。
❷第二天，一位未透露身分的人士（可能是梭羅的姨母）支付了稅款，他便獲釋了。不過，他表明了他的觀點：他不能向一個容許奴隸制並且對墨西哥發動帝國主義戰爭的政府交稅。他準備了一份解釋自己行動的演說稿，並於1849年發表了〈論公民不服從〉演說稿。

金恩之夢（Living Documents of American History）

我有一個夢想

→ 我夢想有一天，這個國家會站立起來，真正實現其信條的真諦：「我們認為這些真理是不言而喻的：人人生而平等。」

→ 我夢想有一天，在喬治亞的紅山上，昔日奴隸的兒子將能夠和昔日奴隸主的兒子坐在一起，共敘兄弟情誼。

→ 我夢想有一天，甚至連密西西比州這個正義匿跡，壓迫成風，如同沙漠般的地方，也將變成自由和正義的綠洲。

→ 我夢想有一天，我的四個孩子將在一個不是以他們的膚色，而是以他們的品格優劣來評價他們的國度裡生活。

→ 我夢想有一天，阿拉巴馬州能夠有所轉變，儘管該州州長現在仍然滿口異議，反對聯邦法令，但有朝一日，那裡的黑人男孩和女孩將能與白人男孩和女孩情同骨肉，攜手並進。

非慣常政治參與之特徵（盛杏湲）

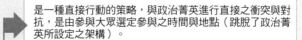

非慣常政治參與

→ 是一種直接行動的策略，與政治菁英進行直接之衝突與對抗，是由參與大眾選定參與之時間與地點（跳脫了政治菁英所設定之架構）。

→ 通常是針對特定議題，且釋放出極高訊息與極大能量。

→ 有效之非慣常政治參與需要極高之自主性，及與他人合作。

UNIT **9-7**
利益團體之意涵、種類暨活動方式

從伊斯頓的「系統論」所演展出之「結構功能論」中，在「利益表達」與「利益匯集」間扮演關鍵角色的主要有二：❶政黨；❷利益團體。兩者都具有將各種民意匯集後，形成政策建議方案，讓這個政策方案進入政治系統內。

（一）利益團體之意涵

❶凡從事政治活動，為達成其政治目的，或透過政治程序以爭取團體及其成員利益者，都可歸類為利益團體（interest group）。

❷因為在現代國家，利益團體爭取團體及其成員利益的主要手段，係向政府施行壓力，故又稱壓力團體（pressure groups）。

❸而利益團體（壓力團體）與政黨最大之差異在於：政黨目的在贏得選舉後執政；而利益團體只關心與影響特定之公共政策，並無執政之企圖。

（二）利益團體之種類

❶ Gabriel Almond 將利益團體分為：

①組織的利益團體（associational interest groups），即一般學理上之利益團體；②機構的利益團體（institutional interest groups），指政府機關；③非組織的利益團體（nonassociational interest groups），如派系等；④不軌的利益團體（anomic interest groups），如暴民。其中，後三類又可歸類為「準利益團體」（quasi interest groups）。

❷依吳重禮教授之觀點，利益團體分為：

①工會組織，如美國之產業組織勞工聯盟（AFL-CIO）；②商業組織，如英國國產業聯盟（CBI）；③專業協會，

如美國律師協會（ABA）；④特定對象團體，如美國之全國有色人種促進會（NAACP）；⑤公益團體，如美國公民自由聯盟（AGLU）。

（三）利益團體之活動方式

❶遊說（lobbying）

①指以各種手段（如書面或語言或電子郵件）向公共政策決定者（行政首長與國會議員）表達團體的意願與利益要求，藉以影響立法與行政的行為；②在美國之公共政策常受利益團體、國會委員會、行政官僚間互動之結果，故將這三者間關係稱之為「次級政府」（subgovernments）或「鐵三角」（iron triangle）；③須要取得遊說之門徑或接近管道（access）。

❷宣傳

某些利益團體並無遊說所需之的門徑（接近管道），乃透過宣傳，設法影響社會或公眾輿論，進而形成民意之趨向，而對政府產生壓力。如董氏基金會透過孫越等公眾人物，積極宣傳菸害防制法之修正案。

❸動員組織成員

在選舉時，動員組織成員支持或不支持特定候選人；在平時，動員組織成員從事特定政治活動。如臺灣鐵路工會動員組織成員進行罷工以抵制政府之鐵路民營化政策。

❹政治獻金

透過捐助候選人或公職人員經費方式，促其支持特定公共政策。

❺司法訴訟

透過司法權之「違憲審查」來修改法律或公共政策，或者影響社會輿論。

遊說法

立法精神	為使遊說遵循公開、透明之程序，防止不當利益輸送，確保民主政治之參與
遊說定義	指遊說者意圖影響被遊說者或其所屬機關對於法令、政策或議案之形成、制定、通過、變更或廢止，而以口頭或書面方式，直接向被遊說者或其指定之人表達意見之行為

遊說者	進行遊說之自然人、法人、經許可設立或備案之人民團體或基於特定目的組成並設有代表人之團體	
	限制	與欲遊說之政策、議案或法令之形成、制定、通過、變更或廢止無關者，不得遊說
	受委託進行遊說之自然人或營利法人	

被遊說者	總統、副總統	各級民意代表
	直轄市政府、縣（市）政府及鄉（鎮、市）公所正、副首長	政務人員退職撫卹條例第 2 條第 1 項所定之人員
	利益迴避條款	除各級民意代表外，於離職後 3 年內，不得為其本人或代表其所屬法人、團體向其離職前 5 年內曾服務機關進行遊說，亦不得委託其他遊說者為之

政治獻金法

立法目的	為規範及管理政治獻金，促進國民政治參與，確保政治活動公平及公正，健全民主政治發展		
政治獻金	定義	指對從事競選活動或其他政治相關活動之個人或團體，無償提供之動產或不動產、不相當對價之給付、債務之免除或其他經濟利益。但黨費、會費或義工之服務，不包括在內	
	得收受者	得收受政治獻金者，以政黨、政治團體及擬參選人為限	
	擬參選人收受期間	擬參選人收受政治獻金期間，除重行選舉、補選及總統解散立法院後辦理之立法委員選舉，自選舉公告發布之日起至投票日前 1 日止外，依右列規定辦理	總統、副總統擬參選人：自總統、副總統任期屆滿前 1 年起，至次屆選舉投票日前 1 日止
			區域及原住民立法委員擬參選人：自立法委員任期屆滿前 10 個月起，至次屆選舉投票日前 1 日止
			直轄市議員、直轄市長、縣（市）議員、縣（市）長、鄉（鎮、市）長、直轄市山地原住民區長擬參選人：自各該公職人員任期屆滿前 8 個月起，至次屆選舉投票日前 1 日止
			鄉（鎮、市）民代表、直轄市山地原住民區民代表、村（里）長擬參選人：自各該公職人員任期屆滿前 4 個月起，至次屆選舉投票日前 1 日止

UNIT **9-8**
利益政治理論

圖解政治學

（一）團體論

團體論（或集團途徑）注意的焦點是團體（集團），團體才是政治活動或政治權力的基本單位，而不是個人或國家，故個人只有在團體的範疇之內才能進行政治活動。Arthur Bentley 於 1908 年出版的《政府的過程》（*The Process of Government*）一書中，建構了政治學團體分析的概念，開始了團體論研究之先河；Bentley 認為團體是政治的「基本元素」，社會是團體複雜的組合，政府行為是團體與團體間作用的結果，排除了團體現象便無所謂政治現象。

在二次世界大戰後，團體論的研究更為興盛，許多學者都有精闢的研究；如 Earl Latham 於 1952 年所撰的〈團體政治〉（The Group Basis of Politics: Notes for A Theory）主張政府之公共決策為任何既定時間內，團體競爭後所達成的均衡。另 David Truman 於 1971 年所著的《政府的過程》（*The Governmental Process*）則認為任何基於某些共同態度所形成的團體，會嘗試影響社會上的其他團體，並以建立、組織或促進他們基於這個共同態度所發展出來的行為模式。

依林嘉誠、朱浤源所著《政治學辭典》，團體利益並不一定完全具有代表性，惟團體理論假設，所有團體皆有潛在性利益，透過各種途徑，使得政府權威當局之輸出，能夠符合團體之利益需求。政府之輸出（法律或公共政策）代表在一定時間內，團體壓力的平衡。團體理論的研究重點，還包含團體領導的型態與功能、團體的成員與互動特質、團體的行動策略、與其他團體的關係、社會價值規範對團體活動的影響等。

如同 Bentley 強調政治過程就是團體過程，而政治過程是「利益的均衡、團體的均衡」。團體間雖然不斷對立、衝突，但藉著團體間的互動關係，終必歸於均衡，公共政策得以輸出。

（二）對利益團體活動之批判

Theodore Lowi 在其《自由主義的終結》（*The End of Liberalism*）一書中，原本基於自由主義概念下，「多元平等競爭」之假設，各利益團體有著公平機會來影響公共政策之決策。惟少數團體因為成員的眾多（人）、資金的雄厚（錢）、擁有接近管道（門徑）等因素，而具有強大之政治影響力；讓其他利益團體無法與之公平競爭。

這些少數強大之利益團體主導了國家之公共政策，事實上，已無形中讓真正的自由主義的政治程序消失（自由主義政治程序強調個人公平競爭的機會）。如此，社會弱勢，甚至社會多數之利益無法成為政策產出，政治系統之政策產出只反映了少數人之利益（少數強大利益團體利益）。

另依 Mancur Olson 所提出之集體行動邏輯（The logic of collective action）概念，政府的環保政策是一種讓多數人的分散利益，但會對少數團體帶來高成本；而一旦政府提高環保污染排放標準，少數負擔成本的企業主們會組織起來反對此項環保政策，一般民眾因為無切身相關利益而不會組織起來（搭便車心態），乃讓少數積極企業主影響了環保政策。

這種「少數人獲得利益，但對社會整體利益是沒有幫助的」現象，乃成為 Theodore Lowi、Mancur Olson 或 Grant McConnell 等學者批判之重點。

利益團體影響力之決定因素

利益團體影響力之決定因素

❶ 團體人數之多寡
❷ 團體成員的社會或專業地位
❸ 團體成員的團結性
❹ 領導的才能與技巧
❺ 遊說所需之接近管道或門徑
❻ 團體的訴求是否符合社會的主流價值
❼ 團體所能運用之經費額度
❽ 團體會員地域分布上之廣狹

美國政治行動委員會（Political Action Committee, PAC）

緣由	1971年美國聯邦選舉法通過	限制對政黨、候選人直接捐款之額度
		准許工會和公司成立「分離基金」來從事政治活動（即政治行動委員會）
類型	企業型	工會型
	協會型	產業工會型
	無隸屬團體型	
	目前全美的政治行動委員會超過4,000個，其中大約一半是由企業組成，而他們捐助的政治獻金約為候選人競選總經費的三分之一	

利益團體對民主政治運作之貢獻

發展趨勢	早期	民意之匯集
	近代（審議式民主、治理）	政策制定過程之參與者
		政策制定後之執行者
貢獻	促進民主政治之參與	
	有助公共利益取向之政策的形成	

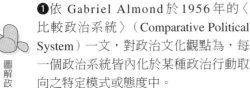

UNIT **9-9**
政治文化之意涵與模式

（一）政治文化之意涵（界定）

❶依 Gabriel Almond 於 1956 年的〈比較政治系統〉（Comparative Political System）一文，對政治文化觀點為，每一個政治系統皆內化於某種政治行動取向之特定模式或態度中。

❷依林嘉誠與朱浤源所編著《政治學辭典》，政治文化是一組涉及政治過程的定向（如意識型態、態度、信仰）以及定向的表達方式。這組定向來自政治系統中的成員，並根據該系統的規範之系絡來訂定。

（二）政治文化之類型

Gabriel Abraham Almond 和 Sibney Verba 所著之《政治文化》（The Civic Culture: Political Attitudes and Democracy in Five Nations The Civic Culture）一書，以實徵研究之方式，透過問卷調查取得了美、英、德、義與墨西哥等五國的總數超過 5,000 份之抽樣樣本，來比較分析這五個國家人民的政治態度。並依認知、情感、評價三個角度，以及政治系統中輸入與輸出指標，將政治文化分為三種類型。

❶地方的政治文化（parochial）

多出現在傳統的「部落」社會中，由部落中的酋長掌握政治、經濟等大權。地方的政治文化中之人民對政治系統沒有任何期待（無輸入），政治系統之輸出對地方的政治文化中之人民亦無任何實質拘束力。

❷臣屬的政治文化（subject）

人民已認知到政府之專業化，情感上也能接受政府之權威，對政治系統之輸出，能夠接受（有高度的態度取向）。但在政治系統之輸入上，不管在認知、情感、評價層面都是被動或沒有態度取向的。

❸參與的政治文化（participant）

人民對政治系統的輸入和輸出都有高度之態度取向，皆具備認知、情感、評價之能力。

（三）公民文化

不同的國家會有不同之政治文化類型，那有沒有哪一種政治文化是最有助於民主政治之發展的？Almond 和 Verba 提出了「公民文化」（civic culture）來回答這個問題。

所謂的「公民文化」，是種不趨極端的「中庸之道」之政治文化：人民會支持政治系統，但非狂熱支持，是理性支持；人民也會批判政治系統，但非完全抗拒；人民會參與政治，但非瘋狂參與，是在特定議題上才參與；在公民中，多數人會關心政治，但不會隨時投身於政治活動，另外還有相當數目之冷漠人士。

另依范雲的觀點，一個成熟的公民社會，必須在「浪漫的情感投入」與「帶著距離感的理性懷疑」這兩種看似對立的政治文化中求取平衡。浪漫的情感投入的政治文化可以喚起民眾激昂的情感投入；帶著距離感的理性懷疑的政治文化則經常質疑任何一種貌似神聖的價值。

後物質主義（Postmaterialism）

後物質主義 (Postmaterialism)

提出

Ronald Inglehart
《*Culture Shift in Advanced Industrial Society*》, 1990

概　念	在經濟快速發展，物質豐裕後，人們的需求層級也相對應從生理、安全提升至尊榮、自我實現	
	在價值取捨上，強調生活品質重於經濟發展，故會關心環保、反核等議題	
	多出現在物質生活富裕、受過良好教育之年輕人身上	
社會價值轉變假設	稀有性假設	人們對愈稀有之事物，有較高之需求
	社會化假設	一個人的價值觀是在其幼年及青少年時形成
價值體系變遷	環境變化	新的價值體系取代舊的價值體系
	世代交替	

政治文化之類型Daniel Elazar的觀點

政治文化類型

提出

Daniel Elazar
研究美國州與地區之政治文化

類型	內涵	代表
傳統式	主張參與的機會應該保留給菁英階級	美國南部的州
道德式	政治參與是公民對公共利益應有之義務	美國奧勒岡州與中西部偏北的州
個人主義式	視參與是一種功利行為	Nevda和Wyoming州
大多數州之政治文化都是這三種文化的混合		

原住民獵殺保育動物之成年禮

地方的政治文化

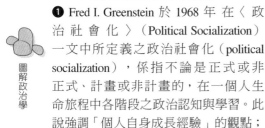

UNIT 9-10
政治社會化

（一）政治社會化之意涵

❶ Fred I. Greenstein 於 1968 年 在〈 政治社會化〉（Political Socialization）一文中所定義之政治社會化（political socialization），係指不論是正式或非正式、計畫或非計畫的，在一個人生命旅程中各階段之政治認知與學習。此說強調「個人自身成長經驗」的觀點；❷ Kenneth Langton 所著《政治社會化》（Political Socialization）一書中所界定之政治社會化，係指社會如何將其政治信仰與文化代代相傳的過程，將政治價值信念從上一代傳遞到下一代。此說強調「社會體系」的觀點；❸依呂亞力教授之觀點，個人與其他的人互相影響的過程，此過程的結果是個人接受與適應社會行為的形式。即政治社會化乃是指政治社會成員經歷的調適過程，經此他遂能成為政治社會的一份子，而政治社會也藉此維持其存在；❹簡言之，所謂社會化，是一種使個人成為社會人的過程，藉此認知到社會之價值規範。

（二）政治社會化之途徑

依呂亞力教授之論述：❶政治社會化之途徑包含，家庭、學校、同儕團體、工作場所、大眾傳播媒體、選舉或其他政治性場合；❷政治社會化對個人影響為政治自覺的形成、政治興趣與參政欲望的培養、政治知識的提供、政治能力的栽培、政治態度的形成；❸國家藉由政治社會化希望獲致，政治體系「共識」之維繫或獲得、新一代人認同感的培養、創新精神的維繫（或壓抑）。

（三）跨國性之政治社會化

政治社會化，除了影響其國家內的國民；更會影響到其他國家的人民，如美國電影頗多會在影片中傳遞其民主之價值，這是另一種政治社會化：對國外人民之政治社會化。

（四）政治菁英與政治社會化

❶政治領導者在面對危機時，會增加對政治社會化過程之控制；❷如欲改變根深蒂固之政治態度是不容易的，改革者在遭遇挫折後，會傾向於激進路線；❸在現代社會中，大眾傳播媒體是成人主要的政治社會化管道。

（五）政治次級文化

一個國家之內，由於種族、宗教、階級、地區、職業、語言、黨派及教育等不同，而形成各種不同團體；當這個特定團體的分疏化情況強時，且不喜歡被主流文化所統治的團體，就形成一種政治次文化或政治次級文化（political subculture）。簡言之，政治次文化與主流文化間存有「差異性」與「衝突性」。

如果國家放任讓政治次文化持續發展並強化，可能會導致國家分裂之危機；國家處理之道：

❶透過政治社會化之手段（多為學校教育系統）來追求國家之統合。

❷以多元文化主義（multiculturalism）為基底，採行差異政治（the politics of difference）與制度性肯認（institutional recognition）機制。

❸以共識型民主分享權力，俾利化解歧見。

政治社會化的理論

種類	意涵
分配理論（allocation theory）	在民主機制中，價值或資源如何分配給其構成成員
系統維持理論（system-maintenance analysis）	如何維持並確保政治系統之穩定性
系統持續理論（system persistence theory）	闡明系統變遷或不變遷（穩定）之原因

政治社會化研究

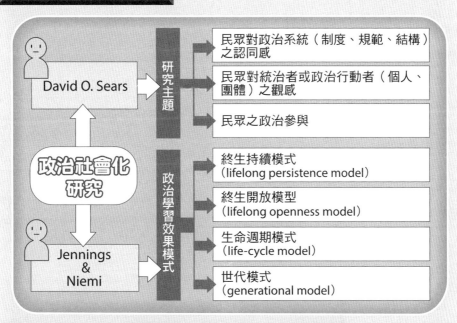

國民義務教育：政治社會化途徑之一

第 10 章
國際關係與全球化

●●●●●●●●●●●●●●●●●●●●●●●● 章節體系架構 ▼

UNIT **10-1**
國際關係理論

（一）理想主義與現實主義

❶理想主義

於一次世界大戰期間逐漸興盛，基於人性本善之觀點，重視理想道德與公平正義，認為國與國間之利益是和諧的，國家行為應符合國際道德。國際關係雖然為一無政府之狀態，但可透過設立國際組織與國際法機制，以集體制裁之方式來制裁侵略，以達世界和平。美國總統威爾遜（Woodrew Wilson）所提出之「十四點原則」（Fourteen Points）為代表。

❷現實主義

於二次世界大戰與冷戰期間逐漸興盛，基於人性本惡之觀點，也認為國際關係為一無政府之狀態，但認為國與國間之利益是衝突的，各國以自助原則（特別是武力），追求國家安全與自身利益。故國際關係就是一種權力關係，維持和平之手段是透過權力平衡，而非國際組織。Hans Morgenthauc 和 Kenneth Thompson 與 David Clinton 於 1978 年所著《國際政治》（*Politics Among Nations: The Struggle for Power and Peace*）一書可為代表。

（二）權力平衡與集體安全

❶權力平衡

依李登科等編著之《國際政治》一書，權力平衡功能具有防止任何國家建立霸權；確保國際體系本身之穩定與體系內主要成員之生存、安全；嚇阻戰爭之發生以確保和平。而權力平衡要件為至少擁有兩個以上彼此相關聯的成員，且成員的權力分配大致相等；體系內強權具有相同之價值；體系內成員須安於現狀，並以適當手段阻止霸權國家

出現；適時中止戰爭以避免消滅主要國家，戰後並允許其再加入體系內。至於如何維持或恢復權力平衡之手段則有分而治之、補償原則、建立緩衝國、形成同盟、劃分勢力範圍、干涉、對外交易、法律與和平解決爭端、減少軍備、軍備競賽、戰爭等。在歷史實踐上，權力平衡體系則以維也納和會體系（1815年四國同盟條約）、俾斯麥同盟體系、三國同盟（德、奧、義）與三國協約（英、法、俄）、東西兩集團之權力平衡體系（二戰後美國與蘇聯之意識型態對抗）等為代表。

❷集體安全與集體防衛

依周煦教授之觀點，集體安全（collective security）體系的基本原則是「我為人人，人人為我」；如聯合國，其集體安全體系是兼有對內和對外的雙重取向，亦即體系內外的任何國家，如有威脅或破壞和平之行為，皆會成為集體制裁之對象。包韋特（D. W. Bowett）更進一步指出，集體安全制度必須具備：①共識；②承諾；③組織；④會員普及；⑤權力分散等五大條件。另一易混淆者為集體防（自）衛（collective defense）體系，其基本原則是「我為盟國，盟國為我」；如北大西洋公約組織實乃軍事同盟體系，其集體防衛是對外取向的，預先假定在體系之外存在一個潛在的敵國或敵對集團。

聯合國憲章第七章之對於和平之威脅、和平之破壞及侵略行為之應付辦法，便是集體安全理念的具體體現。而近年來，包含非武裝的和平觀察團（peace observer mission）與和平維持部隊（peacekeeping forces）之「聯合國維和行動」更成為鞏固集體安全之重要手段。

聯合國維和行動

哈馬舍爾德（Dag Hammarskjöld）維和三原則			當事國同意原則
			非自衛不使用武力原則
			保持中立原則
2010年1月聯合國進行的維和行動	非洲	United Nations Mission in the Central African Republic and Chad	安全理事會第1778號決議（2007年）
		African Union/United Nations Hybrid operation in Darfur	安全理事會第1769號決議（2007年）
		United Nations Mission in the Sudan	安全理事會第1590號決議（2005年）
		United Nations Operation in Côte d'Ivoire	安全理事會第1528號決議（2004年）
		United Nations Mission in Liberia	安全理事會第1509號決議（2003年）
		United Nations Organization Mission in the Democratic Republic of the Congo	安全理事會第1279號決議（2002年）
		United Nations Mission for the Referendum in Western Sahara	安全理事會第690號決議（1991年）
	美洲	United Nations Stabilization Mission in Haiti	安全理事會第1524號決議（2004年）
	亞太	United Nations Integrated Mission in Timor-Leste	安全理事會第1704號決議（2006年）
		United Nations Military Observer Group in India and Pakistan	1994年
		United Nations Assistance Mission in Afghanistan	安全理事會第1401號決議（2002年）
	歐洲	United Nations Peacekeeping Force in Cyprus	1964年
		United Nations Interim Administration Mission in Kosovo	安全理事會第1244號決議（1999年）
	中東	United Nations Disengagement Observer Force	安全理事會第350號決議（1974年）
		United Nations Interim Force in Lebanon	1978年
		United Nations Truce Supervision Organization（停戰監督組織）	1948年設立，是聯合國的第一個維持和平行動

UNIT **10-2**
後冷戰與和平機制

一般多將第二次世界大戰後之 40 年代至 80 年代之國際政治稱為「兩極體制」（bipolarity system），而將 90 年代蘇聯、東歐之民主化後之國際政治稱為「後冷戰時期」。

（一）冷戰兩極體系結束

冷戰（Cold War）意指第二次世界大戰結束後，以美國為首之資本主義和以蘇聯為首之共產主義兩大陣營之間長期對抗的緊張狀態。當時美國採用了坎南（George Kennan）的圍堵政策（containment policy），於 1949 年建構北大西洋公約組織（North Atlantic Treaty Organization），蘇聯亦在次年成立華沙公約組織（Warsaw Treaty Organization），開始了軍事集團式之冷戰兩極體系。

至 1989 年 12 月，美國布希總統與蘇聯戈巴契夫在馬爾他舉行高峰會議，正式宣布冷戰結束。

（二）後冷戰時期特徵

依李登科等編著之《國際政治》一書，後冷戰時期特徵略有：❶由兩極體系轉向為多極體制架構；❷多邊主義漸成主流：即透過國際組織或正式與非正式的多邊協商與對話來處理國際紛爭；❸經濟主導的國際政治，如 G8、G20 高峰會；❹區域經濟統合化趨勢，如歐盟；❺區域霸權之興起，如中共。

（三）信心建構措施

1975 年歐洲安全合作會議（Conference on Security and Cooperation in Europe）所簽訂的《赫爾辛基協定》（Helsinki Agreement），開啟了信心建構措施（confidence-building measures）之機制。信心建構措施之目的在於，為避免因誤解造成軍事衝突，要求一國如有重大軍事演習時，應預先通知他國。

Michael Krepon 將信心建構措施分為三個歷程，首先為衝突之避免（Conflict Avoidance），其次為信心之建立（Confidence-building），最後為和平之強化（Strengthening the Peace）。另信心建構措施之類型略有：

❶透明化之機制（transparency），透過國防白皮書、軍演告知與觀摩等，讓資訊充分公開予其他國家。

❷限制措施（constraints），透過設立非核區或軍備管制等手段，建構相關國家間之信心。

❸安全機制之建構與制度化，透過成立論壇或建立熱線，增進彼此之瞭解與互動，降低衝突之可能性。

（四）軍備管制

軍備管制（arms control）有別於裁軍（disarmament）之廢除軍備觀點，軍備管制建構條約之規範機制來限制軍備之成長與使用。如《禁止核武擴散條約》（Nuclear Non-Proliferation Treaty）、《反彈道飛彈條約》（Anti-Ballistic Missile Treaty）、《生物武器條約》（Biological Weapons Convention）、《戰略武器減裁條約》（START I Treaty、START II Treaty）等皆是。

南北問題

意涵		經濟已開發之北半球先進國家vs.經濟仍在發展中的南半球落後國家
北半球 國家觀點	自由市場經貿原則 （自由主義觀）	國際經貿體系分工下之經濟互補
	現代化理論或階段發展論	南半球國家應師法北半球國家之發展經驗，階段性地逐漸走向現代化國家
	國際協力機制	設置經濟合作發展組織（OECD），協助南半球國家之經濟發展
南半球 國家觀點	依賴理論（dependency theory）	主要議題為剝削、結構被扭曲、自治政策受到壓抑
		區分為核心國（core state）、半邊陲國（semi-peripheral state）、邊陲國（peripheral state）
		資本主義國家剝削殖民地，北半球國家剝削南半球國家
		核心國透過跨國公司之直接手段，或外援計畫（foreign aid programs）與信貸機構（credit agencies）之間接手段來剝削邊陲國
		邊陲國對核心國之依賴為：❶貿易依賴；❷投資依賴；❸貨幣依賴
	華勒斯坦(Wallerstein)之世界體系理論（capitalist world-economy theory）	世界帝國（單一政治制度宰制全球）
		世界經濟
		社會主義世界政府
	以集體力量對抗北半球國家之剝削	七七集團（Group 77）

戰爭

定義	克勞維茲（Karl von Clausewitz）於《On War》	透過暴力行為的使用
		以強迫敵人順從我方意志為目的
類型	全面戰爭（total war）	德國魯登道夫（Erich Ludenorff）《總體戰》（Dor Totale Krieg）
	有限戰爭（limited war）	奧斯古（Robert E. Osgood）之《有限戰爭》（Limited War）
		政治目標有限、軍事手段有限、地理範圍有限

UNIT **10-3**
國際法之意涵及法源

國際法是國際關係行為主體間，基於合意所形成的規範國家間相互關係的法。

（一）意涵

依曾任國際法院法官拉特派特（Lauterpacht）的觀點：國際法是指國家依具有法律上拘束力之習慣或條約規則互相來往的過程，國家並非國際法上唯一之權利主體，國際組織及個人在特定條件下，亦可由國際法賦予權利或課予義務。

（二）法律基礎

❶自然法學派

主張國際法之拘束力來自「自然法」，認為自然法是先於條約和習慣而存在的。

❷實證法學派

主張國際法之拘束力來自「國家的同意」，認為國家的意志（will of state）透過自我拘束的過程來接受一套規範機制。

（三）法源

❶依《國際法院規約》（I.C.J）第 38 條規定，國際法之法源略有：

①國際條約：指確立訴訟當事國明白承認之規條者；即係由國際法人（國家或國際組織）間所締結的，並受國際法規範的。又包含「立法條約」與「契約條約」兩種。另由兩個國際法人所締結者，稱為「雙邊條約」；由超過兩個以上國際法人所締結者，稱為「多邊條約」。

②國際習慣法：指作為通例之證明而接受為法律者；即須具有**A**普遍一致的國家實踐（包含時間上的繼續性與空間上的普遍性）；**B**法之確信，又國際習慣法之效力是高於國際條約的。

③一般法律原則：指為文明國家所承認之一般法律原則。一般法律原則蓋有「國內法所普遍承認之法律原則」、「導源於國際關係的法律原則」、「可適用於一切關係之法律原則」三類；例如某些程序原則、一事不再理原則、誠信原則等。

④司法判例：指司法判例可作為確定法律原則之補助資料。另司法判例是國際法的「輔助法源」；司法判例則有「國際法庭的判例」、「國際仲裁法庭的判例」、「國內司法的判例」等來源。

⑤各國一致公認的國際法學家學說：指各國權威最高之公法學家學說，可作為確定法律原則之補助資料。國際法學家學說也是國際法的「輔助法源」。

⑥公允及良善原則：指法院經當事國同意，本公允及良善原則裁判案件。公允及良善原則亦是國際法的「輔助法源」。

❷國際組織之決議，則須視國際組織之決議之性質與通過之機關來決定是否為法源。惟國際組織之決議可推動國際習慣規則之形成。

❸各種法源適用順序：

①直接法源（國際條約、國際習慣法、一般法律原則）優於輔助法源（司法判例、國際法學家學說、公允及良善原則）適用。

②一般法律原則在補充國際條約與國際習慣法之不足，故優先適用國際條約與習慣法。而國際條約所規範事項比國際習慣法明確特定，故優先適用國際條約。

非國家之實體

託管領土	委任統治地	國際聯盟盟約第22條	如原屬鄂圖曼土耳其帝國在中東屬地
	託管地	聯合國憲章第12章	如Nauru或New Guina等
共管地	2個或2個以上國家共同管理之土地		如法國、西班牙共管之「費桑島」
非自治領土	尚未達到自治之充分程度	聯合國憲章第73條	如Anguill或Tokelau等
特殊實體	教廷	1871年義大利國會通過保障法	保障教皇及教廷之特權
		1929年，拉特朗條約（Lateran Treaty）	義大利承認梵蒂岡之主權國家地位

國際法與國內法之關係

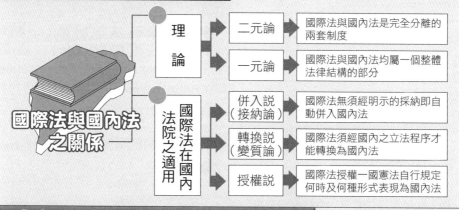

國際法與國內法之關係

理論
- 二元論 → 國際法與國內法是完全分離的兩套制度
- 一元論 → 國際法與國內法均屬一個整體法律結構的部分

國際法在國內法院之適用
- 併入說（接納論）→ 國際法無須經明示的採納即自動併入國內法
- 轉換說（變質論）→ 國際法須經國內之立法程序才能轉換為國內法
- 授權說 → 國際法授權一國憲法自行規定何時及何種形式表現為國內法

永久中立國（neutralized state）

成立	集體契約行為結果	各相關國家間以條約方式賦予的法律地位
義務	除自衛外，不得從事戰爭行為	
	不得參與任何涉及敵對行為的協定或提供軍事基地	
	他國戰爭期間，嚴守中立原則	
	不容許他國干涉其內政	
	不得讓任何國家為干涉他國內政而使用中立國之領土	
實例	1815年，維也納會議簽定宣言	瑞士（Switzerland）
	1955年，重建獨立民主奧地利國家條約	奧地利（Austria）

UNIT 10-4
國際條約

圖解政治學

（一）意義

❶ 依 1969 年《維也納條約法公約》第 2 條第 1 項第 1 款規定，所謂條約，係指國家間所締結而以國際法為準之國際書面協定，不論其載於一項單獨文書或兩項以上相互有關之文書內，亦不論其特定名稱如何。

❷ 查 1986 年《關於國家和國際組織間或國際組織相互間條約法的維也納公約》第 2 條規定，條約係指一個或更多國家和一個或更多國際組織間，或國際組織相互間，以書面締結並受國際法支配的國際協議，不論其載於一項單獨文書或兩項或更多有關的文書內，更不論其特定之名稱為何。

❸ 有關國際協定部分，依《維也納條約法公約》第 3 條，本公約不適用於國家與其他國際法主體間所締結之國際協定或此種其他國際法主體間之國際協定或非書面國際協定，此一事實並不影響：

　①此類協定之法律效力。

　②本公約所載任何規則之依照國際法而無須基於本公約原應適用於此類協定者，對於此類協定之適用。

　③本公約之適用於國家間已有其他國際法主體為其當事者之國際協定為根據之彼此關係。

❹ 國際條約僅對全體締約國具有法律拘束力。

（二）名稱

❶條約（Treaty）

最正式，規範締約雙方最主要的權利義務法律關係。

❷公約或專約（Convention）

正式，基於特定議題所召開之國際會議，於會中透過多邊談判方式所簽訂之多邊條約。

❸協定（Agreement）

與條約或公約相較上，較不正式，是由兩個國家之行政部門間所簽訂的，多數免經該國立法部門批准。

❹議定書（Protocol）

比條約、公約、協定更不正式，可能是一個公約的輔助文件，也可能是一個獨立的國際條約。

❺安排、辦法（Arrangement）

類似於協定，惟多用於暫時性之事項。

❻ 其他還有議事紀錄（agreed-minute）、規約（statute）、宣言（declaration）、換文（exchange of notes）、備忘錄（memorandum）等。

（三）條約的簽訂與保留

❶簽訂流程

　①派遣談判代表。

　②談判。

　③談判代表簽署。

　④談判代表所屬國批准。

　⑤換文（雙邊條約）或存放批准書（多邊條約）。

　⑥條約生效。

❷條約之保留

　①《維也納條約法公約》第 2 條第 1 項第 4 款，所謂保留，指一國於簽署、批准、接受、贊同或加入條約時所做之片面聲明，不論措辭或名稱如何，其目的在擯除或更改條約中若干規定對該國適用時之法律效果。

　②保留目的在於排除條約或公約中某項條款對主張保留國之限制或拘束。

國家及政府之承認

國家承認	宣示說	承認國家存在之既存事實		
	構成說	具有創造性法效果		
政府承認	事實承認	僅具暫時性及非正式性		
	法律承認	受到法律承認的政府才能代表繼承國		
繼承	一個對領土的國際關係所負的責任，由別國取代			
	種類	國家繼承	被繼承國仍存在	國家分離
				附屬領土或殖民地獨立
				國家領土移轉給另一個新國家
			被繼承國不存在	一國被另一國合併
				一國解體
				二國依協議合併為一國
		政府繼承	國家繼續原則	
		國際組織繼承	職能繼承或職能替代	

國家之領土

領空	五大航權	第一航權	過境通行權
		第二航權	技術性停降權
		第三航權	卸載權
		第四航權	裝載權
		第五航權	經營權
國際地役	依特別條約對一國行使領土主權的限制	如永久允許外國軍隊過境	
	限制主體為國家		
	此項限制係為使他國獲得利益		
領土取得	原始取得	先占	無主地
		兼併	強力兼併他國領土
		添附	自然原因，如因砂土堆積讓海岸延伸
			人為原因，如填海造陸
		時效	足夠長的時間，對一塊土地連續不干擾的行使主權
	繼承取得	割讓	依條約
南北極	1959年，南極條約	暫時凍結了各國在南緯60度以下之領土主張	
外太空	各國得依國際法自由運用利用及開發外太空及天體，但不得據為己有		

UNIT 10-5
國際海洋法：海洋法制度與國際海峽

1958年2月24日至4月29日，在聯合國主持下，召開第一屆海洋法會議，共計86個國家參與，通過《日內瓦公海公約》、《日內瓦領海及毗連區公約》、《日內瓦大陸礁層公約》及《日內瓦捕魚及養護公海生物資源公約》四大公約。1973年至1982年，歷時10年，聯合國召開第三屆海洋法會議，通過《聯合國海洋法公約》。其代表意義為：❶將既存國際習慣法明文化，如公海自由等；❷建構國際海洋法之新制度，如大陸礁層制度。

（一）海洋法制度基本定義

❶內水
領海基線朝向陸地一側之所有水域。基線概指「最低潮水線」。

❷領海
領海基線朝向海一方3至12海浬（nautical maile）的海域，包括其上空、底土與海床，均視為沿海國主權範圍。

❸毗連區
自領海基線向海一方24海浬內，沿海國享有「海關」、「移民」、「財政」、「衛生」等事項之主權。

❹經濟海域
自領海基線向海一方200海浬內，沿海國享有「漁業資源」、「海底礦產」之專屬權。

❺大陸礁層
自領海基線向海一方350海浬內，沿海國享有「定著性生物資源」與「非生物性資源」（如石油）之專屬權；惟超過200海浬部分，另須向「國際海床管理局」繳納相當比例之費用或實物。

（二）國際海峽

❶國際法院於1949年柯福案（Corfu Channel case）中，認為具有「連接公海兩個部分之地理狀態」與「用於國際航行之事實」，乃為國際海峽。

❷《聯合國海洋法公約》第38條，所有船舶和飛機均享有過境通行的權利，過境通行不應受阻礙；但如果海峽是由海峽沿岸國的一個島嶼和該國大陸形成，而且該島向海一面有在航行和水文特徵方面同樣方便的一條穿過公海，或穿過專屬經濟區的航道，過境通行就不應適用過境通行是指按照本部分規定，專在為公海或專屬經濟區的一個部分和公海或專屬經濟區的另一部分之間的海峽繼續不停和迅速過境的目的而行使航行和飛越自由。但是，對繼續不停和迅速過境的要求，並不排除在一個海峽沿岸國入境條件的限制下，為駛入、駛離該國或自該國返回的目的而通過海峽。故他國軍艦與非商業目的之政府公務船舶或飛機均得享有海峽過境通行權。

❸船舶和飛機在行使過境通行權的義務：①毫不遲延地通過或飛越海峽；②對海峽沿岸國的主權、領土完整或政治獨立進行任何武力威脅或使用武力，或以任何其他違反《聯合國憲章》所體現的國際法原則的方式進行武力威脅或使用武力；③除因不可抗力或遇難而有必要外，不從事其繼續不停和迅速過境的通常方式所附帶發生的活動以外的任何活動。

🔲 小博士解說

為確保我國海洋權益，我國已制定《中華民國領海與鄰接區法》及《中華民國專屬經濟海域及大陸礁層法》。

國家管轄權

管轄權 基本原則	領域管轄原則	主體領域管轄原則	
		客體領域管轄原則	
	國籍原則	個人與一個國家在法律上的聯繫，讓個 人在該國的屬人管轄權之下	自然人
			法　人
	被害人國籍原則	對加害其國民之外國人	
	保護原則	危害國家安全與重大經濟利益者	
	普遍原則	海盜罪	戰爭罪
		違反人道罪	破壞和平罪
引　渡	雙重犯罪原則	請求國與被請求國皆屬犯罪	
	可引渡之犯罪	依引渡條約或互惠原則	
	特定行為原則	引渡與追訴一致原則	
	不引渡本國人原則	本國外交保護權之行使	
	政治犯不引渡原則	威脅政治統治者之統治基礎	
庇　護	領域庇護	一國對入其領域外國人之暫時措施	
	外交庇護	一國的駐外使館對逃入其使館外國人之暫時措施	

國際責任（國家責任）與國際索賠

國際責任	國家因違反國際義務或不遵守國際規則，所導致其他國家或人民遭受損 害而須承擔之責任		
	責任之解除	道歉	國際司法機構介入（滿足）
		恢復原狀	金錢賠償
國際索賠	性質	是否提出係屬國家之權利	
		國家提出後，乃成唯一索賠者	
	要件	國家對外國人或外國公司造成損害，並負有國際責任	
		外國人或外國公司用盡當地救濟手段仍未獲賠償	
		受害人之母國代其向侵權國提出賠償之程序	
		是一種國家對其國民行使外交保護權之方式	

國家主權豁免

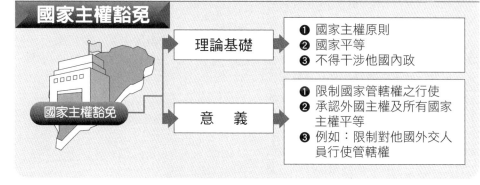

國家主權豁免

理論基礎 ➡ ❶ 國家主權原則
❷ 國家平等
❸ 不得干涉他國內政

意　義 ➡ ❶ 限制國家管轄權之行使
❷ 承認外國主權及所有國家
　主權平等
❸ 例如：限制對他國外交人
　員行使管轄權

UNIT **10-6** 國際海洋法：無害通行權與國際海底海床（深海床）

（一）無害通行權（right of innocent passage）

❶依《聯合國海洋法公約》第 17 條至第 19 條，所有國家，不論為沿海國或內陸國，其船舶均享有無害通過領海的權利；通過是指為了下列目的，通過領海的航行：

①穿過領海但不進入內水或停靠內水以外的泊船處或港口設施。

②駛往或駛出內水或停靠這種泊船處或港口設施。通過應繼續不停和迅速進行。通過包括停船和下錨在內，但以通常航行所附帶發生的或由於不可抗力或遇難所必要的或為救助遇險或遭難的人員、船舶或飛機的目的為限。

而無害通過的意義略為：

①通過只要不損害沿海國的和平、良好秩序或安全，就是無害的。

②如果外國船舶在領海內進行下列任何一種活動，其通過即應視為損害沿海國的和平、良好秩序或安全：A對沿海國的主權、領土完整或政治獨立進行任何武力威脅或使用武力，或以任何其他違反《聯合國憲章》所體現的國際法原則的方式進行武力威脅或使用武力；B以任何種類的武器進行任何操練或演習；C任何目的在於蒐集情報使沿海國的防務或安全受損害的行為；D任何目的在於影響沿海國防務或安全的宣傳行為；E在船上起落或接載任何飛機；F在船上發射、降落或接載任何軍事裝置；G違反沿海國海關、財政、移民或衛生的法律和規章，上下任何商品、貨幣或人員；H違反本公約規定的任何故意和嚴重的污染行為；I任何捕魚活動；J進行研究或測量活動；K任何目的在於干擾沿海國任何通訊系統或任何

其他設施或設備的行為；L通過沒有直接關係的任何其他活動。

❷要件

①不損害沿海國之秩序與安全。

②繼續不停之通過。

③迅速通過。

④僅限船舶（ships），不包括飛機。

（二）國際海底海床（深海床）

❶依《聯合國海洋法公約》第 133 條、第 136 條，區域及其資源為人類共同繼承財產（CHM）；「區域」資源指內在海床及其下原來位置的一切固體、液體或氣體礦物資源，其中包括多金屬結核。

❷有關「人類共同繼承財產」，則規範於《聯合國海洋法公約》第 137 條，任何國家不應對「區域」的任何部分或其資源主張或行使主權或主權權利，任何國家或自然人或法人，也不應將「區域」或其資源的任何部分據為己有。任何這種主權和主權權利的主張或行使，或這種據為己有的行為，均應不予承認。對「區域」內資源的一切權利屬於全人類，由管理局代表全人類行使。這種資源不得讓渡。但從「區域」內回收的礦物，只可按照本部分和管理局的規則、規章和程序予以讓渡。任何國家或自然人或法人，除按照本部分外，不應對「區域」礦物主張、取得或行使權利。否則，對於任何這種權利的主張、取得或行使，應不予承認。

公海自由

依《日內瓦公海公約》 → 公海
- ❶ 不屬領海或一國內水域之海洋所有各部分
- ❷ 公海對各國一律開放，任何國家不得有效主張公海任何部分屬其主權範圍

依《日內瓦公海公約》與《聯合國海洋法公約》 → 公海自由
- ❶ 捕魚自由
- ❷ 航行自由
- ❸ 飛越自由
- ❹ 鋪設海底電纜和管道自由
- ❺ 國際法一般原則所承認之「其他自由」
- ❻ 建造國際法所允許之人工島嶼和其他設施之自由
- ❼ 海洋科學研究之自由

外交代表

種類	大使（ambassador）		向國家元首派遣	可直接要求與駐地國國家元首會面
	特命公使（minister plenipotentiary and envoy extraordinary）		向國家元首派遣	不能直接要求與駐地國國家元首會面
	代辦（chargé d'affaires）		一國外交部派往另一國外交部的代表	
特殊地位	豁免權（外交關係公約第31條）	刑事	外交國之代表對接受國之刑事管轄享有豁免權	
		民事	外交代表原則上享有民事與行政管轄豁免權	
		行政		
	特權（外交關係公約第22、29、33條）		免稅權	
			人身不得侵犯權	
			通訊自由與外交郵袋	
領事	種類	職業領事	國家專職從事領事工作之公務員	
		名譽領事	受派遣國之授權於特定區域執行領事工作的個人，通常無固定報酬	
	職務		促進工商業	監督航務
			保護僑民	公簽證
			頒發護照	

UNIT **10-7**
國際海洋法：海洋環境保護（一）

圖解政治學

❶海洋污染源，大概來自於：①船舶；②傾倒廢物；③海底活動；④陸上或大氣中的活動。

❷1972 年通過《聯合國人類環境宣言》（簡稱斯德哥爾摩宣言）第 7 項，各國應該採取一切可能的步驟來防止海洋受到那些會對人類健康造成危害的、損害生物資源和破壞海洋生物舒適環境的或妨害對海洋進行其他合法利用的物質的污染。

❸《聯合國海洋法公約》規範處理陸地來源、國家管轄的海底活動造成之污染源：

①處理陸地來源的污染：Ⓐ各國應制定法律和規章，以防止、減少和控制陸地來源，包括河流、河口灣、管道和排水口結構對海洋環境的污染，同時考慮到國際上議定的規則、標準和建議的辦法及程序；Ⓑ各國應採取其他可能必要的措施，以防止、減少和控制這種污染；Ⓒ各國應盡力在適當的區域一起協調其在這方面的政策；Ⓓ各國特別應通過主管國際組織或外交會議採取行動，盡力制定全球性和區域性規則、標準和建議的辦法及程序，以防止、減少和控制這種污染，同時考慮到區域的特點，發展中國家的經濟能力及其經濟發展的需要。這種規則、標準和建議的辦法及程序應根據需要隨時重新審查；Ⓔ第 1 款、第 2 款和第 4 款提及的法律、規章、措施、規則、標準和建議的辦法及程序，應包括旨在最大可能範圍內儘量減少有毒、有害或有礙健康的物質，特別是持久不變的物質，排放到海洋環境的各種規定。

②處理國家管轄的海底活動造成的污染：Ⓐ沿海國應制定法律和規章，以防止、減少和控制來自受其管轄的海底活動或與此種活動有關的對海洋環境的污染及人工島嶼、設施和結構對海洋環境的污染；Ⓑ各國應採取其他可能必要的措施，以防止、減少和控制這種污染；Ⓒ這種法律、規章和措施的效力應不低於國際規則、標準和建議的辦法及程序；Ⓓ各國應盡力在適當的區域一起協調其在這方面的政策；Ⓔ各國特別應通過主管國際組織或外交會議採取行動，制定全球性和區域性規則、標準和建議的辦法及程序，以防止、減少海洋環境污染。

③處理傾倒造成的污染：Ⓐ各國應制定法律和規章，以防止、減少和控制傾倒對海洋環境的污染；Ⓑ各國應採取其他可能必要的措施，以防止、減少和控制這種污染；Ⓒ這種法律、規章和措施應確保非經各國主管當局准許，不進行傾倒；Ⓓ各國特別應通過主管國際組織或外交會議採取行動，盡力制定全球性和區域性規則、標準和建議的辦法及程序，以防止、減少和控制這種污染；Ⓔ非經沿海國事前明示同意，不應在領海和專屬經濟區內或在大陸架上進行傾倒，沿海國經與由於地理處理可能受傾倒不得影響的其他國家適當審議此事後，有權准許、規定和控制這種傾倒；Ⓕ國內法律、規章和措施在防止、減少和控制這種污染方面的效力應不低於全球性規則和標準。

💬 小博士解說

為符合國際海洋法規範及替海洋環境保護盡一份心，我國制定有《海洋污染防治法》。

國際爭端和平解決

依據	《聯合國憲章》第33條	
非裁判性（政治性）之解決	談判（negotiation）	雙邊或多邊會議方式
	斡旋、調停（good offices、mediation）	由第三國介入促成雙方直接談判
	調查（inquiry）	認定、澄清分歧的事實
	調解（和解）（conciliation）	第三國提出爭端解決方案
準裁判性之解決	仲裁（arbitration）	須先訂定「仲裁協定」
司法解決（國際法院）	《聯合國憲章》第92條	國際法院為聯合國之主要司法機關，應依所附規約執行其職務。該項規約係以國際常設法院之規約為根據，並為本憲章之構成部分
	《聯合國憲章》第93條與《國際法院規約》第34條　訴訟主體僅限於「國家」	聯合國各會員國為國際法院規約之當然當事國
		非聯合國會員國之國家得為國際法院規約當事國之條件，應由大會經安全理事會之建議就各別情形決定之
	管轄權　合意管轄	爭端當事國之同意
	管轄權　任擇管轄	爭端當事國須向國際法院提交強制管轄聲明
	管轄權　諮詢管轄	受國際組織之請求，提出法律問題之諮詢意見
	法院判決	一切問題應由出席法官過半數決定之
	判決執行	由當事國自行執行
		聯合國每一會員國為任何案件之當事國者，承諾遵行國際法院之判決
		遇有一造不履行依法院判決應負之義務時，他造得向安全理事會申訴。安全理事會如認為必要時，得作成建議或決定應採辦法，以執行判決
	諮詢意見	大會或安全理事會對於任何法律問題得請國際法院發表諮詢意見
		聯合國其他機關及各種專門機關，對於其工作範圍內之任何法律問題，得隨時以大會之授權，請求國際法院發表諮詢意見
其他解決方法	區域機關或區域辦法之利用	《聯合國憲章》第52條
	各國自行選擇之其他和平方法	《聯合國憲章》第33條

UNIT 10-8
國際海洋法：海洋環境保護（二）

圖解政治學

關於來自船舶、大氣層或通過大氣層的污染，《聯合國海洋法公約》之規範處理機制略為：

④處理來自船舶的污染：Ⓐ各國應通過主管國際組織或一般外交會議採取行動，制定國際規則和標準，以防止、減少和控制船隻對海洋環境的污染，並於適當情形下，以同樣方式促進對劃定航線制度的採用，以期盡量減少可能對海洋環境，包括對海岸造成污染和對沿海國的有關利益可能造成污染損害的意外事件的威脅。這種規則和標準應根據需要隨時以同樣方式重新審查；Ⓑ各國應制定法律和規章，防止、減少和控制懸掛其旗幟或在其國內登記的船隻對海洋環境的污染。這種法律和規章至少應具有與通過主管國際組織或一般外交會議制定的一般接受的國際規則和標準相同的效力；Ⓒ各國如制定關於防止、減少和控制海洋環境污染的特別規定作為外國船隻進入其港口或內水或在其岸外設施停靠的條件，應將這種規定妥為公布，並通知主管國際組織。如兩個或兩個以上的沿海國制定相同的規定，以求協調政策，在通知時應說明哪些國家參加這種合作安排。每個國家應規定懸掛其旗幟或在其國內登記的船隻的船長在參加這種合作安排的國家的領海內航行時，經該國要求向其提送通知是否正駛往參加這種合作安排的同一區域的國家，如係駛往這種國家，應說明是否遵守該國關於進入港口的規定；Ⓓ沿海國在其領海內行使主權，可制定法律和規章，以防止、減少和控制外國船隻，包括行使無害通過權的船隻對海洋的污染。按照第Ⅱ部分第三節的規定，這種法律和規章不應阻礙外國船隻的無害通過；Ⓔ沿海國為第六節所規定的執行的目的，可對其專屬經濟區制定法律和規章，以防止、減少和控制來自船隻的污染。這種法律和規章應符合通過主管國際組織或一般外交會議制定的一般接受的國際規則和標準，並使其有效。

⑤處理來自大氣層或通過大氣層的污染：Ⓐ各國為防止、減少和控制來自大氣層或通過大氣層的海洋環境污染，應制定適用於在其主權下的上空和懸掛其旗幟的船隻或在其國內登記的船隻或飛機的法律和規章，同時考慮到國際上議定的規則、標準和建議和辦法及程序，以及航空的安全；Ⓑ各國應採取其他可能必要的措施，以防止、減少和控制這種污染；Ⓒ各國特別應通過主管國際組織或外交會議採取行動，盡力制定全球性和區域性規則、標準和建議的辦法及程序，以防止、減少和控制這種污染。

😊 小博士解說

國際關係分析層次，依 Toshua S. Goldstein 與 Ton C. Pevehouse 所著《International Relations》一書分為：

❶全球層次
超國家之全球趨勢分析，如全球化。

❷國際層次
著重於國際體系互動之影響。

❸國內層次
研究團體如何影響國家於國際社會中之行為。

❹個人層次
統治菁英個人之思想與行動對國際關係之影響。

國際環境法

基本原則	審慎原則	污染者付費原則
	預防原則	共同但不等責任原則
	永續發展原則	國際合作原則
	危險通知義務原則	國家主權原則
與全球氣候變遷有關之重要國際公約	1792年《聯合國人類環境宣言》（斯德哥爾摩宣言）	1985年《關於保護臭氧層之維也納公約》
	1987年《蒙特婁議定書》	1989年《關於保護臭氧層之赫爾辛基宣言》
	1992年《里約宣言》	1992年《21世紀議程》
	1992年《聯合國氣候變遷架構公約》	1997年《京都議定書》
	2002年世界永續發展高峰會議	

國際刑法

意涵		懲罰與防止個人所從事之國際性非法行為
種類	海盜罪	《聯合國海洋法公約》第101條
	殘害人權罪	全部或部分毀滅某一民族、人種、種族或宗教群體之行為（防止及懲罰殘害人群罪公約）
	國際恐怖罪	意在或實際危害生命、摧毀財產或劫持人質等刑事犯罪
	對受國際保護人員之侵害罪	受國際保護人員，指❶國家元首、政府首長、外交部長以及伴隨他們的家屬成員；❷國家的官員或任何代表、政府間國際組織之其他代表或任何官員
	劫持人質罪	劫持或扣押人質，藉由傷害或繼續扣押人質為威脅，迫使第三者（國家、國際組織等）做出特定之行為
	種族隔離罪	某一種族為支配另一種族所採取的差別性規範與行為
	傭兵罪	1989年《禁止募集、使用、支援和訓練傭兵公約》
	國際非法販毒罪	《禁止非法販賣麻醉藥品及影響精神物質公約》與設立「國際麻醉藥品管制委員會」
	危害海上航行安全與大陸礁層固定平台安全罪	1989年《遏制危害海上航行安全之非法行為公約》及《遏制危害大陸礁層上固定平台安全之非法行為議定書》
管轄	國際刑事法院	1998年《國際刑事法院規約》

UNIT 10-9
國際海洋法：國際海域

有關國際海域之劃分，可探討如下：

（一）相鄰或相向國家間領海界線之劃分

❶採取「等距中線原則」，規範於《聯合國海洋法公約》第15條前段，如果兩國海岸彼此相向或相鄰，兩國中任何一國在彼此沒有相反協議的情形下，均無權將其領海伸延至一條其每一點都同測算兩國中每一國領海寬度的基線上最近各點距離相等的中間線以外。

❷例外則採用「特殊情況」與「歷史性所有權」，規範於《聯合國海洋法公約》第15條但書，但如因歷史性所有權或其他特殊情況而有必要按照與上述規定不同的方法劃定兩國領海的界限，則不適用上述規定。

（二）相鄰或相向國家間大陸礁層之劃分

❶「等距中線原則」，規範於《日內瓦大陸礁層公約》第6條

①同一大陸礁層鄰接兩個以上海岸相向國家之領土時，其分屬各該國部分之界線由有關各國以協議定之。倘無協議，除因情形特殊應另定界線外，以每一點均與測算每一國領海寬度之基線上最近各點距離相等之中央線為界線。

②同一大陸礁層鄰接兩個毗鄰國家之領土時，其界線由有關兩國以協議定之。倘無協議，除因情形特殊應另定界線外，其界線應適用與測算每一國領海寬度之基線上最近各點距離相等之原則定之。

③劃定大陸礁層之界限時，凡依本條第1項及第2項所載原則劃成之界線，應根據特定期日所有之海圖及地理特徵訂明之，並應指明陸上固定、永久而可資辨認之處。

❷「衡平原則」，規範於《聯合國海洋法公約》第83條

①海岸相向或相鄰國家間大陸架的界限，應在國際法院規約第38條所指國際法的基礎上以協議劃定，以便得到公平解決。

②有關國家如在合理期間內未能達成任何協議，應訴諸第XV部分所規定的程序。

③在達成第1款規定的協議以前，有關各國應基於諒解和合作的精神，盡一切努力做出實際性的臨時安排，並在此過渡期間內，不危害或阻礙最後協議的達成。這種安排應不妨礙最後界限的劃定。

④如果有關國家間存在現行有效的協定，關於劃定大陸架界限的問題，應按照該協定的規定加以決定。

小博士解說

國際整合（international integration）係指由超國家機制替代各國主權國家管理機制之過程，涉及國家部分主權移轉予地區性或全球性之國際組織。

戰爭及武裝衝突法

兩者差異	戰爭	國家間的武裝衝突 ➡ 一定規模且持續相當期間		
		戰爭的起始和結束都具有一定的法律效果		
	武裝衝突（非戰爭）	雙方無交戰傾向	有限度的武力運用	
基本原則	遵守國際法原則		人道主義原則	
	區分原則		追究戰爭罪犯之刑事責任原則	
作戰限制	禁止使用生化武器和核武	禁止攻擊平民	禁止使用背棄誠信之方法	
戰爭開始	宣戰			
戰爭結束	停止敵對行動	停火	戰爭狀態尚未終止	
		停戰		
		投降		
	結束戰爭狀態	締結和平條約	戰爭狀態正式終止	
		發表聯合聲明		
		戰勝國宣布戰爭結束		
戰時中立	非交戰國不參加之軍事行動		非交戰國不支持或援助任一交戰國	
	關於中立國在海戰中的權利義務公約		中立國和中立國人民在陸戰中的權利義務公約	

國際關係主要研究學派

理想主義	代表者為Wilson、Murray	人性本善，可改善缺失
	道德是衡量一國外交政策的標準	以集體安全來替代權力平衡
	以國際法與國際組織解決國際爭議	主張公共輿論並廢除祕密外交
現實主義	代表者為Morgenthau、Kennan	人性本惡，國際社會衝突不斷
	國家為求生存，須追求權力	國家外交政策以國家利益為準據
	權力平衡是維持國際秩序的最佳方法	
新現實主義	代表者為Waltz、Gilpin	借用體系結構來分析國際關係
	國家目標為安全和生存	國際秩序呈現無政府狀態
新自由主義	代表者為Nye、Keohane	國家會依理性來確保其利益
	透過國際合作，降低衝突，各國利益極大化	強調制度之功能性
後實證主義	又稱反思主義	包含建構主義、批判理論、後現代主義、女性主義等
	嘗試從較為微觀、多元、批判的觀點來探討國際關係	
攻勢現實主義	極大化自身之權力	成本效益考量是否可使自身處於最有利地位
守勢現實主義	追求安全極大化	攻守平衡與解決安全困境問題

UNIT 10-10 混合法庭：國際刑法制度中追訴嚴重犯罪的新模式（一）

國際社會所建構的人權保障體系，可概分為和平時期與戰爭時期兩個體系。和平時期以國際人權法（international human rights law）為人權保障規範架構，惟當戰爭或武裝衝突發生時，國際人權法雖仍得繼續適用，但因國際人權法的部分條款會因武裝衝突而被凍結，此時有賴國際人道法（international humanitarian law）之機制，方能確實保障人權。然而，早期國際法的思維，尚未普遍接受「個人」（individual）得為國際法主體（subjects of international law）地位，作為國際人道法代表之《日內瓦公約》仍是以國家作為規範主體。

（一）個人為國際法主體

國際社會開始將個人（individuals）視為國際法主體，並追究其刑事責任，始於第二次世界大戰結束。戰勝國於1945年於德國紐倫堡（Nürnberg）設置國際軍事法庭（International Military Tribunal）以追究歐洲軸心國（European Axis）主要戰犯的責任，並於1946年於日本東京（Tokyo）設置遠東國際軍事法庭（International Military Tribunal for the Far East）以追究遠東地區主要戰犯的責任。

聯合國成立後，高度關注人權議題，為處理嚴重違反國際人道法的罪行，安全理事會依《聯合國憲章》第七章規定，於1993年5月25日通過附有《前南斯拉夫問題國際法庭規約》的第827號決議（1993），在荷蘭海牙（Hague）設置前南斯拉夫問題國際刑事法庭（International Criminal Tribunal For The Former Yugoslavia）。隨後，聯合國安全理事會於1994年11月8日通過附有《盧旺達問題國際法庭規約》的第955號決議（1994），在坦尚尼亞阿魯沙（Arusha）設置盧安達國際刑

事法庭（International Criminal Tribunal for Rwanda），以追究相關人等的嚴重犯罪行為。1998年，《國際刑事法院羅馬規約》（Rome Statute of the International Criminal Court）簽署，成立國際刑事法院（International Criminal Court）以追訴嚴重犯罪之行為者。《國際刑事法院羅馬規約》第1條明定，設立國際刑事法院，為常設機構，有權就羅馬規約所提到的、受到國際關注的最嚴重犯罪（most serious crimes）對個人行使其管轄權，並對國家刑事管轄權產生補充作用。

（二）混合法庭之創設

為調整前南斯拉夫與盧旺達問題國際法庭運作上之缺失，聯合國對個人的國際犯罪行為之追究，發展出新一代的「混合法庭」（hybrid courts）新模式。自2000年以降，已設立東帝汶重罪特別法庭（Special Panels for Serious Crimes in East Timor）、科索沃重罪特別法庭（Regulation 64 Panels in the Courts of Kosovo）、獅子山重罪特別法庭（Special Court for Sierra Leone）、柬埔寨重罪特別法庭（Extraordinary Chambers in the Courts of Cambodia）、黎巴嫩問題特別法庭（Special Tribunal for Lebanon）等五個混合法庭。此外，區域國家組織亦採取混合法庭的模式，以追究個人之犯罪行為，如非洲特別法庭（Extraordinary African Chambers）。事實上，這六個混合法庭，呈現出多元化的風貌；如就特別法庭之建構面以觀，有由聯合國政權移轉機構直接設立者，亦有由特定國家與聯合國簽署協定而設立者；如就追訴犯罪行為人面向，有由犯罪者所屬國家之司法體系追訴者，亦有由犯罪者所屬國以外的其他國家之司法體系追訴者。

國際人權法與國際人道法

國際人權法	指人們應享有之基本公民、政治、經濟、社會和文化等權利		
	人權法適用於承平時期，一旦發生武裝衝突，人權法的部分條款會被凍結		
國際人道法	亦稱為戰爭法或武裝衝突法		
	國際紅十字會（The International Committee of the Red Cross）的界說，國際人道法旨在基於人道的原因，限制武裝衝突及其影響的一套規範		
	國際人道法可再分為二個系絡	保護未參與或不再參與武裝衝突者之「日內瓦法」
		限制作戰方法和手段之「海牙法」

混合法庭之類型

類型	聯合國監管下所設立之混合法庭		東帝汶重罪特別法庭
			科索沃重罪特別法庭
	國家與國際組織協議下所設立之混合法庭	國家與「聯合國」協議下所設立之混合法庭	獅子山重罪特別法庭
			柬埔寨重罪特別法庭
			黎巴嫩問題特別法庭
		國家與「區域性國際組織」協議下所設立之混合法庭	非洲特別法庭

混合法庭之用語

常見指涉
混合法庭
之用語

→ hybrid criminal tribunals

→ mixed criminal tribunals

→ hybrid domestic-international courts

→ internationalized criminal courts

UNIT **10-11** 混合法庭：國際刑法制度中追訴嚴重犯罪的新模式（二）

圖解政治學

（三）國際刑法制度的發展

國際刑事責任的追訴與審判制度的發展，可分為「三代說」與「二代說」兩種觀點。三代說者，認為國際刑事審判制度可分為三代：第一代為紐倫堡與東京軍事法庭，第二代為前南斯拉夫問題與盧旺達問題國際法庭，第三代為東帝汶重罪特別法庭等混合法庭；羅馬諾（Cesare P. R. Romano）等三人所合著《國際化刑事法庭》（*Internationalized Criminal Courts: Sierra Leone, East Timor, Kosovo, and Cambodia*）一書，便採此說。相對地，考量紐倫堡與東京軍事法庭為戰勝國對戰敗國之責任追究，帶有勝者為王、敗者為寇之意味，並非是全然在國際法架構下之刑事責任追究，遂採二代說。二代說者，認為國際刑事審判制度可分為二代：第一代為前南斯拉夫問題與盧旺達問題國際法庭，第二代為東帝汶重罪特別法庭等六個混合法庭。聯合國秘書長於 2006 年 8 月 16 日聯合國大會第六十一屆會議所做的工作報告，係採「二代說」的觀點。

（四）混合法庭之定義

混合法庭其基本特徵為一種融合了國際法與內國法體系的審判制度。Williams 指出，一個國際刑事犯罪行為，國際法庭（international court）與內國法庭（domestic court）皆有權加以追究，在傳統的國際法院與內國法院二元系統下，對於追究犯罪者的國際刑事責任上，各自有所不足或欠缺之處，遂發展出混合法庭，以獲致有罪應罰（non-impunity）的目標。

關於界定混合法院之具體判斷標準，參照 Dickinson 與 Williams 等相關學者觀點包含：❶法庭的設立依據，應由地主國與聯合國（或國際組織）間，以簽署條約方式為之；❷法庭的法官組成，應包含國際法官與內國法官；❸其他輔助判準，諸如，法庭適用法律，應包含國際刑法與地主內國國刑法；或法庭運作所需經費，由聯合國（或會員國）與地主國共同分擔；或法庭設於第三國（但適用地主內國國法與國際法）；或於第三國執行犯罪者之徒刑等相關參考指標。依此判準，前南斯拉夫問題與盧旺達問題國際法庭，係依聯合國安全理事會決議所設立，適用國際刑法，法官由聯合國選派，故此二法庭應歸屬為國際法庭。

（五）混合法庭之理論基礎

聯合國人權事務高級專員辦事處（Office of the United Nations High Commissioner for Human Rights）於 2008 年出版的《衝突後國家的法治工具：最大限度地保存混合法庭遺產》指出，設置混合法庭追究大規模犯罪之理論基礎，包含國家能力不足或資源匱乏（lack of capacity or resources at the national level）、擔心內國司法系統存在偏見或缺乏獨立性（fears of bias or lack of independence in the legal system）、使受害人享有獲得正義和適當的補償（contributing to the right to justice and an effective remedy）、消除有罪不罰的文化（contributing to ending a culture of impunity）、促進和解（contribution to reconciliation）等。而 Dickinson 則從衝突後國家之轉型正義角度，指出新政權在司法究責時會面對正當性問題（legitimacy problems）及能力建構問題（capacity-building problems），認為混合法庭有助於正當性之建立及地主國能力之建構。

混合法庭的理論基礎

<table>
<tr><th colspan="3">國家採用混合法庭的理論基礎</th></tr>
<tr><td rowspan="2">共同性</td><td>實現衝突後國家之轉型正義</td><td>責任與穩定共存的轉型正義</td></tr>
<tr><td>國際刑事法院限制性</td><td>法律不溯既往原則、國際刑事法院補充性原則</td></tr>
<tr><td rowspan="2">個別性</td><td>內國司法體系之法律能力不足</td><td>內國司法體系之法律能力不足或基本資源匱乏，無法對相關的罪行進行公正審判，有必要藉混合法庭以重建法律能力</td></tr>
<tr><td>內國司法系統存在偏見或缺乏獨立性</td><td>導入國際元素，以消除法律系統內部存在的偏見或解決缺乏獨立性問題</td></tr>
</table>

混合法庭與國際刑事法院

<table>
<tr><td rowspan="4">1998 年《國際刑事法院羅馬規約》簽署後，為何仍另行設立相關混合式的刑事特別法庭？</td><td rowspan="2">法律不溯既往之限制</td><td>《國際刑事法院羅馬規約》於 1998 年簽署，並於 2002 年 7 月 1 日正式生效，故國際刑事法院僅對 2002 年 7 月 1 日以後的嚴重犯罪擁有司法管轄權</td></tr>
<tr><td>東帝汶等國家所發生的刑事罪刑，是在 2002 年 7 月之前，遂必須設立特別法庭以追究其罪責</td></tr>
<tr><td rowspan="2">管轄權優先性之優勢</td><td>當國際法院與內國法院之管轄權競合時，國際刑事法院對內國法院之管轄權，僅具有「補充性」的地位</td></tr>
<tr><td>為處理特定問題而設的特別法庭，對內國法院之管轄權，享有「優先性」的地位。例如，《黎巴嫩問題特別法庭規約》第 4 條規定，特別法庭與黎巴嫩內國法院擁有共同管轄權；在這一管轄權中，特別法庭優先於黎巴嫩內國法院</td></tr>
</table>

轉型正義之獲致

<table>
<tr><td rowspan="8">聯合國秘書長於 2010 年 3 月發布的《聯合國通往轉型正義的指導說明》（Guidance Note of the Secretary-general: United Nations Approach to Transitional Justice）指出</td><td rowspan="5">司法與非司法的機制</td><td>司法追究（prosecution initiatives）</td></tr>
<tr><td>尋求真相（facilitating initiatives in respect of the right to truth）</td></tr>
<tr><td>提供賠償（delivering reparations）</td></tr>
<tr><td>制度革新（institutional reform）</td></tr>
<tr><td>國民參與（national consultations）</td></tr>
<tr><td rowspan="3">強化推動轉型正義之法</td><td>找尋衝突的根本原因，以及對相關人權的侵害</td></tr>
<tr><td>以和平的手段處理轉型正義相關議題</td></tr>
<tr><td>與「解除武裝、復員和重返社會」（disarmament, demobilization, and reintegration, DDR）機制共同合作推動</td></tr>
</table>

UNIT 10-12
國際組織

依《維也納條約法公約》第2條第1項第9款，稱「國際組織」者，謂政府間之組織。故國際法上之國際組織，係指「政府間國際組織」（intergovernmental organization, IGO），是由國家以條約所建置的國際法團體；有別於個人或非國家團體所設置之非政府組織（non-governmental organization, NGO）。

而國際組織之分類，除了政府間與非政府間之分類外，尚有一般性的與專門性的（如 UN、WTO）、全球性的與區域性的（UN、ASEAN）之分類。

（一）國際組織之特徵

❶建立在主權國家之基礎上。
❷國家間以條約方式建立之政府間組織。
❸設置常設機構表達其意思及行使權能（若無此特徵則為國際會議）。
❹具有某種程度之自主權。
❺會員之國家主權受合意之拘束，具有國家間合作的功能。

（二）國際組織之功能

❶作為國家間互動的機制。
❷在專業特殊領域，加強國際合作之管理者與推動者。如世界貿易組織（WTO）。
❸承擔資金或資源的分配功能。如國際貨幣基金（IMF）。
❹強化會員國之軍事力量。如北大西洋公約組織（NATO）。
❺世界和平之維持。如聯合國之維持和平行動（PKO）。
❻超國家的政治、經濟功能。如歐洲聯盟（EU）。

（三）國際組織之內部組織

❶議事與決策機構：通常指大會、全體會議、代表大會，負責制定決策。
❷執行與主管機構：通常指理事會，負責處理主管事務。
❸行政與管理機構：通常指秘書處，負責國際組織正常運作之事務性工作。
❹輔助與工作機構：通常指輔助委員會，負責處理專業性之議題。
❺司法機構：負責處理法律爭端。
❻其他特別機構。

（四）國際組織之法律行為能力

國際組織是否具有法律行為能力？依《聯合國憲章》第104條，本組織於每一會員國之領土內，應享受於執行其職務及達成其宗旨所必需之法律行為能力。具體的說明如下：

❶締約權

國際組織可與其他國際法主體（如國家或國際組織）締結具國際法拘束力之書面條約。

❷使節權

如世界衛生組織（WHO）或聯合國教科文組織（UNESCO）等會派遣專家至其會員國。

❸國際責任及國際索賠

如 1949 年 4 月 11 日國際法院「聯合國雇用人員服務期間所受損害賠償諮詢意見」。

❹召開國際會議之權

❺其他對外關係之行為能力

如承認國家及政府或頒發身分證明及護照等。

國際組織之會籍

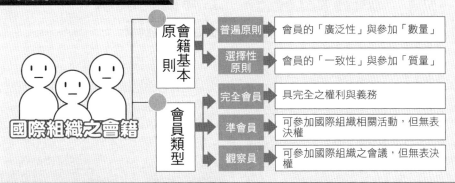

原始會籍基本原則	普遍原則	會員的「廣泛性」與參加「數量」
	選擇性原則	會員的「一致性」與參加「質量」
會員類型	完全會員	具完全之權利與義務
	準會員	可參加國際組織相關活動，但無表決權
	觀察員	可參加國際組織之會議，但無表決權

如何加入聯合國（UN）

正式會員	依據	《聯合國憲章》第4條	
	四項要件	須是一個國家	一個愛好和平的國家
		願接受憲章所載之義務	聯合國認為確能並願意履行該項義務者
	程序	由大會經安全理事會之推薦以決議行之	
		安理會推薦為前提要件	新會員加入聯合國屬「非程序性事項」
			常任理事國享有否決權
觀察員	程序	申請國外交部長致函聯合國秘書長，具體表達意願	
		經聯合國秘書長同意	

聯合國安全理事會

職權	為保證聯合國行動迅速有效起見		各會員國將維持國際和平及安全之主要責任，授予安全理事會
	聯合國會員國同意依憲章之規定接受並履行安全理事會之決議		
	依憲章規定執行	爭端之和平解決	對於和平之威脅和平之破壞及侵略行為之應付辦法
		區域辦法	國際托管制度
組織	由15個理事國組成	5個常任（中、美、英、法、俄）	
		10個非常任（由大會選出）	斟酌聯合國各會員國於維持國際和平與安全之貢獻
			充分斟酌地域上之公平分配
表決	程序事項	9理事國可決票表決之	
	非程序事項	9理事國之可決票（常任理事國享有否決權）	
對破壞國際和平制裁	武力以外	斷絕外交關係	經濟制裁
		通訊及交通工具之中斷	武器禁運
	採取必要之空海陸軍行動		組成聯合國部隊
	目的	不在制裁爭端當事國，僅維持爭端地之和平	
	原則	須經安理會或大會之通過	須爭端當事國各方之同意
		嚴守中立原則	部隊人員非來自爭端國

UNIT 10-13　上海合作組織：第一個中共主導的國際組織

上海合作組織成立於 2001 年 6 月，其前身是「上海五國會晤機制」。1996 年 4 月 26 日，中國、俄羅斯、哈薩克、吉爾吉斯、塔吉克五國元首在上海舉行了第一次首腦會晤，簽署了《關於在邊境地區加強軍事領域信任的協定》。翌年，五國領導人又在莫斯科簽署了《關於在邊境地區相互裁減軍事力量的協定》。此後，五國元首每年輪流在各國會晤。由於五國元首首次會晤在上海舉行，因此，這一會晤機制被冠以「上海五國」的稱謂。2001 年 6 月 15 日，上海五國首腦在上海舉行第六次會晤，烏茲別克以完全平等成員身分加入上海五國。隨後，這六個國家元首共同簽署《上海合作組織成立宣言》，宣告六國間地區合作組織正式成立。上海合作組織成員國土地總面積超過 3,000 萬平方公里，總人口數約是世界人口的三分之一，會員國境內天然資源豐富。上海合作組織是第一個以中國城市命名的國際組織，更是中共主導的第一個國際組織（俄羅斯也協助促成組織的成立），對中共而言，極具指標意義。

（一）成立上海合作組織之宗旨

依《上海合作組織成立宣言》第 2 條，上海合作組織的宗旨是：加強各成員國之間的相互信任與睦鄰友好；鼓勵各成員國在政治、經貿、科技、文化、教育、能源、交通、環保及其他領域的有效合作；共同致力於維護和保障地區的和平、安全與穩定；建立民主、公正、合理的國際政治經濟新秩序。復查《上海合作組織成立宣言》第 9 條，上海合作組織將利用各成員國之間在經貿領域互利合作的巨大潛力和廣泛機制，努力促進各成員國之間雙邊和多邊合作的進一步發展以及合作的多元化。為此，將在上海合作組織框架內啟動貿易和投資便利化談判進程，制定長期多邊經貿合作綱要，並簽署有關文件。由此可以觀察到，上海五國本質上是一個軍事互信機制之結盟，而上海合作組織則進一步在政治、經濟上加以結盟，已逐漸帶有區域統合之色彩。

（二）上海合作組織是中共新安全觀的具體落實

傳統的安全觀是國際現實主義的思想：認為處於國際間之無秩序情況，國家基於對其自身利益之保障，必須以軍事力量來確保國家安全，卻造成了「安全兩難的困境」（一國提升軍備，本為加強安全，但卻刺激敵國也提升軍備，結果反而更不安全）。但隨著冷戰的結束，各國基於經濟與安全利益相互依賴的加深，開始思考如何透過互信的安全機制來促進和平的發展。基於這樣的思考，乃以「合作防禦」的新安全觀來取代「嚇阻毀滅」的舊安全觀，具體的作為則落實在軍事互信機制的建立暨武器裁減條約、禁止發展攻擊性武器相關條約的簽訂上（例如，戰略武器裁減條約、不擴散核武器條約）。故所謂的「新安全觀」就是以和平的手段來解決國際衝突及爭端，透過集體安全（或區域安全）機制來避免戰爭。

中共從《1998 年中國的國防》白皮書提出「和平共處五項原則」到《2004 年中國的國防》白皮書提出奉行獨立自主的和平外交政策，堅持互信、互利、平等、協作的「新安全觀」，爭取較長時期的良好國際環境和周邊環境。而中共乃將其新安全觀落實於上海合作組織上。

中共與美國在中亞地區之角力

中共在中亞之國家利益

美國在中亞之國家利益

❶ 中國威脅論之影響
❷ 美國國防部所公布《中國軍事力量年度評估報告》
❸ 避免區域整合下的被邊緣化
❹ 印度、巴基斯坦這兩個具有敵意的國家加入上海合作組織
❺ 填補蘇聯解體後之權力真空
❻ 執行「新中亞戰略」

❶ 石油來源的確保
❷ 經濟持續發展的保障
❸ 領土（主權）的完整
❹ 壓制新疆獨立運動
❺ 戰略的思考
❻ 成為區域主導霸權

中共的「中國門羅主義」vs. 美國的「圍交」（congagement）策略

中國特色的門羅主義	脫胎自中國過去漢唐以降至清朝之宗主國──藩屬的進貢關係	轉化成為一種新的「朝貢體系」
	這個新的「朝貢體系」	中共將以區域內的權力霸主自居，是一個善意的霸主（霸權）
		不會為了中共自身利益侵犯鄰國，僅會為了維持區域間的秩序而教訓不聽話的鄰邦國家
		並以保護（軍事同盟）及賜恩典（經貿優惠）給鄰邦國家，來換取這些鄰邦國家對中共的尊敬與服從
美國的「圍交」雙軌政策	「圍堵」（containment）和「交往」（engagement）的混合	
	經濟上	繼續保持和中國密切交往
	軍事上	和中共的亞洲各鄰國建立軍事夥伴關係，以防備中共未來可能的軍事冒險
中亞國家在兩強角力下的作為	第三鄰國外交策略之運用	兩強權（中共與俄羅斯）夾縫間
		與另一無威脅性的強權（第三鄰國，美國）交往友好，以求取生存

聯合國氣候變化綱要公約（行政院環保署溫室氣體資料庫）

公約基本原則	責任不同	締約方承擔共同但程度不同的責任與能力，Annex I須率先承擔責任，採取行動，防制溫室氣體的排放
	公平原則	應將公約中有特別需求或面臨特殊狀況的締約方（特別是開發中國家）所可能承擔之不成比例負擔或反常負擔列入公平考量
	防制措施	採「經濟有效」的措施，以「最低成本」防制氣候變遷
	經濟發展	締約方有權促進永續性經濟發展，並將經濟發展納入防制氣候變遷的關鍵考量因素
締約方責任	「附件一締約方」（Annex I）	2000年將CO_2及其他溫室氣體排放回歸「本國1990年水準」
		OECD國家提供資金與技術，協助開發中國家防制氣候變遷
		提交「國家通訊」陳述達成目標所採取的「行動方案」與預期效果
	「非附件一締約方」（non-Annex I）	進行本國溫室氣體排放資料統計
		在「第一次國家通訊」中，陳述本國國情、溫室氣體統計及擬採行防制步驟之一般性描述

UNIT 10-14
世界貿易組織

圖解政治學

依國貿局 WTO 入口網資料，世界貿易組織（WTO）之成立係於 1993 年 12 月 15 日關稅及貿易總協定（GATT）烏拉圭回合談判所達成最終協議而成立的。隨後，1994 年 4 月各國部長在摩洛哥馬爾喀什集會，簽署《烏拉圭回合多邊貿易談判蒇事文件》（Final Act Embodying the Results of the Uruguay Round of Multilateral Trade Negotiations）及《馬爾喀什設立世界貿易組織協定》（Marrakesh Agreement Establishing The World Trade Organization）。WTO 依上述之設立協定於 1995 年 1 月 1 日正式成立，總部設在瑞士日內瓦，以有效管理及執行烏拉圭回合之各項決議。

（一）規範準則與主要功能

WTO 多邊貿易體系之基本理念在於創造一個自由、公平之國際貿易環境，使資源依照永續發展之原則，做最佳之使用以提升生活水準，確保充分就業，並擴大生產與貿易開放、平等、互惠與互利，期能透過貿易提升開發中與低度開發國家之經濟發展。其基本理念與規範準則有不歧視原則、漸進式開放市場、對關稅與非關稅措施予以約束、促進公平競爭及鼓勵發展與經濟轉型等五項。

WTO 成為主要之世界貿易管理機構，而其功能主要有五：❶綜理並執行 WTO 所轄之多邊與複邊協定；❷提供進行多邊貿易談判之場所；❸解決貿易爭端；❹監督各國貿易政策；❺與其他有關全球經濟決策之國際組織進行合作。

（二）結構分工

WTO 最高決策之機構為「部長會議」，於部長會議之下，設有「總理事會」、「爭端解決機構」及「貿易政策檢討機構」負責日常事務。而在總理事會下另設有「貨品貿易理事會」、「服務貿易理事會」，以及「與貿易有關智慧財產權理事會」，各依相關協定所賦予之職權，掌理有關貨品貿易、服務貿易與保護智慧財產權規範之執行。另 WTO 秘書處雖非 WTO 之業務機構，但卻是 WTO 運作之靈魂。該處係由秘書長（Director-General）所掌理，其功能主要在協助各國執行 WTO 所屬各機構之決議事項，並負責處理 WTO 日常行政事務，工作人員約 500 人。

（三）WTO 之決策程序

WTO 之決策延續過去之做法，儘量避免票決，而係依共識決作成決策。共識決之優點在於會員較易為了多邊貿易體系之整體利益而形成共識；但由於各會員仍有機會表達其立場，並進行辯論，是故共識決之程序亦可使個別會員之利益受到適當考量。如果就特定案件無法達成共識時，則 WTO 設立協定亦有票決之規定，票決係依一會員一票之原則，以多數決達成決議。

📖 小博士解說

WTO 多邊貿易體系之十大優點為：
❶促進世界和平；❷建設性的解決貿易爭端；❸建立規則使各國不論大小貧富皆一體遵循；❹較自由貿易可降低生活費用；❺提供產品及品質多元選擇機會；❻增加國民及個人所得；❼刺激經濟成長及就業；❽降低成本；❾降低利益團體關說壓力；❿提高政府紀律及效能。

國際政治經濟學

Ernst Hass的功能主義 （functionalism）	說明1950至1960年代歐洲經濟整合歷程		
	從煤鋼經濟合作，產生溢出效果（spillover effects）， 影響其他產業的跨國合作，進而推動政治上之整合		
新功能主義 （neo-functionalism）	經濟統合有助於政治整合		但也須考慮政治自主性
互賴理論 （interdependence theory）	強調國際經貿合作之好處		國際建制 （international regimes）
經濟外交 （economic statecraft）	執行國	經濟實力	政治目標的設定
		執行的工具	執行的能力
	目標國	經濟實力	政治目標的設定
		成本	反映
	第三者	指第三國或國際組織	
	結果	成敗之標準	

WTO票決規定

票決係依一會員一票之原則，以多數決達成決議

須進行
票決情形

- 任何多邊協定之解釋案，應以四分之三之多數決通過
- 有關豁免特定會員在多邊協定下之特定義務之決議，應以四分之三之多數決通過
- 多邊協定條文之修正案，應視各該條文之性質採一致決，三分之二多數決，或四分之三多數決；惟其修正內容如改變會員之權利義務則僅對接受修正案之會員生效
- 新會員之加入，須在部長會議中經三分之二多數決通過。關於此節，WTO總理事會於1996年10月之一項會議中決議，對於新會員之入會審查案，將採共識決之方式。此後，對新會員之入會審查，已改為以共識決為原則，但原條文有關三分之二多數決之規定仍然有效

WTO入會程序

WTO入會程序

依據WTO設立協定第12條之規定提出入會申請

→ 完成入會雙邊諮商工作

→ 草擬工作小組報告及入會議定書

→ 彙總及核驗關稅減讓表及服務業承諾表

→ 入會工作小組採認相關入會文件

→ 部長會議或總理事會採認申請國入會案

265

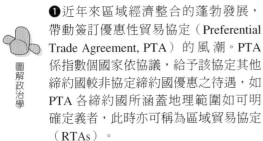

圖解政治學

（一）區域經濟統合態樣

❶近年來區域經濟整合的蓬勃發展，帶動簽訂優惠性貿易協定（Preferential Trade Agreement, PTA）的風潮。PTA係指數個國家依協議，給予該協定其他締約國較非協定締約國優惠之待遇，如PTA各締約國所涵蓋地理範圍如可明確定義者，此時亦可稱為區域貿易協定（RTAs）。

❷區域貿易協定（RTAs）依經濟與政治整合之程度，依序可分為：①自由貿易協定（FTA）：目前大部分的RTAs的整合程度僅及FTA，即FTA締約國基於互惠，彼此消除全部或大部分貨品之關稅及其他限制性貿易法令，仍維持各自對外的關稅主權與對外關稅制度，如北美自由貿易協定（NAFTA）、東南亞國協（ASEAN）等皆屬之。我國與巴拿馬則於2003年8月21日按1994年關稅暨貿易總協定（GATT 1994）第24條及服務貿易總協定第5條之規定，簽署成立自由貿易區；②關稅同盟（Custom Union）：由數個國家共同締結的貿易協定，對內彼此實行自由貿易，對非締約國的其他國家則實行共同的對外關稅。其方式為成員國間將其商品關稅將完全廢除，而對非成員國採取劃一的關稅措施。如2003年1月成立的「阿拉伯海灣國家合作理事會」（Gulf Cooperation Council, GCC）關稅同盟；③共同市場（Common Market）：成員國間所有生產要素，如勞動力及資本，可在成員國間自由流動而不受限制（僅商品關稅尚未完全廢除）。如1995年成立的「南方共同市場」（Mercado Comun del Sur, MERCOSUR）；④經濟同盟（Economic Union）：其整合程度較共同市場更強，成員國採用統一的財政、貨幣和經濟政策，是經濟層面中最

高層次的經濟整合，會員國將會統一貨幣（或會員國之間的匯率永久固定）和成立中央的貨幣銀行制度。1993年成立的歐洲聯盟（European Union, EU）為代表。

（二）GATT 1947 與 GATT 1994

關稅暨貿易總協定（General Agreement on Tariffs and Trade, GATT），最早係於1947年成立的（即GATT 1947），目的在於提高會員國的生活水準，保證充分就業與整體穩定成長的實質所得及有效需求，促使世界資源的充分利用及增進貨物的生產與交易；期望訂定互惠與互利辦法，大幅降低關稅及其他貿易障礙，並消除國際貿易的歧視性待遇。GATT經長時間發展後，於1994年4月各國部長在摩洛哥馬爾喀什集會，簽署《烏拉圭回合多邊貿易談判蔵事文件》（Final Act Embodying the Results of the Uruguay Round of Multilateral Trade Negotiations）及《馬爾喀什設立世界貿易組織協定》（Marrakesh Agreement Establishing The World Trade Organization）即「GATT 1994」，WTO依上述之設立協定於1995年1月1日正式成立，GATT乃轉型為世界貿易組織（WTO）。

（三）重要之國際經貿組織

較重要之經貿組織除世界貿易組織（WTO）外，尚有經濟合作發展組織（OECD）、政府間半導體會議（GAMS）、亞大經濟合作（APEC）。我國積極參與活動且較為人知者則屬WTO與APEC。

南方共同市場（Mercado Comun del Sur, MERCOSUR）

成立	南美洲阿根廷、巴西、巴拉圭及烏拉圭四國於1991年3月共同簽訂亞松森協定	於1995年1月1日起開始運作
主要組織架構	共同市場理事會（Consejo del Mercado Comun, CMC）	共同市場小組（Grupo Mercado Comun, GMC）
	共同市場貿易委員會（Comision de Comercio, CCM）	行政管理秘書處
	1994年12月17日在巴西黑金市簽署《黑金市議定書》（OURO PRETO PROTOCOL），確立共同市場運作機制	
運作機制	共同市場所頒布之決定（decision）、規則（resolution）及指令（directive）對會員國具有拘束力	各會員國有義務適時將共同市場之法規依各國立法程序納入其國內法體系，並副知秘書處
	決定之作成須由各會員國採共識決方式，一致同意通過	共同市場具有法人地位，得透過理事會或在理事會之授權下由共同市場小組與其他國際組織或國家進行談判或簽署協定
整合目標	會員國間商品自由流通	消除會員國間商品關稅及其他相關非關稅限制
	統一對共同市場外（區外）之稅率，即對區外之關稅採一致之立場	在會員國間協調制定一致之總體經濟政策，期在貿易、農業、工業、財政、幣制、匯兌、投資、勞務、關務運輸及交通等方面，採取共同措施

阿拉伯海灣國家合作理事會（Gulf Co-operation Council, GCC）

成立時間	1981年	
會員國	巴林、科威特、阿曼、卡達、沙烏地阿拉伯及阿拉伯聯合大公國	
組織架構	由六國元首出席之高峰會議為最高權利機構	
	主要政策研擬工作係由部長會議決定	理事會下設有秘書處綜理日常會務工作，除設有秘書長1人外，並依政治、經濟及國防業務分設副秘書長佐理會務

UNIT **10-16**
兩岸經濟合作架構協議（ECFA）

（一）推動理由

依 ECFA 官方網站，由於 WTO 杜哈回合談判發展緩慢，未來進程充滿不確定因素，近年來國際間簽署雙邊或區域自由貿易協定蔚為風潮。兩岸推動簽署 ECFA 主要有三個目的，❶要推動兩岸經貿關係「制度化」：目前雖然兩岸都是 WTO 的成員，但是彼此之間的經貿往來仍有許多限制；❷要避免我國在區域經濟整合體系中被「邊緣化」：區域經濟整合是全球的重要趨勢，目前全世界有將近 247 個自由貿易協定，簽約成員彼此互免關稅，如果不能和主要貿易對手簽訂自由貿易協定，我國將面臨被邊緣化的威脅，在重要市場失去競爭力。而中國大陸是目前我國最主要的出口地區，與中國大陸簽署協議並有助我國與他國洽簽雙邊自由貿易協定，可避免我國被邊緣化；❸要促進我國經貿投資「國際化」：陸續與中國大陸及其他國家簽署協議或協定，可助臺灣融入全球經貿體系，並吸引跨國企業利用我國作為進入東亞的經貿投資平台。

（二）兩岸經濟合作架構協議之內容

依 ECFA 官方網站，兩岸經濟合作架構協議之內容略為：

❶名稱：兩岸經濟合作架構協議（Economic Cooperation Framework Agreement, ECFA）。

❷何謂架構協議：「架構協議」是指簽署正式協議之前所擬訂的綱要，僅先定架構及目標，具體內容日後再協商，因為要協商簽署正式協議曠日持久，緩不濟急，為了考量實際需要，故先簽署綱要式的「架構協議」，並針對攸關生存關鍵之產業，可先進行互免關稅或優惠市場開放條件之協商，協商完成者先執行，這部分稱為「早期收穫」（Early Harvest），可立即回應我國面臨國際經營困境產業亟需排除關稅障礙之需求。國際上，亦有其他國家簽署架構協議之案例，例如，東協分別與中國大陸、韓國、日本、印度等國都簽有架構協議。

❸主要內容：協議的內容將由兩岸雙方協商決定，參考東協與中國大陸全面經濟合作架構協定及我方的需求，其內容可能包括商品貿易（排除關稅和非關稅障礙）、早期收穫、服務貿易、投資保障、防衛措施、經濟合作，以及爭端解決機制等。

❹定位：不採港澳模式（CEPA），也非一般的「自由貿易協定」（FTA），而是屬於兩岸特殊性質的經濟合作協議，不違背世界貿易組織（WTO）精神；只規範兩岸經濟合作事項，如同兩岸已簽署的海空運等九項協議，不涉及主權或政治問題。

❺協商基本原則：協商時我方將秉持對等、尊嚴、公平的原則，絕對不會自我矮化；並將以符合「國家需要」、「民意支持」、「國會監督」三原則推動。

😊 小博士解說

依香港工業貿易署網站資料，CEPA（Closer Economic Partnership Arrangement）係指「內地與香港關於建立更緊密經貿關係的安排」與「內地與澳門關於建立更緊密經貿關係的安排」，CEPA 的主要目的在逐步實現中國與香港、澳門間之貨物貿易自由化、服務貿易自由化和貿易投資便利化。

布列敦森林體系

召開時間	1944年7月	
召開地點	在美國New Hampshire的Bretton Wooods	
主要成果	金融貨幣面向 ➡	成立IMF（International Monetary Fund）
	經濟發展面向 ➡	成立World Bank
	國際貿易面向 ➡	原擬成立ITO（International Trade Organization）
	➡	後將ITO精神轉化為GATT，再演變成WTO

區域經濟統合機制

	態樣	概念	整合強度
RTAs	自由貿易協定 （FTA）	僅會員國間免除關稅及配額限制	低 ↑
	關稅同盟 （Custom Union）	除會員國間免除關稅外，對外採取共同關稅	
	共同市場 （Common Market）	會員國間貨物、勞工、資本、服務等自由流動	
	經濟同盟 （Economic Union）	貨幣與財政統一化	高 ↓

主要的區域經濟統合

歐盟（EU）	參見本書相關單元
北美自由 貿易協定 （NAFTA）	於1992年簽署，並於1994年生效
	成員為加拿大、美國及墨西哥
	成員須遵守國民待遇、最惠國待遇及透明化原則，藉以消除貿易障礙
	自由貿易區內的國家，貨物可以互相流通並免關稅，但對貿易區以外的國家，則可以維持原關稅及障礙
東協加三 （ASEAN+3）	1967年印尼、馬來西亞、新加坡、菲律賓、泰國等五國成立東南亞國家協會，而後汶萊、越南、緬甸、寮國、柬埔寨陸續加入
	原東協會員國與中國、日本和韓國之經濟合作
	預計在2015年成立「東亞貿易自由區」

一、中文文獻

Anderson, Benedict，吳叡人譯，1999，《想像的共同體：民族主義的起源與散布》，臺北：時報文化。

Duverger, Maurice，雷競璇譯，1991，《政黨概論》，香港：青文文化。

Heywood, Andrew，楊日青等譯，1999，《政治學新論》，臺北：韋伯文化。

Husserl, Edmund，張慶熊譯，1992，《歐洲科學危機和超越現象學》，臺北：桂冠圖書。

Husserl, Edmund，陳中人譯，1989，《現象學與哲學的危機》，臺北：結構群。

Isaak, Alan，王逸舟譯，1993，《政治學概論》，臺北：五南圖書。

Lane, Jan-Erik & Svante Ersson，何景榮譯，2002，《新制度主義政治學》，臺北：韋伯文化。

Lend, Adam，葉永文等譯，2000，《當代新政治思想》，臺北：揚智文化。

Levine, Herbert M.，王業立等譯，2003，《最新政治學爭辯的議題》，臺北：韋伯文化。

Lijphart, Arend，張慧芝譯，2003，《選舉制度與政黨體系》，臺北：桂冠圖書。

Lijphart, Arend，陳坤森譯，1993，《當代民主類型與政治》，臺北：桂冠圖書。

Locke, John，葉啟芳與瞿菊農譯，1986，《政府論次講》，臺北：唐山出版社。

Ranney, Austin，林劍秋譯，1991，《政治學：政治科學導論》，臺北：桂冠圖書。

Rosenbaum, Walter A，陳鴻瑜譯，1984，《政治文化》，臺北：桂冠圖書。

Roskin, Michael & Robert L. Cord，劉后安等譯，2002，《政治學的世界》，臺北：時英出版社。

Sabin, George H.，李少軍，尚新建譯，1991，《西方政治思想史》，臺北：桂冠圖書。

Sartori, Giovanni，雷飛龍譯，2003，《最新政黨與政黨制度》，臺北：韋伯文化。

Taagepera, Rein & Matthew Soberg Shugart，余明賢譯，1992，《席位與選票：選舉制度的要素與效果》，臺北：中央選舉委員會。

Thompson, Kenneth W.，王孟倫譯，2003，《站在思想巨人的肩膀上》，臺北：商周出版。

中央選舉委員會，2005，《第六屆立法委員選舉實錄》，臺北：中央選舉委員會。

王甫昌，2003，《當代臺灣社會的族群想像》，臺北：群學。

王明珂，1997，《華夏邊緣——歷史記憶與族群認同》，臺北：允晨。

王保鍵，2004，〈論直轄市與縣市公投合併升格〉，《行政暨政策學報》，國立臺北大學公共行政暨政策學系，39期，頁1-32。

王保鍵，2005，〈論地方自治監督與司法救濟——趨向新夥伴關係〉，《國家發展研究》，國立臺灣大學國家發展研究所，4卷2期，頁141-182。

王保鍵，2005，〈論祭祀公業法人化所觸發之男女平權問題——中國傳統文化與西方法制文化之衝突〉，《華岡社科學報》，中國文化大學，19期，頁119-144。

王保鍵，2005，〈論單一選區之選區劃分——應選名額試算及選區劃分原則〉，《立法院院聞》，33卷12期，頁51-64。

王保鍵，2006，〈立法委員單一選區劃分之研究——以臺北市為例〉，《立法院院聞》，立法院院聞月刊社，34卷9期，頁88-106。

王保鍵，2007，〈立法委員單一選區與客家政治參與兼述選區變更過程〉，《國會月

圖解政治學

刊》，國會月刊月刊社，35 卷 7 期，頁 66-82。

王保鍵，2007，〈論立委選舉區劃分與行政區域重劃——桃園縣單一選區劃分〉，《玄奘管理學報》，5 卷 1 期，頁 63-92。

王保鍵，2015，〈混合法庭——國際刑法制度中追訴嚴重犯罪的新模式〉，《人文及社會科學集刊》，27 卷 3 期，頁 507-546。

王保鍵，2016，〈論桃園客庄型態與客家政策〉，《臺灣民主季刊》，13 卷 4 期，頁 93-125。

王保鍵，2020a，〈臺灣國家語言與地方通行語法制基礎之探討〉，《全球客家研究》，14 期，頁 37-68。

王保鍵，2020b，〈選舉制度與族群政治：以新竹縣立法委員選區劃分為例〉，《選舉研究》，27 卷 2 期，頁 1-48。

王保鍵，2022，《少數群體語言權利：加拿大、英國、臺灣語言政策之比較》，臺北：五南。

王業立，1999，《比較選舉制度》，臺北：五南圖書。

石忠山，2007，〈當代比利時憲政體制〉，瞭解當代比利時民主政治學術研討會，臺北：臺灣國際研究學會，10 月 14 日。

任德厚，2003，《政治學》，臺北：三民書局。

何思因，1993，《美英日提名制度與黨紀》，臺北：理論與政策雜誌社。

吳重禮，2004，〈選民分立政府心理認知與投票行為：以 2002 年北高市長暨議員選舉為例〉，《政治科學論叢》，21 期，頁 75-166。

吳重禮、許文賓，2003，〈誰是政黨認同者與獨立選民？〉，《政治科學論叢》，18 期，頁 101-140。

呂亞力，1991，《政治學》，臺北：三民書局。

呂亞力，1991，《政治學方法論》，臺北：三民書局。

李登科等編著，1996，《國際政治》，臺北：空中大學。

周煦，2000，〈聯合國集體安全與維持和平之演變〉，《淡江人文社會學刊》，臺北：淡江大學，五十週年校慶特刊，頁 143-191。

周育仁，2003，《政治學新論》，臺北：翰蘆圖書。

林嘉誠、朱浤源，1980，《政治學辭典》，臺北：五南圖書。

施正鋒，2006，《臺灣族群政治與政策》，臺北：翰蘆圖書。

俞寬賜，2002，《國際法新論》，臺北：啟英文化。

徐仁輝，2000，〈公共選擇觀點下的民主行政〉，《行政管理論文選輯》，臺北：銓敘部，第 14 集，頁 27-42。

徐火炎，2001，〈一九九八年二屆臺北市長選舉選民投票行為之分析〉，《東吳政治學報》，臺北：東吳大學，13 期，頁 77-128。

徐正戎、張峻豪，2004，〈從新舊制度論看我國雙首長制〉，《政治科學論叢》，22 期，頁 139-180。

國立編譯館部定大學用書編審委員會主編，1988，《西洋政治思想史》，臺北：正中書局。

盛治仁，2003，〈理性抉擇理論在政治學運用之探討〉，《東吳政治學報》，17 期，

頁 21-51。

許慶雄、李明峻，1993，《現代國際法入門》，臺北：月旦出版社。

郭承天，2000，〈新制度論與政治經濟學〉，《邁入二十一世紀的政治學》，何思因與吳玉山主編，臺北：中國政治學會，頁 171-201。

郭秋永，2006，《當代三大民主理論》，臺北：新星出版社。

陳荔彤，2002，《臺灣主體論》，臺北：元照。

陳隆志主編，2006，《國際人權法文獻選集與解說》，臺北：前衛出版社。

陳治世，1979，《學生國際法》，臺北：漢苑出版社。

彭懷恩，1999，《政治學方法論 Q&A》，臺北：風雲論壇出版社。

彭懷恩，2003，《政治學新論》，臺北：風雲論壇出版社。

廖立文，2007，〈比利時政黨政治的建構與治理〉，瞭解當代比利時民主政治學術研討會，臺北：臺灣國際研究學會，10 月 14 日。

劉文彬，2005，《西洋人權史——從英國大憲章到聯合國科索沃決議案》，臺北：五南圖書。

蔡學儀，2003，《解析單一選區兩票制》，臺北：五南圖書。

謝國斌，2007，〈比利時的族群政治〉，瞭解當代比利時民主政治學術研討會，臺北：臺灣國際研究學會，10 月 14 日。

謝瑞智，1987，《我國選舉罷免法與外國法制之比較》，臺北：中華文化復興運動推行委員會。

施俊吉，2003，〈臺灣政府管制革新的原則與方向〉，臺灣經濟戰略研討會，臺北：財團法人臺灣智庫，10 月 14 日。

周育仁，2010，《政治學新論》，臺北：翰蘆圖書。

二、英文文獻

Alan, Ball R. 1993. *Modern Politics & Government*. London: The Macmilian Press Ltd.

Almond, Gabriel & G. Bingham Powell, Jr. 1992. *Comparative Politics Today: A World View*. New York: Harper Collins Publishers, 5th ed.

Beer, Samuel H. 1993. *To Make a Nation: The Rediscovery of American Federalism*. Massachusetts: Harvard University Press.

Bentley, Arthur. 1935. *The Process of Government: A Study of Social Pressures*. Evanston, IL: The Principia Press of Illinois.

Bikmen, Nida. 2013. "Collective Memory as Identity Content after Ethnic Conflict: An Exploratory Study." Peace and Conflict: Journal of Peace Psychology, Vol. 19, No. 1: 23-33.

Buchanan, James M. and Gordon Tullock. 1962. *The Calculus of Consent*. Ann Arbor: University of Michigan Press.

Chandler, J. A. 1991. *Local Government Today*. Manchester: Manchester University Press.

Cheung, Peter T. Y. Jae Ho Chung, and Zhimin Lin (eds), 1998. *Provincial Strategies of*

圖解政治學

Economic Reform in Post-Mao China, Leadership, Politics, and Implementation. New York: M. E. Sharpe.

Codding, George Authur. 1961. *The Federal Government of Switzerland*n. Boston: Houghton Mifflin.

Coughlin, Peter J. 1992. *Probabilistic Voting Theory*. New York Cambridge University Press.

Dahl, Robert A. 1971. *Polyarchy: Participation and Opposition*. New Haven: Yale University Press.

Department of Election. 2010. *Preseidential Election 2910: A Handbook for International Observers*. Department of Election, Sri Lanka.

De Varennes, Fernand. 2001. Language Rights as an Integral Part of Human Rights. *International Journal on Multicultural Societies*, *3*(1): 15-25.

Dickinson, Laura A. 2003. The Relationship between Hybrid Courts and International Courts: The Case of Kosovo. *New England Law Review*, 37 (4): 1059-1072.

Downs, Anthony. 1965. *An Economic Theory of Democracy*. New York: Harp and Row.

Elazar, Daniel J. "The Political Theory of Covenant: Biblical Origins and Modern Developments", *The Journal of Federalism*, 10 (Fall 1980): pp. 28-35.

Finer, H. 1934. *The Theory and Practice of Modern Government*. New York: Dial Press Inc.

Friedman, Lawrence M. 2002. *Law In America*. New York: The Modern Library.

Goetz, Edward G & Susan E. Clarke (eds), 1993. *The New Localism: Comparative Urban Politics in Global Era*. California: SAGE Publications Inc.

Graham, B. D. 1993. *Representation and Party Politics: A Comparative Perspective*. Oxford: Blackwell Publisher.

Hart, Jenifer. 1992. *Proportion Representation: Critics of the British Electoral System 1820-1945*. New York: Oxford University Press.

Held, David. 1996. *Models of Democracy*. California: Stanford University Press.

Ho Chung, Jae. 2000. *Central Control and Discretion in China: Leadership and Implementation during Post-Mao Decollectivization*. New York: Oxford University Press.

Isaak, Alan C. 1975. *Scope and Method of Political Science: an introduction to the Methodology of Political Inquiry*. Homewood, Illinois: Dorsey Press.

King, Desmond S. & Jon Pierre (eds), 1990. *Challenge to Local Government*. London: SAGE Publications Ltd.

Lewis, Arthur. 1995. *Politics in West Africa*. London: George Allen and Unwin.

Lutz, Donald S. 1988. *The Origins of American Constitutionalism*, Louisiana: Louisiana State University Press.

Melvin M. Tumin. 1964, "Ethnic Group." p. 243 in Julus Gould and William L. Kolb (eds), *Dictionary of the Social Sciences*. New York: Free Press.

Minda, Gary. 1995. *Postmodern Legal Movements: Law and Jurisprudence at Century's End*. New York: New York University Press.

NCSL (National Conference of State Legislatures). 2019. *Redistricting Criteria*. https://

www.ncsl.org/research/redistricting/redistricting-criteria.aspx (accessed June 24, 2020).

Office of the High Commissioner for Human Rights [OHCHR]. 2012. *Human Rights Indicators: A Guide to Measurement and Implementation*. Retrieved September 23, 2024, from: https://www.ohchr.org/Documents/Publications/Human_rights_indicators_en.pdff.

Office of the United Nations High Commissioner for Human Rights [OHCHR] (2008). *Rule-of-law Tools for Post-conflict States: Maximizing the legacy of hybrid courts*. Geneva: Office of the United Nations High Commissioner for Human Rights.

Osborne, D & T. Gaebler. 1992. *Reinventing Government: How The Entrepreneurial Spirit Is Transforming The Public Sector*. Cambridge, MA: Addison-Wesely.

Ostrom, Vincent. 1987. *The Political Theory of a Compound Republic- Designing the American Experiment*. 2nd ed., Lincoln: Nebraska University Press.

Pomper, Gerald. 1988. *Voters, Elections and Parties:The Practice of Democratic Theory*. New Brunswick: New Jersey.

Posner, Richard A. 2001. *Frontiers of Legal Theory*, MA: Harvard University Press.

Presence Switzerland. 2021. *Direct Democracy*. Retrieved September 18, 2024, from: https://www.eda.admin.ch/aboutswitzerland/en/home/politik-geschichte/politisches-system/direkte-demokratie.html.

Presence Switzerland. 2024a. *Political system*. Retrieved September 18, 2024, from: https://www.eda.admin.ch/aboutswitzerland/en/home/politik-geschichte/politisches-system.html.

Presence Switzerland. 2024b. *Federalism*. Retrieved September 18, 2024, from: https://www.eda.admin.ch/aboutswitzerland/en/home/politik-geschichte/politisches-system/foederalismus.html.

Rae, Douglas W. 1971. *The political Consequences of Electoral Laws*. New Haven, Conn.: Yale University Press.

Ranney, Austin. 1978. *Governing: an introduction to political science*. Englewood Cliffs, N. J.: Prentice- Hall.

Robertson, I. 1987. *Sociology*. New York: Worth Publishers.

Senelle, Robert. 1978. *The Reform of Belgian State*. Brussels: Ministry of Foreign Affairs.

Shirk, Susan (eds), 1993. "Playing to the Provinces: Fiscal Decentralization and the Politicsof Reform", *The Political Logic of Economic Reform in China*. pp. 149-196. Berkeley and Los Angeles: California University Press.

Smith, Martin J. 2010. "From Big Government to Big Society: Changing the State–Society Balance." *Parliamentary Affairs*, 63 (4): 818-833.

Strauss, Anselm & Juliet Corbin. 1988. *Basics of qualitative research: Techniques and procedures for developing grounded theory*. 2nd ed., Thousand Oaks, CA: Sage.

Takei, Milton. 1998. "Collective Memory as the Key to National and Ethnic Identity: The Case of Cambodia." Nationalism and Ethnic Politics, Vol. 4, No. 3: 59-78.

TNI, CEO. 2005. *Reclaiming Public Water: Achievements, Stuggles and visions from around*

圖解政治學

the world. Transnational Institute (TNI) & Corporate Europe Observatory (CEO).

Tumin, Melvin M. 1964. "Ethnic Group." p. 243 in Julus Gould and William L. Kolb (eds), *Dictionary of the Social Sciences*. New York: Free Press.

Verba, Sidney & Norman H. Nie. 1972. *Participation in America: Political Democracy and Social Equality*. New York: Harper & Row.

Williams, Sarah. 2008. *Hybrid and Internationalised Criminal Tribunals*. Oxford: IHart Publishing.

參考書目

國家圖書館出版品預行編目資料

圖解政治學／王保鍵著. -- 九版. -- 臺北
　市：五南圖書出版股份有限公司, 2025.01
　　面；　公分.
　　ISBN 978-626-393-869-4(平裝)

1.CST：政治學

570　　　　　　　　　　113015988

1PN1

圖解政治學

作　　　者 ― 王保鍵（14.2）

編輯主編 ― 劉靜芬

責任編輯 ― 呂伊真　林佳瑩

封面設計 ― 封怡彤

出 版 者 ― 五南圖書出版股份有限公司

發 行 人 ― 楊榮川

總 經 理 ― 楊士清

總 編 輯 ― 楊秀麗

地　　　址：106台北市大安區和平東路二段339號4樓

電　　　話：(02)2705-5066

網　　　址：https://www.wunan.com.tw

電子郵件：wunan@wunan.com.tw

劃撥帳號：01068953

戶　　　名：五南圖書出版股份有限公司

法律顧問　林勝安律師事務所　林勝安律師

出版日期　2011年 8 月初版一刷
　　　　　2012年 9 月二版一刷
　　　　　2013年 5 月三版一刷
　　　　　2014年 3 月四版一刷（共二刷）
　　　　　2016年 1 月五版一刷
　　　　　2017年 5 月六版一刷
　　　　　2019年 1 月七版一刷
　　　　　2021年 3 月八版一刷
　　　　　2025年 1 月九版一刷

定　　　價　新臺幣400元

經典永恆・名著常在

五十週年的獻禮——經典名著文庫

五南，五十年了，半個世紀，人生旅程的一大半，走過來了。

思索著，邁向百年的未來歷程，能為知識界、文化學術界作些什麼？

在速食文化的生態下，有什麼值得讓人雋永品味的？

歷代經典・當今名著，經過時間的洗禮，千錘百鍊，流傳至今，光芒耀人；

不僅使我們能領悟前人的智慧，同時也增深加廣我們思考的深度與視野。

我們決心投入巨資，有計畫的系統梳選，成立「經典名著文庫」，

希望收入古今中外思想性的、充滿睿智與獨見的經典、名著。

這是一項理想性的、永續性的巨大出版工程。

不在意讀者的眾寡，只考慮它的學術價值，力求完整展現先哲思想的軌跡；

為知識界開啟一片智慧之窗，營造一座百花綻放的世界文明公園，

任君遨遊、取菁吸蜜、嘉惠學子！